Katja Behling

Dunkler Seele Zauber-bann

SIGMUND FREUD
und die Psychoanalyse

Herausgegeben von
Johannes Sachslehner

Umschlagbild und S. 8: Porträtfoto von Max Halberstadt, 1921
S. 1: Türschild am Eingang zur Ordination von Sigmund Freud.
Foto von Edmund Engelman (Ausschnitt), 1938.
S. 2: Porträtfoto von Ferdinand Schmutzer, 1926

Bildnachweis
IMAGNO/Roger-Viollet: 234/35
IMAGNO/Austrian Archives: 1, 16, 96/97
IMAGNO/Sigmund Freud Privatstiftung: Umschlag, 8, 10/11,
19, 65, 107, 110, 130, 135, 189, 222/23, 231
IMAGNO/Österr. Nationalbibliothek: 2
Wien Museum: 24/25
akg-images, Berlin: 75, 162/63
Österreichische Nationalbibliothek: 208/09
Gerhard Trumler: 100
Sammlung Sachslehner: 260

IMPRESSUM

© 2006 im Verlag Styria
in der Verlagsgruppe Styria GmbH & Co KG, Wien–Graz–Klagenfurt
Alle Rechte vorbehalten
Internet: www.styriaverlag.at

Lektorat: Gerlinde Hinterhölzl

Umschlaggestaltung: Bruno Wegscheider
Produktion und Gestaltung: Alfred Hoffmann
Reproduktion: Pixelstorm, Wien
Druck und Bindung: Druckerei Theiss GmbH, St. Stefan im Lavanttal
Printed in Austria
ISBN-10: 3-222-13196-1
ISBN-13: 978-3-222-13196-7

Inhalt

Vorwort des Herausgebers

Es begab sich in Berlin am 10. Mai 1933, etwa eine halbe Stunde vor Mitternacht. Auf dem Opernplatz, heute Bebelplatz, hatten Studenten einen riesigen Scheiterhaufen aufgeschichtet und entzündet, SA- und SS-Kapellen spielten vaterländische Lieder und Marschmusik, die vom Spektakel angezogene Menschenmenge fühlte sich so richtig in Feierstimmung. Dann traten im Braunhemd die „Rufer" vor, mit markigen Worten die „Bücher des undeutschen Geistes" dem Feuer übergebend. Der vierte „Rufer" war es, der sich schließlich anmaßte das Urteil über ein Werk zu sprechen, das zu diesem Zeitpunkt die Kultur der Moderne bereits entscheidend beeinflusst hatte: „Gegen die seelenzerfasernde Überschätzung des Trieblebens, für den Adel der menschlichen Seele! Ich übergebe der Flamme die Schriften des Sigmund Freud!" – eine gespenstische Szene und „blödsinnige Feierlichkeit", wie man mit Thomas Mann denken mag, Manifestation eines längst versunkenen Ungeistes. Freud, der im Juni 1938 die „Ostmark" verlassen musste, um sein Leben zu retten, wäre, so könnte man meinen, auch in unseren Breiten glänzend rehabilitiert, sein Werk als einer der Eckpfeiler des modernen Menschenbildes anerkannt.

Doch täuschen wir uns nicht!

Über Sigmund Freud zu sprechen und zu schreiben scheint heute notwendiger denn je! Man mag es kaum glauben, doch über sieben Jahrzehnte nach jener düsteren Nacht der Bücherverbrennung durch die Nazis rüsten Fundamentalisten aller Lager zum Sturm auf die Psychoanalyse. Da ist zum Beispiel Tony Alamo, Pastor aus dem tiefsten Texas, der Freud als „der Welt größten Perversen" hinstellt, da sind islamische Religionsführer, die Freuds Gedankengebäude als inhuman und „gottlos" brandmarken, weil er die Existenz der Seele leugne, da sind nicht zuletzt wütende Angriffe marxistischer Hardliner, die in der Psychoanalyse nicht viel mehr als eine „fadenscheinige Rationalisierung der bürgerlichen Moral" und „Apologie der bestehenden Gesellschaft" erblicken. Gefordert wird von ihnen allen nicht mehr und nicht weniger als die Ächtung der Lehre Freuds – ein Postulat, dem wir mit Macht entgegentreten wollen: Auch wenn die Psychoanalyse angreifbar ist und manches von dem, was Freud gelehrt hat, zu Recht im mächtigen Mahlstrom der Zeiten versinken wird: Sigmund Freud, der jüdische Arzt aus der habsburgischen Kaiserstadt Wien, ist zum Symbol für Kraft und Fantasie des kritischen Intellekts geworden, in seinem Werk erreicht die Aufklärung einen letzten großen Höhepunkt – von dieser außerordentlichen Leistung wollen wir uns niemals verabschieden!

Die Auseinandersetzung mit Freud und seinem revolutionären Werk ist daher ein Gebot der Stunde; den Einstieg dazu bietet Katja Behling im vorliegenden Buch. Ganz bewusst hat sie darauf verzichtet die Lebensgeschichte in allen Details zu erzählen, stattdessen versucht sie die großen Themen und Wegmarken dieses langen und erfüllten Forscherlebens näher einzukreisen, das Wesentliche zu benennen und zu erklären: seine Basis in der jüdischen bürgerlichen Großfamilie, die schillernde Welt des Wiener Fin de Siècle und seine außerordentliche Persönlichkeit, die mit ungeheurer Konsequenz nach Erkenntnis strebte und sich selbst außerhalb des organisierten Wissenschaftsbetriebs sah: „Ich bin nämlich gar kein Mann der Wissenschaft, kein Beobachter, kein Experimentator, kein Denker. Ich bin nichts als ein Conquistadorentemperament, ein Abenteurer, wenn Du es übersetzt willst, mit der Neugierde, der Kühnheit und der Zähigkeit eines solchen", schrieb er am 1. Februar 1900 an seinen Freund Wilhelm Fließ – genau das ist es, was an Freud fasziniert! Er hatte den Mut, Neuland zu betreten, sein „Unbehagen" über unsere Kultur analytisch zu durchdenken. Wagen wir uns doch in das Reich dieses Abenteurers vor, es lohnt sich!

Johannes Sachslehner

Sie müssen nämlich von mir wissen,
dass ich mit meiner Begabung immer
unzufrieden war und vor mir genau zu
begründen weiß, in welchen Punkten;
dass ich mich aber für einen sehr
moralischen Menschen halte, der
den guten Ausspruch von Th. Vischer
unterschreiben kann: „Das Moralische
versteht sich immer von selbst."

Sigmund Freud
in einem Brief an James J. Putnam
Wien, Berggasse 19
8. Juli 1915

TEIL I: Die Basis

Foto: Die Familie Freud im Jahre 1876. In der letzten Reihe Sigmund mit seinem Halbbruder Emanuel sowie den Schwestern (von links nach rechts): Pauline, Anna, Rosa und Marie („Mitzi"); sitzend links Schwester Adolfine („Dolfi"), zwischen den Eltern Bruder Alexander. Die Namen der beiden anderen Kinder sind unbekannt; ganz rechts Amalia Freuds Cousin Simon Nathanson.

JÜDISCHE KINDHEIT UND JUGEND

Musterschüler gewesen, Medizin studiert, Neurologe geworden, Psychoanalyse erfunden, Welt verändert. Die Kurzversion des Lebens von Sigmund Freud ist schnell erzählt. Die Geschichte eines jüdischen Jungen aus bescheidenen Verhältnissen, der so ehrgeizig wie kühn war und es gerade deswegen schwer hatte. Den der Arztberuf nicht reizte, aber Literatur und Altertumskunde faszinierten. Der Kollegen brüskierte und Salondamen therapierte, Freunde verlor und Anhänger fand. Der ein revolutionärer Forscher war und ein konventioneller Mann. Der alles anders machte und einer Epoche seinen Stempel aufdrückte: Sigismund Schlomo Freud, geboren am späten Nachmittag des 6. Mai 1856 im mährischen Freiberg.

Freiberg · Eine jüdische Großfamilie
Nach dem Ende der napoleonischen Ära waren Böhmen und Mähren wieder an das Habsburgerreich der österreichisch-ungarischen Monarchie gefallen. Freiberg, das heute Príbor heißt und in Tschechien liegt, war ein idyllisches Städtchen, das älteste Nordostmährens. Im Jahre 1251 hatte der Markgraf und spätere böhmische König Ottokar II. die Kirche Mariä Geburt gegründet, deren Kirchturm aus dem Jahre 1590 mit dem, wie es hieß, schönsten Glockenspiel weit und breit aufwarten konnte und wie ein erhobener Zeigefinger alles überragte – ein frommer Ort. Dichte Wälder erstreckten sich von den Karpaten herab in hügeligen Ausläufern bis zum Stadtinneren und gingen ringsum in Felder über, die sich am Horizont zu verlieren schienen. Auf diesen weiten Feldern spielte Freud in seinen ersten Jahren, es war diese verträumte Landschaft über dem Tal der Lubina, die er als eine seiner frühesten Erinnerungen nie vergaß. Freiberg mit seinen rund fünftausend Einwohnern war seit Jahrhunderten bekannt durch seine Tuchwebereien, deren begehrte Produkte

bis nach Moskau und in die Türkei exportiert wurden. Auch Sigmunds Vater hatte der Tuchhandel nach Freiberg verschlagen.

Sigmunds Eltern waren deutschsprachige Juden. Die Lebensverhältnisse, in die er als Sohn eines kleinen jiddischen Händlers geboren wurde, waren bescheiden. Ohne jedweden materiellen Wohlstand und in räumlich intimer Enge wuchs er auf. Vom Freiberger Marktplatz mit seinen barocken Arkadenhäusern, unweit der Kirche, führte ein schmales Sträßchen zu jenem Haus in der Schlossergasse 117, in dem Freud zur Welt kam. Um 1856 lebten seine Eltern hier, in einer aus einem einzigen Zimmer bestehenden Wohnung im ersten Stock. Dieses Haus gehörte seit Generationen der Familie des Schmiedes Johann Zajic, der mit den Seinen nebenan wohnte und im Parterre eine Schlossereiwerkstatt betrieb.

Sigmunds Vater Jakob war zum dritten Mal verheiratet und über vierzig Jahre alt. Ein noch junger Mann eigentlich, in dessen Haltung und Gesicht ein nicht leichtes Leben aber seine Spuren hinterlassen hatte. Er hätte ebenso gut Sigmunds Großvater sein können, zumal er bereits erwachsene Söhne hatte. Aus seiner ersten Ehe stammten Emanuel Freud (1832–1914) und Philipp Freud (1836–1911), geboren in Tysmenitz. Die beiden waren im gleichen Alter wie die attraktive zwanzigjährige Amalia, die als Jakobs neue Frau bald schwanger wurde. Amalias Jugend wirkte im Vergleich mit der Reife ihres Ehemannes nur noch blühender. Sigmund war Amalias erstes Kind, ihr Mann hingegen hatte bereits einen Enkel. Emanuel war bereits Vater eines eigenen Sohnes, des 1855 geborenen John, als sein kleiner Halbbruder zur Welt kam, und Emanuels Tochter Pauline und ihr Onkel Sigmund lagen nur ein paar Monate auseinander. Sie alle lebten im selben Ort, ganz in der Nähe, so waren Nichte Pauline und Neffe John Sigmunds Spielgefährten – wie Geschwister.

Eine bunte Palette von Charakteren teilte den Freiberger Alltag. Sigmund hatte sich in einer Großfamilie zurechtzufinden, in deren täglichem Miteinander die Generationsschranken ein wenig verwischten. Einerseits war das für ihn selbstverständlich; Sigmund, ein Kleinkind, kannte es nicht anders. Andererseits rätselte er manchmal, wie alles zusammenhing. Weil er keine rechte Erklärung dafür fand, wurde das Geheimnis für ihn umso größer und auch der Wunsch, es zu lüften.

Natürlich waren Großfamilien mit genealogisch verwickelten Verhältnissen keine Ausnahme in einer Zeit, in der man früh heiratete, Wöchnerinnen im Kindbett starben, junge Menschen von Krankheiten dahingerafft wurden und Witwer und Witwen oft rasch neue Ehen schlossen, um dann weitere Kinder zu bekommen. Aber Freuds häusliche Schule des Lebens war vielleicht ein wenig undurchsichtiger und delikater als üblich. So ging Sigmund zunächst davon aus, dass sein Halbbruder der Mann von Amalia sei und der Vater ihrer Kinder, zumindest der der nächstjüngeren Schwester. Warum war seine Mutter so jung und sein Vater so alt?

Nicht nur der Vorsprung an Lebenserfahrung trug dazu bei, dass Jakob im Vergleich zu der vitalen, energischen Amalia abgeklärter und gesetzter wirkte. Sigmund empfand seinen Vater als nachgiebiger, viel weicher und charakterlich schwächer als dessen dominante, lebenskräftige Frau. Es ist zwar anzunehmen, dass Jakob keine Veranlassung zur Eifersucht auf einen Nebenbuhler – seinen erwachsenen Sohn – hatte, auch wenn, in Sigmunds Vorstellung, die junge Mutter Amalia besser zu Emanuel oder Philipp gepasst haben mochte. Und doch schlug sich in Sigmund früh ein verwobenes Bild von Gemeinschaft, Liebe und Eifersucht nieder. Versuch und korrigierende Einsicht bei der Erforschung der Familienverhältnisse als soziales Gemisch münzte er in Erkenntnisse um, die seinen zwischenmenschlichen Erfahrungsschatz immens beeinflussten – obwohl oder gerade weil er später mit seiner leidlichen Menschenkenntnis kokettierte. Ebendies konnte er beizeiten lernen: Es gibt fast nichts, was es nicht gibt. Die tagtägliche Empirie in der Mischpoche zeigte ihm, dass menschliche Realitäten oft umso vielschichter sind, je näher man sie betrachtet.

Freuds Vater

Sigmund Freud glaubte zu wissen, dass seine väterliche Familie lange Zeit in Köln am Rhein gelebt habe, aus Anlass einer Judenverfolgung im 14., 15. Jahrhundert gen Osten geflohen und im 19. Jahrhundert von Litauen in Richtung Galizien gewandert sei, wie er in seiner *Selbstdarstellung* von 1925 schrieb. Sein Vater Jakob Freud stammte aus jenem Milieu des osteuropäischen Judentums, das von wechselhafter geopolitischer Historie und tiefer Frömmigkeit, dem Chassidismus, geprägt war. Nach 1789 hatten die Freuds ihren Nachnamen angenommen, weil Kaiser Joseph II. das Toleranzdelikt erlassen hatte, das die Juden emanzipierte und ihnen Gleichberechtigung zuerkannte – aber auch zur Annahme eines Patronymikons verpflichtete. Auf den Vornamen von Jakobs Urgroßmutter – Freide – soll der Familienname zurückgehen, er gilt aber auch als Übersetzung des hebräischen *Simcha* (Freude), eine Anspielung auf den Festtag Simchat Torah – Freude an der Lehre – und ein passendes Omen für Sigmund Freud, wie Ernest Jones befand.

Sigmunds Vater Jakob Kallamon Freud (1815–1896) war ein Handlungsreisender aus Tysmenitz in der 1772 an Österreich angeschlossenen galizischen Provinz. Er stammte aus einem „Stetl“, aus dem Milieu des osteuropäischen Judentums, dessen Seelenleben und Selbstwertgefühl von jener Gläubigkeit durchdrungen war, das die von Verfolgung und Elend heimgesuchte Judenheit zutiefst ergriffen hatte. Aber Jakob Freud hatte sich von der orthodoxen Haltung seiner Eltern, Kaufleuten, frei gemacht und war, als Sigmund geboren wurde, seiner Heimat seit rund zwanzig Jahren entfremdet – er fühlte sich als aufgeklärter, liberaler Jude. Jakob hatte drei Brüder. Als Sigmund knapp zehn Jahre alt war, sorgte einer dieser Brüder, Josef Freud (1825–1897), für einen kleinen Skandal. Wie die Wiener Zei-

Nach der Übersiedlung der Familie nach Wien: Jakob Freud und Sohn Sigmund präsentieren sich in einem Studio dem Fotografen, um 1864.

tung „Neue Freie Presse" am 23. Februar 1866 berichtete, wurde gegen diesen Josef wegen Handels mit Falschgeld ein Prozess angestrengt, in dessen Folge er zu zehn Jahren Haft verurteilt wurde, was Sigmunds Vater binnen kurzem, vor Kummer oder Angst, graue Haare beschert haben soll.

In erster Ehe war Sigmunds Vater mit Sally Kanner verheiratet, über die kaum mehr bekannt ist, als dass sie wohl 1832 den etwa sechzehnjährigen Jakob Freud ehelichte. Wahrscheinlich schloss Jakob die Ehe, um dem Militärdienst zu entgehen, wie Jones vermutet. Der Verbindung entsprossen Sigmunds Halbbrüder Emanuel und Philipp. Das Paar ließ sich 1848 in Freiberg nieder, wo die tschechische Bevölkerung offiziell Deutsch sprach und es eine einflussreiche Tuchmacherzunft gab. Jakob handelte hauptsächlich mit Wolle und hoffte, den Familienbetrieb fortführen zu können. Gegründet um 1844 von seinem Großvater mütterlicherseits, Sis(s)kind Hoffman, florierte das in Freiberg ansässige Geschäft bis etwa 1855. Als Jakob nach seiner zweiten und offenbar kinderlosen Kurzehe mit Rebekka Freud mit seiner dritten Frau Amalia dabei war, eine neue Familie zu gründen, wurde er durch eine geschäftliche Flaute infolge von politischen und ökonomischen Umwälzungen zurückgeworfen. Die fortschreitende Maschinisierung schadete seinem Gewerbe, die Infrastruktur änderte sich zu seinen Ungunsten, hieß es. Optimistisch wie er war, versuchte er sich bis 1859 durchzuschlagen. Schließlich beschloss er, mit seiner Familie den Ort zu verlassen, wo Sigmund nach eigenem Bekunden ein so „glückliches Kind" gewesen war.

Freuds Mutter

Sigmunds Mutter Amalia Malka, geborene Nathanson (1835–1930), kam als Tochter jüdischer Eltern in Brody, Ostgalizien, zur Welt. Das Gebiet, eine polnische Provinz, gehörte damals zur österreichischen Monarchie. Einen Teil ihrer Kindheit verlebte Amalia in Odessa, später wuchs sie in Wien auf. Sie heiratete früh und ihr Erstgeborener erhielt den Namen ihres Schwiegervaters, der knapp drei Monate vor der Geburt seines Enkels verstorben war: Schlomo – Salomon (hebr.) bedeutet „der Friedliche" und wird vor allem auch mit „der Weise" assoziiert. Elf Monate nach Sigmunds Geburt brachte Amalia ihren zweiten Sohn, Julius (1857–1858), zur Welt, der mit acht Monaten starb. Der Tod ihres Babys stürzte die Mutter in Trauer, den „verwaisten" Bruder Sigmund weniger. Später quälte Freud die Erinnerung, dass er dessen Tod mit „echter Kindereifersucht begrüßt" hatte. Amalia konzentrierte ihre zärtliche und besorgte Liebe nach dem Verlust umso mehr auf ihr nun wieder einziges Kind Sigmund, wobei nicht auszuschließen ist, dass auch eine gewisse Unzufriedenheit oder unerfüllt gebliebene Wünsche sie haben überfürsorglich werden lassen, wie Wolfgang Schmidbauer zu bedenken gibt. Sie schaffte es, Sigmund das Gefühl zu geben, für sie der wichtigste Mensch auf der Welt zu sein – sie vergötterte ihn. Noch vor Jahresfrist bekam Amalia die erste ihrer fünf Töchter und war bis auf weiteres mit der Versorgung ihrer insgesamt sieben Kinder ausgelastet. Beansprucht wie sie war, setzte sie ihre Kinder, auch ihren Liebling Sigmund, emotionalen Wechselbädern aus, schreibt Salber. Mal war sie da und verfügbar, mal nicht. Oft dürstete es sie nach Umklammerung, noch öfter brauchte sie den Rückzug – das war eine Kehrseite ihrer gefühlsstarken Art, ihres Temperaments, ihrer Energie, Eigenwilligkeit und Ungeduld.

Die junge Mutter wurde von einer katholischen Kinderfrau unterstützt. Diese Wahl mag Resultat von Disponibilitätserwägungen im frommen Freiberg gewesen sein, wirft aber ein Licht auf die religiöse Offenheit in Freuds Elternhaus: Eine jüdische Familie engagiert ein christliches Kinderfräulein. Die gottesfürchtige Tschechin, von Freuds Mutter als ältliche Person, hässlich, aber gescheit charakterisiert, nahm Sigmund oft mit in die Messe in der Kirche Mariä Geburt. Die Frau zeigte ihrem Schützling die bemalten Gipsfiguren im Kreuzgang. Der Junge spürte

Der bewunderte Sohn wurde umfassend gefördert: Sigmund im Alter von 16 Jahren mit seiner geliebten Mutter Amalia, 1872.

die Andacht, hörte gemurmelte Gebete, sah Menschen sich bekreuzigen, betrachtete Votivbilder und roch Weihrauch. Wenn er dann nach Hause kam, so seine Mutter später, habe der kaum Dreijährige „gepredigt" und vom lieben Gott erzählt, heißt es am 15. Oktober 1897 in einem Brief an Wilhelm Fließ. Seiner Betreuerin fühlte Sigmund sich sehr verbunden, in einer Zeit, in der seine Mutter Amalia durch Schwangerschaften, Niederkünfte und den Verlust ihres Babys Julius äußerst stark belastet war. Es traf Sigmund folglich tief, als die Kinderfrau, ausgerechnet um die Zeit der Geburt seiner Schwester Anna, eines Diebstahls bezichtigt und aus der Familie verstoßen wurde, nachdem sein Halbbruder die zu Recht oder Unrecht Verdächtige angezeigt hatte. Deren Entlassung traf den knapp Dreijährigen völlig unvorbereitet. Er „weinte verzweifelt", bekannte er später. Würde er als nächstes seine von einem neuen Baby beanspruchte Mutter verlieren?

Nach Leipzig · Der Existenzkampf geht weiter

Nachdem Jakobs Geschäfte in Freiberg immer schlechter liefen, entschied er sich für einen Umzug und machte sich 1859 mit Amalia, Sigmund und der wenige Monate alten Anna per Pferdewagen und Zug in Richtung Leipzig auf. In Deutschland erhoffte Jakob sich bessere Bedingungen für den Textilhandel. Seine erwachsenen Söhne Emanuel und Philipp, die sich kurz und erfolglos als Straußenfarmer versucht haben sollen, wie Anna Freud-Bernays später erzählte, setzten indes zur selben Zeit auf Manchester, den florierenden Hauptort der Baumwollindustrie. Emanuel Freud hatte seit Jahren im Geschäft seines Vaters gearbeitet. Jetzt, da Manufakturbetriebe durch neue Produktionsweisen abgelöst wurden, schätzte der Junior die Zukunft des Gewerbes anders ein als der Senior. Mit seiner Frau, seit 1852 war er mit Maria Rokach, die im russischen Milow als Rabbinertochter zur Welt gekommen war, verheiratet, sowie den drei Kindern Johann (John), Pauline und Bertha, ließ er sich in England

nieder. Dort kamen zwei weitere Kinder, Samuel und Matilda,
zur Welt; Letztere starb früh. Philipp heiratete 1873 Matilda
Bloome und hatte mit ihr die Kinder Pauline (1873–1951) und
Morris (1876–1938). Beide Brüder schmiedeten in England in
den kommenden Jahren ihr privates und berufliches Glück und
hatten bald jenen großen Erfolg, der ihrem Vater Jakob versagt
blieb. In Sigmunds jungem Leben aber veränderten sich, in
dem sich die Wege der Freiberger Sippe trennten und er die vertraute Welt seiner frühen Kindheit verlor, auf einen Schlag viele
Konstanten.

Leipzig enttäuschte. Was so hoffnungsvoll begonnen hatte,
blieb eine Episode – für Freud blieb aus den unsteten Monaten
seines frühen Lebens die Erinnerung an einen Nachtzug und
an brennende Gaslampen auf einem Bahnhof. Bis März 1860
verbesserte sich auch auf deutschem Boden die ökonomische
Lage der Familie kaum. Als es, wie Tögel und Schröter recher-
chierten, Schwierigkeiten gab, eine dauerhafte Aufenthaltsge-
nehmigung für die Familie zu erhalten, weil das Gewerbe des
Einwanderers als für das regionale Geschäftsleben nicht unver-
zichtbar eingestuft wurde, als überdies offenbar nicht auszuräu-
mende Zweifel an Jakobs Ehrenhaftigkeit ihn als eine *persona
non grata* haben dastehen lassen – als also die Aussichten kaum
trüber sein konnten, setzte Jakob auf seine Chancen im prospe-
rierenden Wien.

Dort, etwa 240 km von Freiberg entfernt, lebten seine Schwie-
gereltern und dort hatten sich bereits in- und ausländische Kon-
tore und Manufakturen angesiedelt, erste Vorboten der blühenden Zukunft Wiens als Großhandels- und Wirtschaftszentrum
von europäischer Bedeutung. Auch Zehntausende von jüdischen
Migranten aus dem Osten des Kaiserreichs hofften in der frühen
Gründerzeit in der zweiten Hälfte des 19. Jahrhunderts auf ein
freieres Leben in der Donau-Metropole und auf ein Stück vom
großen Kuchen der um sich greifenden Industrialisierung. Die
Zuwanderer verursachten einen Bauboom in den sich verdich-

tenden Vorstädten und mehrten Wiens ethnische, sprachliche und religiöse Vielfalt. Wien selbst war wie ein Hotel: viele Zimmer, viele Nationalitäten – und alle unter einem Dach. Die Fremden wurden rasch integriert und oft bereits in der zweiten Generation assimiliert. Verstärkt noch mit dem Einsetzen der großen Pogrome nach 1881, wurde das staatliche Klima im Schmelztiegel liberaler, die Presse freier, man entledigte sich alter Fesseln; bald kämpften junge Parteien um politisches Gehör und Macht – wer nicht von der Ausreise via Hamburg nach Amerika träumte, suchte sein Glück in Wien, der Herzkammer der kaiserlich-königlichen Monarchie. Und als hätte er geahnt, wie eng diese beispiellose kulturelle Blüte Österreich-Ungarns in der letzten Etappe mit Einwanderern seines Schlages, mit dem aufstrebenden jüdischen Bevölkerungsteil, verknüpft sein würde, zu welch wichtiger Repräsentanz der Wiener Bürgerlichkeit die assimilierte zweite und dritte Einwanderergeneration sich entwickeln, welche Impulse davon ausgehen würden und dass sein Sohn Sigmund einer ihrer hervorragenden Vertreter werden würde – als hätte er all dies ahnen können, war Jakob Freud sich sicher, diesmal den richtigen Riecher gehabt und die richtige Entscheidung getroffen zu haben.

Mazzesinsel Leopoldstadt · Die Wiener Zuwanderer

Zunächst kam die Familie in einer kleinen Wohnung in der Weißgerberstraße unter, zog dann in die Pillersdorfgasse, bevor sie sich in der Pfeffergasse in der Leopoldstadt niederließ. Die Leopoldstadt im zweiten Gemeindebezirk war das jüdische Viertel. Als solches und einstiges jüdisches Ghetto Wiens hieß es im Volksmund die „Mazzesinsel". Dort mischten sich die Freuds unter die anderen Zuwanderer aus allen Ecken des Großreiches. Dort war Sigmund, der Landjunge aus dem Städtchen mit dem beherrschenden Kirchturm, umgeben von neuen Eindrücken, die es aufzunehmen, und vielen fremden, die es einzuschätzen und zu durchschauen galt.

Die ersten Jahre in Wien waren hart. So hart, dass Freud sie aus seinem Gedächtnis löschte: An die Zeit bis zu seinem siebten Lebensjahr könne er sich kaum entsinnen, sie sei wohl des Erinnerns nicht wert, erklärte Freud später. Unmittelbar nach dem Umzug aber hatte Wien das gehalten, was Freud senior sich versprach – besser als in Leipzig lief es allemal. Die Wohnung war ordentlich, wenn auch einfach, die Kinder hatten zu essen. Alles war da, wenn auch nicht im Überfluss. Man kam zurecht. Das Ölbild, das Jakob Freud um 1867 von seinen sieben Kindern im Sonntagsstaat malen ließ, kündet von Vaterstolz, von bürgerlichen Werten und dem Erreichten.

Aber Jakob konnte in der österreichischen Hauptstadt auf Dauer nicht an seine früheren Erfolge anknüpfen. Als Kleingewerbetreibendem setzte ihm auch hier die Industrialisierung zu. Als überzogene Spekulationen im Zusammenhang mit der finanziell hinter den Erwartungen zurückbleibenden Weltausstellung in Wien 1873 die Wirtschaft zusammenbrechen ließen – ein Börsenkrach am „Schwarzen Freitag" im Mai sorgte für Tumulte –, büßte Jakob sein ohnehin kleines Vermögen ein. Die Einkommensverhältnisse bleiben auch deswegen schleierhaft, weil Jakob Freud, der sich durchhangelte, im fraglichen Zeitraum weder im Gewerbe- noch im Handelsregister gelistet war, wie Krüll darlegte. Jakobs ältere Söhne, in England etabliert, bezuschussten dessen zweite Familie mehr als einmal. Sigmund war über das permanente finanzielle Drama sehr wohl im Bilde und nahm die Dinge in die Hand. Einem Brief, den er am 10. Januar 1884 an seine Verlobte schrieb, lässt sich entnehmen, dass er den ungebrochenen Optimismus seines Vaters – „noch immer von Projekten erfüllt, noch immer hoffend" – irgendwann nicht mehr hatte teilen können und dass er seine Halbbrüder anging, aus einer gegenwärtigen dringenden Verlegenheit zu helfen. Sigmund kollaborierte mit den Brüdern, die es in Manchester zu Wohlstand gebracht hatten, als Profiteure derselben industriellen Revolution, deren Verlierer ihr Vater war; dessen zähes Bemü-

Mazzesinsel Leopoldstadt: Zuwanderer aus allen Ecken des Großreiches fanden hier eine neue Heimat. Karmeliterplatz, 1911.

hen fruchtete nicht. Wien hatte die Familie zwar aufgenommen, es aber dem Senior, der sich zu assimilieren bereit war, nicht leicht gemacht. So stellte es sich für Jakob, der sich vom Pech verfolgt sehen und fürchten musste, dass ihm die Existenzgrundlage unter den Füßen weggezogen werde, dar. Doch ihm war klar, dass der Überlebenskampf sowohl in Freiberg als auch in Leipzig nicht minder hart, ja aussichtslos gewesen wäre. Auch Sigmund wusste das. Er durchschaute das Schlamassel, verstand, welche Rolle die Umstände spielten. Aber er sah auch die Rolle, die sein Vater spielte, bemerkte, was Jakob, den er viele Jahre später als einen Mann mit „phantastisch leichtem Sinn" und zugleich „tiefer Weisheit" bezeichnen sollte, dem, was man Pech nennen konnte, entgegensetzte: unerschütterliche Gelassenheit und Zuversicht.

Die Geschwister Freud · Beziehungen und Lebensläufe

Der unausgesetzt problematischen materiellen Situation stand ein enger Zusammenhalt der Familie gegenüber. Sigmund, das Goldkind, war darin der Angelpunkt und Hoffnungsträger. Auf den Schultern des Erstgeborenen lastete Verantwortung, auf ihm ruhten alle elterlichen Erwartungen, ihm wurden Privilegien zuteil. Nicht nur, dass ihm als älterem Bruder die Ungestörtheit im eigenen Zimmer gewährt wurde, als die räumlichen Verhältnisse dies zuließen. Er bekam jede nur denkbare Rückendeckung. Amalia versuchte gar nicht erst, zu verbergen, wie sehr sie ihren gescheiten Erstgeborenen, der sich in ihrer Obhut so gut entwickelte, was sie wiederum besonders für ihn vereinnahmte, liebte und vergötterte. Vom Moment seiner Geburt an war sie überzeugt, aus diesem Kind mit dem ungewöhnlich kräftigen Schwarzhaar würde dereinst ein bedeutender Mann werden. Er selbst glaubte dies auch. Die erstaunlich tragfähige innere Gewissheit, hohe Ziele zu erreichen, diesen Hauch von Größenidee, verlor Freud nie. Auf sein ihn navigierendes Selbstvertrauen konnte er sich verlassen wie ein Reiter, der darauf baut, dass sein

Pferd den Weg schon weiß – und höher springen kann, als es muss. Sein unerschütterliches „Eroberergefühl" führte Freud auf die Gewissheit zurück, der „unbestrittene Liebling" seiner Mutter gewesen zu sein, derselben Mutter, die auf ihre Töchter tyrannisch und hartherzig wirken konnte. Auf die von Amalia verliehene Aura des Auserwähltseins für Erfolg, die wie eine sich selbst erfüllende Prophezeiung nicht selten wirklich den Erfolg nach sich zieht, berief er sich zeitlebens. Seine ihm schon per Vornamen eingeträufelte Siegessicherheit zeigte sich zweifelsohne früh. So habe der Dreijährige, kaum war die Familie nach Wien gezogen, einen Fleck auf den neuen Sessel gemacht und sogleich beschwichtigt: „Kränk dich nicht, Mutter, ich werde ein großer Mann, und dann werde ich dir einen neuen Stuhl kaufen." Bei einer anderen Gelegenheit, Amalia besuchte mit Sigmund eine Konditorei, habe eine fremde Frau geschwärmt: „Oh, sie glückliche Mutter! Von diesem Menschenkind wird einmal die Welt sprechen." Und Amalia war ganz derselben Meinung. Unbeirrbar glaubte sie, ihr Sohn habe eine „große Sendung zu erfüllen", wie Anna Freud-Bernays später in ihren Erinnerungen an ihren Bruder schrieb. Restliche Zweifel an Sigmunds Bestimmung könnte schließlich jener Stegreifdichter in einem Gartenlokal im Vergnügungspark Prater ausgeräumt haben, der von Tisch zu Tisch ging, um für ein paar Münzen improvisierte Gedichte zum Besten zu geben. Dem heranwachsenden Jungen habe der Versschmied spontan zugerufen: „Dieser Bub wird einmal etwas ganz Großes, vielleicht sogar ein Minister" – und Minister war so ungefähr das Bedeutendste, was ein Mann im alten Österreich werden konnte. Der gescheite Junge wurde zum Überflieger erzogen, vielleicht zum „Stellvertreter seines weichen Vaters, der es nicht geschafft hat", wie Salber vermutet. Sigmunds Vater, als sei er völlig einverstanden mit dieser Maßgabe, erstickte seinen Rivalen im Kampf um den Vorrang, der da möglicherweise heranwuchs, nicht – im Gegenteil: der gutmütige Jakob förderte seinen geliebten und bewunderten Sohn, wo und wie er konnte.

Überhaupt habe Freud senior im Umgang mit seinen Kindern, ebenso in religiösen Fragen, ungewöhnlich liberale Ansichten vertreten. So liberal und modern, dass dies einige Verwandte irritierte. „Wir hatten ganz andere Ideen als sie", meinte Freuds Schwester Anna Freud-Bernays später über ihr Elternhaus. Die guten Absichten und die Freiheit verhinderten allerdings nicht, dass Jakob verhängnisvolle Worte herausrutschten. „Aus dir wird nichts werden", habe Jakob gewettert, als er seinen siebenjährigen Sohn, den er sonst vor Stolz in den Himmel hob, einmal in streitiger Situation, wohl beim Urinieren im elterlichen Schlafzimmer, erwischte. Sigmund, beschämt und gedemütigt, fühlte sich in seinem Ehrgeiz empfindlich gekränkt. Er bekam eine Ahnung davon, wie schnell ein sicher geglaubtes Hochgefühl allumfassender Bewunderung umschlagen kann – und also immer neu erkämpft werden muss.

Anna Freud (Bernays) (1858–1955)

Seine heftigen Rivalitätsgefühle lenkte Sigmund nach dem Tode seines noch in Freiberg verstorbenen Babybruders Julius mit gleicher Heftigkeit auf die nachgeborene Anna. In der *Traumdeutung* erwähnte Freud, dass in einem Kleinkind, dessen Bruder oder Schwester verstorben war, nach der Geburt eines weiteren Geschwisterkindes der Wunsch keimen könne, dieses möge das gleiche Schicksal ereilen. Sigmunds wenig erfreute Reaktion auf Annas Geburt wurde dadurch verschärft, dass er um die gleiche Zeit den Verlust seiner, des versuchten Diebstahls überführten, „eingekastelten" Kinderfrau und die mit dem Umzug einhergehenden Veränderungen zu verkraften hatte. Nun tauchte seine Mutter mit der neugeborenen Konkurrentin auf. Anna war der Eindringling, der ihn entthronen und ihm die allumfassende Liebe der Mutter streitig machen konnte.

Anna indes war eifersüchtig auf ihn. In ihren Erinnerungen erzählte sie, wie ihre Mutter den „goldenen Sigi" immerzu bevorzugte. Wie er, nachdem die Familie über Zwischenstationen in der Glockengasse und der Pazmanitengasse 1875 schließlich in ein Domizil an der Kaiser-Josef-Straße gezogen war – eine Sechszimmerwohnung immerhin, aber doch nicht allzu geräumig – als Einziger sein eigenes „Kabinett" bekam, während die Schwestern einander auf der Pelle saßen. Wie der junge Herr Student per Ultimatum dafür sorgte, dass sie nicht mehr Klavier spielen durfte. Er forderte, dass das Elternhaus klavierfreie Zone zu sein habe, weil er sich durch die Etüden der klimpernden Schwester gestört fühlte – andernfalls würde er das Haus verlassen. Anna erzählte, wie Sigmund als prüder Zensor vorschrieb, was sie lesen durfte und was nicht – Balzac und Dumas etwa standen als zu gewagt auf des Bruders Index. Als belesener Besserwisser habe er Vorträge über die Welt und wie man sie zu sehen habe gehalten – wessen Interessen mit denen des jungen Genius auch kollidierten, er habe stets gewonnen.

Befrachtet blieb die Beziehung zwischen Anna und Sigmund auch im Erwachsenenalter. Im Oktober 1883 heiratete Anna ausgerechnet Elias „Eli" Bernays, den Bruder von Martha, Freuds (späterer) Frau. So war Elias der „doppelte" Schwager Freuds. Und, die Fantasie musste Freud martern, sein potenzieller Widersacher. Schließlich war Marthas Vater verstorben und Eli dadurch zum Familienoberhaupt avanciert, und Freud sah sich verurteilt zu der unwürdigen Stellung des auf der Lauer liegenden Bewerbers.

Als solcher gedachte er, Eli Geschichten von Bergtouren vorzuflunkern, wenn er sich auf den Weg nach Wandsbek machte, im Posthotel Quartier nahm und seine Verlobte zu verstohlenen Spaziergängen ins Wandsbeker Gehölz entführte, wie Jones berichtet. Mochte das Erschleichen von Stunden mit Martha ein reizvolles Spiel gewesen sein, so lief die Situation noch vor der Hochzeit von Martha und Sigmund auf ein trauriges Zerwürfnis zu und gipfelte in einem heftigen Streit wegen einer Geldangelegenheit. Freud bezweifelte, dass Eli als Treuhänder Marthas Erbe gut verwalte, und erwartete von ihr in der Angelegenheit eindeutige Loyalität, um den Preis, dass die Verlobung auf der Kippe stand. Denn als Martha Verständnis für Eli zeigte und Sigmunds Forderung, sich auf seine Seite zu schlagen, nicht nachzugeben bereit war, wäre Freud fast die Sicherung durchgebrannt.

Sie solle sich entscheiden: er oder die Familie Bernays. Um ein Haar hätte Martha Schluss gemacht. Dass ihr geliebter Verlobter so unfair war, ihr die Pistole auf die Brust zu setzen, ließ Martha zweifeln, ob Sigmund wirklich der Richtige war: sie drehte sich um und ging. Diese unerwartete Reaktion brachte Sigmund aus der Fassung. Er kam ihr hinterher. Hätte er das nicht getan, so Martha später, hätte Sigmund sich nicht entschuldigt – sie hätte die Verlobung gelöst, heißt es dazu in der Freud-Biografie von Jones. Trauriger Ausdruck der Dauerfehde innerhalb des Quartetts war die Tatsache, dass Freud der Hochzeit seiner Schwester mit Eli fernblieb.

Später legten sie den Streit bei, die Beziehung blieb jedoch unterkühlt. Als Eli mit seiner Familie auswandern wollte, half Freud, längst mit Martha verheiratet, dem Paar bei der Ausreise in die USA. Dort hatte Eli bald als Geschäftsmann im Getreidehandel Erfolg. Während der Versorgungskrise um 1919 erhob sich ausgerechnet Eli, mittlerweile ein sehr wohlhabender Mann, zum rettenden Engel. Auf die Distanz gelang es den Familien fortan, miteinander auszukommen und einander Respekt zu erweisen. Gelegentlich besuchte Anna, nun eine begüterte Dame, ihre alte Heimat und pflegte, wie im September 1932, im nobelsten Wiener Hotel, dem „Imperial" an der Ringstraße, abzusteigen. Eines ihrer fünf Kinder, Edward, der Begründer der Public Relations, wurde für seinen Onkel bedeutsam, als er sich eine Freud-Biografie zu schreiben erbot. Edward starb, hochbetagt wie seine Mutter, 1996 fast hundertjährig, in New York. Seine Mutter, die in die USA ausgewanderte Anna, war die einzige Freud-Schwester, die der Judenvernichtung durch die Nazis entging.

Rosa Freud (Graf) (1860–1942)

In den ersten Jahren in Wien, zwischen 1860 und 1866, bekam der glorifizierte Erstgeborene in rascher Folge vier Schwestern. Seine Beziehung zu ihnen war weniger verwickelt, dadurch weniger explosiv und von liebevollerem Umgang geprägt. Rosa, seine zweitälteste Schwester, kam bereits in Wien, in der Weißgerberstraße, zur Welt. Sie tastete Sigmunds Rolle als bewunderter Bruder weniger an, als Anna dies getan hatte. Sie stand Freud besonders nahe, machte Ausflüge mit ihm und in den neunziger Jahren wohnte sie eine Zeit lang im selben Haus in der Berggasse.

1896 heiratete sie den Wiener Juristen Heinrich Graf, der 1908, wenige Jahre nach der Hochzeit, starb. Die Hinterbliebenen waren so verzweifelt, dass Freud sich zu sorgen begann. Seinen Neffen, „arg verwildert" und „ein trauriges Bild", schickte er in Behandlung. Rosa verlor auch ihre Kinder. Ihr Sohn Hermann fiel im Ersten Weltkrieg und ihre Tochter Caecilia beging 1922 Selbstmord – die unverheiratete Dreiundzwanzigjährige war schwanger. Rosa wurde zu einer tragischen Symbolfigur der Judenvernichtung. Zunächst wurde sie nach Theresienstadt gebracht. Im Zuge der Berichterstattung über die Nürnberger Prozesse 1946 erfuhr die Öffentlichkeit von ihrem Ende.

Der Zeuge Samuel Rajzman berichtete, wie sich 1942 eine Frau im KZ Treblinka an den Lagerkommandanten gewandt, sich als Schwester Sigmund Freuds zu erkennen gegeben und um den Einsatz für leichte Bürotätigkeit gebeten habe. Der Kommandant habe den vorgelegten Ausweis eingehend geprüft und gesagt, es handle sich wahrscheinlich um einen Irrtum: Sie könne in zwei Stunden den nächsten Zug zurück nach Wien nehmen. Bis ihre Fahrkarte ausgestellt sei, könne sie ihre Dokumente und Wertsachen deponieren und eine Dusche nehmen. Die Frau, so der Zeuge, sei ins Badehaus gegangen – von wo sie nicht zurückkehrte.

Marie „Mitzi" Freud (1861–1942)

Mitzi, die drittälteste Schwester von Sigmund, war das fünfte Kind ihrer Eltern. Sie lernte Buchhaltung, verstand sich auf anspruchsvolle Handarbeit und war theaterbegeistert. Vor der Ehe arbeitete sie ein Jahr als Kindermädchen in Paris, was ihren Bruder allerdings zu beschämen schien. Marie heiratete 1886 einen entfernten Cousin aus Bukarest, Moritz Freud – der Freud den Teppich für sein Sprechzimmer schenkte. Mitzi bekam fünf Kinder, zuletzt, als sie bereits 43 Jahre alt war, erwartete sie Zwillinge.

Ihre älteste Tochter Margarethe wurde Schriftstellerin. Die 1888 geborene Lilly Freud-Marlé, verheiratet mit Arnold Marlé, dem späteren Regisseur am Schauspielhaus in Hamburg, wurde als Schauspielerin und Rezitatorin bekannt und veröffentlichte ihre Erinnerungen an ihren berühmten „Onkel Sigi". Immer wieder hielt man sie für eine der Frauen, die zu der Figur der Soldatenbraut „Lili Marleen" aus dem gleichnamigen Lied inspiriert haben. Das wäre möglich, entspricht aber vermutlich nicht der Wahrheit. Mitzis Tochter Martha Gertrude wurde als Tom Seidmann-Freud eine bekannte Kinderbuchillustratorin. In Berlin wurden in den zwanziger Jahren ihre Kinderbücher verlegt, etwa *Die Fischreise,* eine Geschichte vom Wunsch nach Frieden. Martha Gertrudes Mann Jakob Seidmann war Verleger und brachte auch Bücher seiner Frau heraus. Als ihn der Bankrott ereilte, nahm er sich 1929 das Leben, was die junge Witwe in Trauer und tiefe Schuldgefühle stürzte. Auch Freud war schwer getroffen: Da er sich zu jenem Zeitpunkt in Berlin-Tegel aufhielt, quälte er sich mit Selbstvorwürfen und fragte sich, ob er die Katastrophe hätte verhindern können. Tom, die sich von ihrer Depression nicht erholte, starb 1930 im Alter von 37 Jahren in einem Berliner Krankenhaus. Um Toms verwaiste siebenjährige Tochter Angela kümmerten sich deren Großmutter Mitzi und die Familie Freud. Auch Mitzi fiel den Nazis zum Opfer. Im Juni 1942 wurde sie, und mit ihr Pauline „Paula" Winternitz und Adolphine „Dolfi"

Freud, nach Theresienstadt deportiert und von dort ins Vernichtungslager Maly verschleppt und ermordet.

Adolfine „Dolfi" Freud (1862–1943)

Adolfine, genannt Dolfi, war die viertälteste Schwester. Sie blieb ihr gesamtes Leben lang unverheiratet und unterstützte ihre Mutter Amalia im Haushalt. Dolfi konnte der töchterlichen Position nicht entwachsen und war diejenige, die die herrische Seite ihrer Mutter besonders stark zu spüren bekam. Amalia, schreiben Roudinesco und Plon, hörte nicht auf, Dolfi wie eine Heranwachsende zu behandeln, bevormundete und demütigte sie. Dolfi wurde im Sommer 1942 nach Theresienstadt deportiert, wo sie im Februar 1943, vermutlich an Unterernährung, starb.

Pauline „Paula" Freud (Winternitz) (1864–1942)

Pauline, genannt Paula, war die jüngste der Schwestern von Sigmund Freud. Sie heiratete Valentin Winternitz und wurde früh Witwe. Die gemeinsame Tochter der beiden, Rose Beatrice, die in jungen Jahren eine Schizophrenie entwickelte, heiratete den Dichter Ernst Waldinger, mit dem sie eine Tochter hatte. Paula wurde in das KZ Theresienstadt verbracht und nach der Verlegung nach Maly vermutlich vergast.

Alexander Freud (1866–1943)

Freuds Bruder Alexander war das achte und letzte Kind seiner Eltern und zehn Jahre jünger als Sigmund. Ein Abstand, der Freud erlaubte, sich Alexander gegenüber wohlwollend-nachsichtig zu gerieren, nahezu väterlich. Es war der ältere Bruder, der seinen Vornamen ausgesucht hatte, und das Votum „Alexander" das Resultat sorgfältiger Reflexion über den judenfreundlichen Feldherrn und König Alexander von Mazedonien. Tatsächlich entwickelte sich Sigmund, der Erstgeborene, der mit dem Gefühl aufwuchs, im Dienst einer höheren Mission zu stehen, zur Führungskraft, als der große Bruder der um Rat und Hilfe gebeten, und sowohl von seinen Schwestern als auch dem Jüngsten bewundert und respektiertwurde. Als Sechzehnjähriger verstand Freud die Geschwisterriege als ein Buch, dessen Deckel er, der älteste, und dessen Rücken der Bruder sei – dazwischen die zarten Mädchen, die es zu beschützen gelte. Die Beziehung zu dem charakterlich heiteren und Amalia nachschlagenden Alexander blieb bis ins Erwachsenenalter harmonisch. Er kümmerte sich später oft um die vielen Bahnreisen seines Bruders und begleitete ihn zu dessen Lieblingsorten in Italien und Griechenland. Die Männer einte das erhebende wie erdrückende Gefühl, die jüdische Welt ihres Vaters hinter sich gelassen und ihn überboten zu haben. 1909 heiratete Alexander Sophie Schreiber. Das Paar hatte einen Sohn, Harry. Alexander wurde Professor an der Exportakademie, einer in der Berggasse 16 im Palais Festetics gelegenen Handelsschule, und redigierte das Blatt „Tarifanzeiger". Im März 1939 konnte er Österreich über die Schweiz verlassen und einem Schicksal wie dem seiner Schwestern entgehen. Er emigrierte nach Kanada, wo ihn sein Sohn bereits erwartete. Harry kehrte als eingebürgerter Amerikaner nach Europa zurück: als Soldat in den Reihen der Alliierten – er war an der Befreiung Berlins beteiligt. In der Folge lebte er in New York und pflegte eine enge Beziehung zu seiner Tante Anna Freud.

Primus am Realgymnasium · Der einsame Hoffnungsträger
Dem höchstbegabten Freud wurde jede in seinem Umfeld nur erdenkliche Förderung zuteil. Ersten Unterricht erhielt er von seinem Vater und seiner Mutter. Nach Schilderungen seiner ältesten Schwester lernte er anschließend an einer Privatvolksschule, bevor er als Neunjähriger ab Herbst 1865 die höhere Lehranstalt besuchte. Freud war fortan und bis 1873 Schüler des Leopoldstädter Realgymnasiums, das 1868, als die erste Oberstufenklasse eingerichtet wurde, Leopoldstädter Communal-Real- und Obergymnasium getauft wurde – und seit 1989

Sigmund-Freud-Gymnasium heißt. Fünfundsiebzig Jahre zuvor hatte der berühmte Absolvent aus Anlass des fünfzigsten Jahrestages seiner Bildungsstätte einen Beitrag zur Festschrift beigesteuert: „Zur Psychologie des Gymnasiasten". Die Schule, heute in der Wohlmutstraße 3 gelegen, befand sich zu Freuds Zeiten in der Taborstraße 24 im 2. Wiener Gemeindebezirk, dem Viertel, in dem die Familie an wechselnden Adressen lebte. Der Zögling Freud erinnerte sich später an die Jahre zwischen zehn und achtzehn als an eine Zeit schmerzhafter Umbildungen, Ahnungen und Irrungen. In den Jahren als Oberschüler stellte er seine vielen Begabungen unter Beweis – und die Weichen für die Zukunft. Sein Vater hatte ihn eine Woche nach seiner Geburt im Mai 1856 beschneiden lassen, traditionelle Pflicht des israelitischen Volkes, in das er eingetreten war. Jakob hatte ihn an die jüdische Bibel und die Welt der Vorväter herangeführt und ihn dennoch Freigeist werden lassen. Nun tat sich Freud die Kulturwelt in ganzer Breite auf.

Der Schüler Freud hegte die romantische Hoffnung auf allseitige Weisheit als Endziel seiner Wissbegierde. Eine Wissbegierde, die sich mehr noch auf menschliche Verhältnisse als auf natürliche Objekte bezog. Freud, Herzstück einer jüdischen Großfamilie, die sich nach außen abgrenzte und sich als abgegrenzt erfahren konnte, empfand sich als grandios und zugleich als im Umgang mit anderen unsicher. Er erlebte sich als unterlegen, unterschätzt und als nicht eben oben auf der Beliebtheitsskala stehend – eine leicht zu treffende Zielscheibe. Von Selbstzweifeln geplagt, bemühte er sich, seine innere Unruhe zu überspielen. Ohne das *Enfant terrible* zu geben oder Aggressionen anzuziehen, vertrat er kühne Extreme. Er sah sich in der Opposition, war Randfigur, weil er nicht anders konnte. Als sei die Welt ihm immer ein wenig fremd geblieben, war seine Anteilnahme meist nicht die eines Handelnden, sondern glich der eines Beobachtenden, der nicht selten staunt, wie seltsam unser Leben doch ist. Er beobachtete und staunte aus der Distanz – wie sonst wird man Wissenschaftler?

Freud lag nichts daran, seine Außenseiterposition um jeden Preis zu ändern, wenngleich er sich nach einer Möglichkeit sehnte, die Fäden in der Hand zu behalten. Versuchten andere, kein weiches Ziel zu sein, sich anzupassen, einzuschmeicheln, unsichtbar oder unangreifbar zu machen, optierte Freud anders. Statt sich zu unterwerfen oder anzubiedern, kultivierte er die Attitüde des einsamen Wolfes. Wenn er mit seiner Umgebung verschmolz, dann auf Zeit, und nur, um sich aus freien Stücken wieder herauszulösen. So waren ein Gefühl von Isolation und der Wunsch, ihr zu entkommen, zeitweise seine treuesten Freunde.

Als Einzelgänger konzentrierte er sich auf eifriges Lernen. Humanistisch verankert lernte er Griechisch, Hebräisch und Latein. Französisch und Englisch sowie Grundbegriffe im Spanischen und Italienischen komplettierten sein sprachliches Portfolio. Der arbeitswillige, neugierige und talentierte Gymnasiast, der die Aufstiegsbedingungen seiner Umgebung akzeptiert und verinnerlicht zu haben schien, erstarkte fast auf Anhieb, und Jahr für Jahr, zum Klassenprimus. Dabei war er weder der Streber, der sich gefällig gibt und allen Erwartungen entspricht, noch der Liebling, dem Glück, Erfolg und Gunst in den Schoß zu fallen scheinen, sondern der Unabhängige, der sperrige Fragen stellt und sich als kreativ und intellektuell unbeirrbar erweist.

Ehrgeizig war er nicht nur in den Schulstunden. Schon als Kind interessierte er sich für Dinge außerhalb seines eigenen Radius. Als Zehnjähriger verfolgte er die Kämpfe zwischen Österreich und Preußen und sein Vater nahm ihn mit, als am Bahnhof die verwundeten Soldaten für den Transport ins Krankenhaus auf Heuwagen umgeladen wurden. Aktiv hatte Sigmund daraufhin einen Aufruf zur Sammlung von Verbandsmaterial unterstützt und seiner Mutter altes Leinen abgebettelt, weil ihn die Not der Verwundeten so stark berührte. Während des Krieges 1870 verfolgte der Vierzehnjährige allabendlich den Stand der Gefechte, indem er, gebeugt über große fähnchengespickte Landkarten in seinem Zimmer, mit seinem Vater „kluge Gespräche" führte, wie seine Schwester Anna Freud-Bernays sich nach Freuds Tod erinnerte. Sowohl Familie als auch Schule schätzten sein Querdenkertum, goutierten sein Engagement und seine Leistungen. Zwar arbeitete der Heranwachsende auf Weisheit hin, wollte wissen, doch schenkten beide Welten ihm und seinem Tun jene Anerkennung, die er sich obendrein von seinem Eifer versprach. Die Befriedigung, die ihm aus seinem Schulerfolg erwuchs, stabilisierte seine innere Verfassung. Und als er, der Eigenbrötler, seine unangefochtene Stellung als Primus erobert hatte, als er Vorzüge genoss, wie den, im Unterricht nur selten abgefragt zu werden, als er spürte, dass man ihm vertraute – erst dann agierte er weniger opportunistisch und schloss engere Freundschaften.

Schulfreunde und die erste Verliebtheit

Freud befreundete sich mit Heinrich Braun, einem kritischen Geist, der den Heranwachsenden für politische Fragen sensibilisierte. Braun weckte einen Sinn für unabhängige Gerechtigkeit in ihm und provozierte „revolutionäre Gefühle". Freud kam er vor wie ein „junger Löwe" und er erwartete geradezu, dass Braun eines Tages eine führende Rolle in der Welt spielen würde, wie es in einem an Julie Braun-Vogelstein gerichteten Brief vom 30. Oktober 1927 heißt.

Einer seiner wichtigsten Schulfreunde wurde sein Klassenkamerad Eduard Silberstein, ein jüdischer Bankierssohn. Angefreundet hatten sich die Jungen mit etwa dreizehn Jahren. Zehn Jahre lang schrieben sie einander Briefe, die von Freuden und Nöten zeugen, von beider Ehrgeiz, vom Niederschlag der Kultur, vom Einfluss der Wissenschaft und einem sich stetig erweiternden Horizont. Älter geworden, debattierten Eduard und Sigmund über Philosophie, über Ludwig Feuerbach oder Franz Brentano. Als Cervantes-Begeisterte wollten sie sich durch literarische Lektüre autodidaktisch Spanisch beibringen und gründeten mit ihrer „Academia Castellana" eine Art individuellen *Club der toten Dichter*, wofür sie eigens ein Abzeichen aus rotem Siegelwachs schufen. In der von ihnen entwickelten Geheimsprache, einem spanisch-deutschen Kauderwelsch, spinnen Freud und Braun ihre Geschichten weiter.

Don Quijote, der gegen Windmühlen kämpft, war einer ihrer Lieblinge, als träumten auch die beiden Heranwachsenden von grandiosen Abenteuern, wie sie Don Quijote erlebte – mit dem Unterschied, dass sie, anders als der Ritter von der traurigen Gestalt, am Ende tatsächlich als Sieger dazustehen hofften. Die beiden Knaben verschlingen die tragikomischen Abenteuer des närrischen Helden und seines Knappen Sancho Pansa, die Luftschlössern und paradiesischen Orten hinterherjagen, an welchen hochfliegende Träume, Realität, Liebe und Gerechtigkeit nebeneinander bestehen, während sie selbst sich oft am Abgrund von Katastrophen befinden.

Ein gemeinsamer Freund von Eduard Silberstein und Freud war Emil Fluß, Sohn des erfolgreichen Textilhändlers Ignaz Fluß, eines Kollegen von Jakob Freud. Sigmund und Eduard besuchten Emil im Sommer 1871, und der Bücherwurm Freud, der sich bis dato an das weibliche Geschlecht nicht herangewagt hatte, verliebte sich in Gisela, Emils Schwester. Viel wurde nicht daraus, aber Gisela beschäftigte ihn noch lange. Voller Liebeskummer zog der Sechzehnjährige durch den Wald und malte sich aus, wie es hätte sein können, wenn er mit diesem Mädchen hätte zusammenkommen und es heiraten können. Die heftige Zuneigung zu Gisela war verbunden mit der Tatsache, dass er auch von deren Mutter sehr eingenommen war; von ihrer Kultiviertheit, ihrer Fröhlichkeit und der Art, wie sie mit ihren Kindern umging – und mit ihm selbst. Ihn beeindruckte, wie Giselas Mutter, eine gebildete Frau und ganz und gar kein „verunglückter Blaustrumpf", nicht nur für die leiblichen, sondern auch für die geistigen Belange ihrer Söhne Sorge trug. Freud, der dem Ende seiner Schulzeit entgegenging, wurde klar, dass er eine solch umfassende Förderung durch seine eigene, ihn mit Liebe verwöhnende Mutter vermisst hatte.

Reifeprüfung · Große Erwartungen und Versagensangst

Giselas Bruder Emil Fluß war am 16. Juni 1873 der Adressat jenes Briefes aus Freuds Feder, in dem dieser moralische Betrachtungen „Über die Rücksichten bei der Wahl des Berufes" anstellte, indem er von dem gleichnamigen Maturaaufsatz berichtete. Im Pathos eines reifen Humanisten formulierte der erst Siebzehnjährige darin seinen Argwohn gegenüber Illusionen und zeigte eine bisweilen in Melancholie und Pessimismus umschlagende Ernsthaftigkeit. Seine Zukunftsvorstellungen entwarf er, der sonst so Selbstgewisse, als beinahe tragisches Szenario. Der Reifeprüfling fürchtete, an großen Erwartungen zu scheitern, große Wünsche nicht erfüllen zu können und künftig zur Mittelmäßigkeit verdammt zu sein – all seinen Bedenken setzte er nichts entgegen, was von seinem späteren analytischen Scharfsinn hätte künden können.

Dabei waren die zügig absolvierten Gymnasialjahre des von Versagensangst Geplagten gekrönt von Erfolgen. Überschattet wurden sie lediglich von einem kleinen Skandal: Als an der Schule aufgeflogen war, dass zwei Schüler einschlägige Lokale besucht und offenbar mit Prostituierten angebändelt hatten und dass Freud, damals kaum älter als dreizehn, von diesen halbseidenen Eskapaden gewusst haben musste, wurde dessen Note im sittlichen Betragen empfindlich herabgesetzt. Weitere „Verderbnisse" waren ausgeblieben.

Als es endgültig auf den Abschluss zuging, nahm Freuds innere Unruhe wieder zu. Er wusste immer noch nicht, was aus ihm werden sollte. Sowohl Eignung als auch Neigung eröffneten ihm mehrere Optionen. Im imperialen Wien hatte sich neben dem sich abschottenden Adel ein breites Bildungsbürgertum etabliert, zu dem viele einflussreiche Juden gehörten. Assimilation konnte auf einem leidlich offenen Weg erreicht werden, dem der Kultur, und viele jüdische Meritokraten waren ihn erfolgreich gegangen. Dennoch bedurfte es keines Seismografen, um antisemitische Vibrationen in der Wiener Gesellschaft wahrzunehmen. Wo war sein Platz in dieser Umbruchsituation, wo lag seine Chance? Hatte er als Knabe nicht davon geträumt, Minister oder General zu werden? – und früher seine Spielzeugsoldaten mit den Namen von Napoleons Marschällen beschriftet? War nicht seine Bewunderung für Oliver Cromwell und für Hannibal, den Karthago-Feldherrn der Punischen Kriege, der mit einem Heer und Kriegselefanten die Alpen genommen hatte, immer größer geworden? Zwar denkt man heute bei seinem Namen statt an ein Schlachtfeld an eine Plüschcouch, statt an Armeen in den Alpen an einen Grübler in der Gelehrtenstube, aber zum Zeitpunkt der Matura hatte Freud seine jugendlichen Feldherrenfantasien nicht aufgegeben. Er schloss nie mit ihnen ab, denn er hörte nie auf, sich zu höchsten Dingen berufen zu glauben. Er wusste zwar noch nicht, welches Fach er wählen oder in welchem Elfenbeinturm er sitzen sollte, aber eines spürte er mit aller Deutlichkeit: Er würde mit seiner Arbeit die Fenster zur Welt aufreißen und sie erobern.

Im Juli 1873, gerade siebzehnjährig, bestand er die Matura. „Mit Gottes Hilfe", wie der Atheist seinem Freund Silberstein am Tag nach den Prüfungen mitteilte – und mit erwartungsgemäß vorzüglicher Note: *summa cum laude*. Natürlich sagte man ihm wieder große Dinge voraus. Allen voran seine Eltern, aber auch sein Förderer, der Religionslehrer Samuel Hammerschlag. Hammerschlag war eine jener Lehrerpersönlichkeiten, die den sich von seinem Elternhaus ablösenden Gymnasiasten stark beeindruckten. Der Lehrer ließ ihn spüren, dass er auf ihn baute. Eines Tages überließ der fürsorgliche Hammerschlag ihm sogar Geld aus einer Stiftung, weil er es in ihn für gut investiert hielt, schrieb Freud mit Stolz am 10. Januar 1884 an seine Verlobte. Ähnlich wie Freud durch Frau Fluß auf etwas gestoßen war, das seine Mutter ihm vorenthalten hatte, war es der Pädagoge Hammerschlag, der dazu beitrug, dass Freuds immer noch vorhandenes, infantil-idealisiertes Bild von Jakob weiter entzaubert wurde.

Freud und Literatur · Ödipus und andere Helden
Bei aller Allround-Begabung ihres Eleven fiel Freuds Lehrern seine Vorliebe für Literatur auf, blieb keinem dessen sprachliche
Brillanz verborgen. Vielleicht hatte seine Ausdrucksweise in den
unteren Klassen noch ein wenig altklug angemutet, nun ging
alles zusammen. Freuds geschliffener Stil verblüffte. Er besitze
das, was Herder „idiotischen Stil" nannte, schreibe zugleich korrekt und charakteristisch, bescheinigte man dem Prüfling im
Abschlusszeugnis – und der vernahm es gern. Als Fünfzehnjähriger schon hatte er unter dem Titel „Zerstreute Gedanken"
Aphorismen zur Schülerzeitung beigetragen – seine erste literarische Arbeit. Als Individualist war er einsam und introvertiert
genug, um unablässig zu lesen, und nicht nur das laut Lehrplan
Verlangte. So waren ihm die Verse aus dem *Oedipus Rex* des
Sophokles, die er in der Abiturprüfung zu übersetzen hatte, bei-
nahe schon in Fleisch und Blut übergegangen – er hatte sie, aus
purem Vergnügen, bereits gelesen. Irgendwie faszinierte ihn die
Geschichte nämlich eigentümlich: Laios, König von Theben,
wird vom Orakel geweissagt, dass ihn sein eigener Sohn töten
werde. Deswegen lässt er seinen kurze Zeit später geborenen
Sohn Ödipus, den potenziellen Mörder, aussetzen. Doch wider
Erwarten bleibt der Junge am Leben. Später tötet er bei einem
Kampf tatsächlich – unwissentlich – Laios, seinen Vater. Als es
Ödipus gelingt, Theben von der Sphinx zu befreien, erhält er zur
Belohnung das Königreich und Laios Witwe Iokaste zur Frau.
Ödipus, nun Gemahl seiner Mutter, zeugt mit Iokaste vier Kin-
der. Nachdem er aber die Wahrheit über seine Vergangenheit
Schritt für Schritt in Erfahrung bringt, blendet er sich voller Ver-
zweiflung – und verlässt das Land. Der so eigentümlich faszinier-
te Schüler Freud dürfte kaum geahnt haben, dass es ebendieser
Mythos und die sich durch den tragischen Helden anbietende
Projektionsfläche sein würden, die Epoche und ihn selbst zur
Legende machen sollten: Die Freud'sche Erfindung „Ödipus-
komplex" ist – selbstredend in Form eines Terzetts – sogar ver-

tont worden, die Wortschöpfung selbst gilt heute als berühmtestes Eponym in Medizin, Psychologie und Kulturtheorie, ein geflügeltes Wort fast, hinter dem sein antikes Vorbild nahezu verschwunden ist.

Für Freud waren Epen aus der Antike, Literatur auch abseits vom Schulkanon, früh eine Quelle der Inspiration. Er sah im Schrifttum alter Epochen etwas Ähnliches wie später in den Antiquitäten auf seinem Schreibtisch: Hüter des kulturellen Gedächtnisses. Wenn möglich, las er in Originalsprache. Gerne französische Romanciers, aber als seine wahren Meister bezeichnete er englische und schottische Schriftsteller. Sie nahmen etwas vorweg, um das es Freud zu tun war. Anders als in antiken Tragödien, in denen die Waffen oft ungleich verteilt sind, behandeln die Angelsachsen das menschliche Los realistischer. Der Übermut des Helden wird konfrontiert mit dem Schicksal. Herkunft, Umfeld, Bildung, Persönlichkeit und Moral sind wichtiger Teil der Charakterisierung und damit Teil des Konfliktes. John Milton, besonders dessen episches Gedicht *Lost Paradise* über den Fall der menschlichen Rasse, zählte Freud zu seinen Favoriten. Er mochte Detektivgeschichten wie die von Agatha Christie oder „Sherlock Holmes" von Sir Arthur Canon Doyles. Shakespeare hatte er bereits mit acht Jahren für sich entdeckt. Er rezitierte, laut Jahrbuch des Leopoldstädter Gymnasiums, aus Anlass einer Schulfeier im Juli 1871 *Julius Cäsar*, vierte Szene, dritter Akt. Shakespeare, den Thomas Mann später einmal als den besten Psychoanalytiker aller Zeiten bezeichnen sollte, blieb neben Goethe Freuds Lieblingsschriftsteller. Dessen *Hamlet* – ein Held, der an der ihm gestellten Aufgabe zerbricht – zählte Freud, wie den *Ödipus* von Sophokles oder Dostojewskis *Die Brüder Karamasow,* zu den größten literarischen Werken aller Zeiten. Andererseits hatte Freud ein Faible für den volksnahen Possendichter Johann Nepomuk Nestroy, dessen komplettes Werk er sich 1934 ins Regal stellte. Ein Band von Ludwig Börne, den er als Dreizehnjähriger geschenkt bekam, bedeutete ihm so viel, dass er, der

Bibliophile, ihn als einziges Buch aus seiner Jugendzeit aufbewahrte. Ein Börne-Essay trägt die Überschrift: „Die Kunst, in drei Tagen ein Originalschriftsteller zu werden". Was wie ein Omen für Freuds Karriere klingt, die zum Gutteil eine schriftstellerische war, war wie seinem eigenem Kopf entsprungen: Börne fasste in Worte, was ihn, Freud, beschäftigte.

Was sich zu Schulzeiten in puncto Schriftstellerei abzeichnete, trug Früchte. Spätestens *Die Traumdeutung* als Lehrbuch neuer Lesart erhob ihren Verfasser zum Erfolgsautor, der die Geschmeidigkeit des wohlgesetzten gesprochenen Wortes mit dem Sinn des Epikers für Erzählfluss zu verbinden wusste. Dabei gab Freud die Perspektive des naturwissenschaftlichen Betrachters nicht auf – und sich selbst überrascht darüber, dass seine Fallvignetten „wie Novellen" zu lesen sind, kleine Erzählungen unerhörter Begebenheiten und wie aus einem Guss. Sein durch die und von der Literatur ausgefeiltes Sprachgefühl erlaubte ihm, Vokabular für Dinge zu finden, die sich im Imaginären abspielen: Er häufte Vergleiche, um etwas Psychisches einzukreisen, das sich unmittelbarer Darstellung widersetzt, und um hinter dem Beschriebenen etwas zu finden, das sich andersartig nur ungenügend erschlossen hätte. Metaphern, fiktive Orte, Mythen, Gestalten und Handlungen waren ein Sprungbrett seiner Fantasie und die beobachteten Merkwürdigkeiten verloren, indem er sie in Sprache überführte, nichts von ihrer Merkwürdigkeit, gewannen aber an Bedeutung. Welcher Arzt vor ihm wählte ein gleichermaßen literarisches Alias wie „Wolfsmann" für einen Fallbericht? Sein Schreiben war die ordnende Reaktion des Psychoanalytikers auf die beobachtete Unordnung – lange bevor er Psychoanalytiker wurde, denn bereits als junger Mann entdeckte Freud ein besonderes Hobby: Er protokollierte seine Träume.

Auf persönlicher Ebene wäre er ohne Literatur einer Zuflucht beraubt gewesen. Worte waren seine Komplizen. Als junger Mann mit ewig leerer Börse kaufte er mehr Bücher, als er sich leisten konnte, und steckte seine Nase stundenlang in schöngeistige Lektüre, bis tief in die Nacht. Als er hartnäckig darauf hinarbeitete, etwas Besonderes zu werden und zu schaffen, während die Realität ihm immer wieder einen Strich durch die Rechnung machte – in diesen Zeiten war die Literatur ein Weg, jenseits seiner Wirklichkeit an anderen, grandiosen Wirklichkeiten Anteil zu nehmen. Als Essayist und novellistischer Autor, zu dem er wurde, erkannte er auch hier, beim dichterischen Erzählen, den Wunsch als Motiv. Den Wunsch des Schriftstellers, sich wie ein spielendes Kind eine Fantasiewelt zu schaffen, die er ernst nimmt, mit großen Gefühlen besetzt und von der Wirklichkeit trennt.

DAS BERUFLICHE FUNDAMENT

Studienwahl · Bürger oder Revolutionär

Freud war ein literaturverliebter Schöngeist – und nahm im Herbst 1873 sein Studium an der Medizinischen Fakultät der Universität Wien auf. Es war das Jahr der vereinten Gegensätze: Die Weltausstellung in Wien war Stadtgespräch, der der „Schönen Blauen Donau" zur Ehre gereichende neue Straußwalzer in aller Munde. Es war der Sommer, der technische Errungenschaften und österreichisches Geistesleben zugleich ins überregionale Blickfeld rückte. Insbesondere die Weltausstellung führte Freud abermals seine Zerrissenheit vor Augen. Vieles, was andere faszinierte, ließ ihn kalt. In der Menge fühlte er sich einsam, angesprochen am ehesten von der Kunst und ein paar Effekten, schrieb er am 16. Juni 1876 an Emil Fluß. Eben noch schlug das Pendel in Richtung Jurisprudenz aus, schien es dann bei Philosophie als Hauptfach zu verweilen – oder etwas anderes? Jede Disziplin hätte den Zuschlag bekommen können, die Wahl lag einzig und allein in seinem Ermessen. Sigmunds Vater, chronisch in Geldnot, verzichtete darauf, ein Wörtchen mitzureden. Statt den Buben – kräftig und gesund wie er war – zur Arbeit zu schicken, um ihn Geld nach Hause bringen zu lassen, gewährte er dem Filius das Recht auf Selbstbestimmung: Sigi sollte seinen Neigungen folgen und studieren. War ihm, so schlau wie er war, Erfolg nicht so gut wie sicher?

Als habe er die Prophezeiung aus dem Prater im Ohr – „Der wird einmal Minister!" –, wollte Freud zeitweise tatsächlich Politiker werden. Jemand, der eine bessere Zukunft gestalten und sich engagieren würde. Also doch Jura? War er mehr Bürger oder mehr Revolutionär? Sein Schulfreund Heinrich Braun, der später bekannte Sozialdemokrat, hatte diesen Wunsch in ihm genährt. Zudem versprach die Jurisprudenz, neben Theologie und Medizin eine der ältesten drei Fakultäten überhaupt, ein

Gebiet zu sein, auf dem es jüdische Meritokraten zu etwas bringen konnten. Freud legte sich sogar Visitenkarten mit dem Kürzel „stud. jur." zu. Nicht mehr als ein scherzhafter Ausdruck einer ernsthaften Überlegung vielleicht – oder klare Handschrift seines wahren Forschungstriebes: Rechtswesen wie Psychoanalyse befassen sich mit Grenzübertretungen.

Warum dann doch der Umweg über die Medizin? Es sprach mehr gegen als für Jura. Und es lag etwas in der Luft: ein neues Weltverständnis. Freud gehörte zu denen, die von den positivistischen Wissenschaften und von Charles Darwins Theorie der Evolution durch natürliche Auslese gefesselt waren. Darwins Ansatz schlug seit den sechziger Jahren sensationelle Wogen und eröffnete einen dem traditionellen Denken zuwiderlaufenden Zugang zur Welt, der einem Dammbruch in Biologie und Medizin gleichkam: Wenn das Leben und die Arten nur das Ergebnis von natürlicher Selektion waren, wenn der Mensch, die Krone der Schöpfung, nur ein Derivat, ein tierischer Abkömmling und nicht mehr als Ebenbild Gottes kreiert zu respektieren war, konnte man sich nüchterner mit ihm, seinen Funktionen und Krankheiten auseinander setzen. Von dieser Prämisse war Freud fasziniert. Als er überdies eine allen Interessierten zugängliche Vorlesung von Professor Carl Brühl hörte, einen hymnischen Vortrag, der die seltsame und paradoxe Einheit der Natur zum Thema hatte, einer Natur, die als gütige Mutter ihren Lieblingskindern das Privileg gewährt, ihre Geheimnisse zu erforschen, war die Entscheidung gefällt. Dieses Axiom war das Zünglein an der Waage, dieses beseelte Bild von der Natur, das einem Goethe-Dithyrambus zugeschrieben wurde, gab den Ausschlag für seine Immatrikulation: Freud wollte ein solches Lieblingskind sein. Die Lektion, kurz vor der Reifeprüfung gehört, hallte nach. Ja, er würde die Natur erforschen. Interessiert an Biologie und Zoologie, entschied er sich für das breit angelegte Humanmedizinstudium, das er für das geeignete Rüstzeug eines Naturforschers hielt. Er spürte indes keinerlei Helferdrang, keine Vorliebe für

Tätigkeit und Stellung eines Arztes. Sondern reine Neugier und den Hunger auf philosophische Einsichten – und einen seltsamen Hunger auf etwas darüber hinaus.

Der zukünftige Mediziner verbreitete die Neuigkeit ein wenig zögerlich. Man war überrascht. Arzt? Sein Vater fand, der Junior sei für diesen Beruf zu weichherzig, er könne doch gar kein Blut sehen. Jakob lag so falsch nicht, doch sein Sohn blieb fest. Es sollte Jahrzehnte dauern, bis Freud in dieser seiner kritischen Entscheidung für die Medizin eine „mir aufgedrängte Ablenkung meiner ursprünglichen Absicht" erkennen würde und seinen Lebenstriumph darin, „nach großem Umweg" seine anfängliche Zielrichtung wieder gefunden zu haben: die Genese der Kultur.

An der Medizinischen Fakultät · Zweifel und Sinnkrisen

Als „stud. med. Freud" seinen Fuß über die Schwelle setzte und zum ersten Mal die heiligen Hallen betrat, prägten große Fortschritte die Medizin und das akademische Klima. Rasant hatte sich in der zweiten Hälfte des 19. Jahrhunderts aus spekulativer Naturphilosophie empirische Naturwissenschaft entwickelt und Einzug in die Fakultäten gehalten. Die Forscher formulierten falsifizierbare Theorien, um sie im Experiment mit konkurrierenden Theorien zu evaluieren: Beste Aussichten hatte diejenige Theorie, die nicht ad absurdum geführt, aber durch wissenschaftliche Evidenz gestützt wurde und so der Wahrheit am nächsten zu kommen versprach. Experimente wurden erdacht, die in Frage stellten, was landläufig als richtig angesehen wurde. Freud wurde leidenschaftlicher Verfechter dieses Wissenschaftsverständnisses und dessen tieferer Motivation: unvoreingenommener Neugier, die Welt zu verstehen. Und, so Freuds geheimer persönlicher Zusatz, die Welt zu verändern. Als der angehende Akademiker durch die Arkaden der Wiener Universität wandelte, am Spalier der Büsten berühmter Professoren entlang, träumte er davon, einmal selbst an dieser Stelle gewürdigt zu sein – längst ist er das. Und Jahre später, so beschrieben in einem Brief

Anfang 1884, saß der Jungwissenschaftler, der gerade den letzten Punkt unter seine erste Publikation gesetzt hatte, bei einer Veranstaltung hinter dem berühmten Bauchchirurgen Theodor Billroth, der ihn nicht kannte und dachte: Wartet nur, wenn ihr einmal mich so grüßen werdet wie jetzt die anderen.

Allen vorherigen Zweifeln zum Trotz war Freuds Ambivalenz weder groß genug gewesen, um eine Einschreibung in die Medizin zu verunmöglichen, noch groß genug, den nun angehenden Arzt zu einem Studienfachwechsel zu veranlassen. Doch schon 1874 trug der sich mit Veränderungsgedanken. Innerlich auf dem Sprung zu neuen Ufern, zog es ihn nach Berlin. Dort, in der jungen Hauptstadt des 1871 im Spiegelsaal von Versailles proklamierten ersten Wilhelminischen Kaiserreiches, wurden wissenschaftliche Deutungsmacht und insbesondere medizinischer Fortschritt den Bürgern als nationale Errungenschaft identitätsstiftend vor Augen geführt und erfolgreich vorangetrieben. So erwog auch der bildungshungrige Wiener Hochschüler, direkt an der Quelle, bei Hermann von Helmholtz, Physiker, Physiologe und führender Verfechter des empirisch-naturwissenschaftlichen Fortschrittsdenkens, zu studieren. Doch Freuds Plan, in Anbetracht seiner Mittel war er wohl zu unrealistisch, zerschlug sich. Was sich nicht zerschlug, war sein philosophisches Interesse. Philosophie war seinerzeit für Medizinstudenten zwar kein Obligatorium (mehr), Freud exkursierte aber – wie zu Schulzeiten schon – ungeachtet des Leistungssolls in diese oder jene Nachbardisziplin. Gemeinsam mit seinem Kommilitonen Josef Paneth besuchte er seit dem Wintersemester 1874/75 philosophische Vorlesungen und Aristoteles-Seminare bei Franz Brentano, der ein Werk zum Thema *Psychologie vom empirischen Standpunkt* veröffentlicht hatte. Der Geisteswissenschaftler, der als studierter katholischer Theologe an Gott glaubte und zugleich Darwin respektierte, brachte Freud, der mit Paneth Einwände gegen des Professors Thesen formuliert hatte, nach zwei Diskussionsabenden in seinem Haus dazu, seine Überzeugungen in

Frage zu stellen. Brentano, den Freud als „verdammt gescheiten, ja genialen Kerl" erlebte, wie er am 7. März 1875 an Eduard Silberstein schrieb, meinte, die Psychologie sei die Grundlage der Philosophie und der Logik und müsse zuvörderst beschreiben. Sie befasse sich mit inneren Wahrnehmungen, die immer von absoluter, unmittelbarer Realität seien – und empirisch zugänglich. Brentano empfahl seinen beiden Studenten überdies philosophiehistorische Lektüre. Descartes etwa sollten sie unbedingt lesen und Leibniz; Kant und Hegel kritisierte er. Brentanos Instruktionsstunden beeindruckten Freud tief. Sie brachten den Jungmediziner dazu, nun seinerseits Nahtstellen zwischen Philosophie und Zoologie suchen zu wollen. Dank Brentano haderte er, der Atheist, mit nichts Geringerem als seiner Position gegenüber Glaube und Skepsis, Mutmaßung und Erfahrung. Musste er seine Weltanschauung völlig überdenken? Allerdings ebbte die hohe Welle der Begeisterung und mit ihr viele Bedenken des verunsicherten Kandidaten Freud bald wieder ab. Was blieb, waren Unglaube und die bei Brentano beobachtete Haltung. Eine Haltung, die Freud, der alles daran setzte, den Verlockungen reiner Spekulation zu widerstehen, später als Psychoanalytiker für sich beanspruchen sollte: die des vorurteilsfreien, intellektuell unbestechlichen Denkers.

Die Erfahrung mit Brentano, das Hinterfragen, klang noch nach, als sich Freuds innere Zweifel erhärteten: Hatte er den richtigen Weg eingeschlagen? Freud spürte das Bedürfnis nach Tapetenwechsel und beschloss im Frühsommer 1875 seine Brüder in Manchester zu besuchen. Die seit längerem geplante Reise bot nicht nur ein nostalgisches Wiedersehen mit den Familienmitgliedern, die in Freiberg Teil seines Lebens gewesen waren. Sie konfrontierte den Neunzehnjährigen, der Mühe hatte, die Zukunft ins Auge zu fassen, mit seiner Sinnkrise. Im boomenden Manchester kam Freud der Gedanke, ob er nicht auch in die väterlich-brüderlichen Fußstapfen treten sollte – und Geschäfte machen. Ohnehin hatten England und seine Kultur ihn immer gereizt. Wie verlockend der Gedanke, wie die Brüder fern von Anfeindungen, denen Juden in Österreich ausgesetzt waren, zu leben! Zudem galten die Chancen für *making money* in Manchester als ausgezeichnet. Baumwollspinnereien hatten Hochkonjunktur. Friedrich Engels schrieb in seinem berühmten Buch *Die Lage der arbeitenden Klasse in England* Erschütterndes über die Lebensverhältnisse der Arbeitermassen, die die Dampfmaschinen und Spinnspillen der ersten Fabrikstadt bedienten. Zu Hunderten ragten mehrstöckige Gebäude empor, spuckten turmhohe Schornsteine den schwarzen Steinkohledampf in den Himmel – und die Industrie schien beinahe täglich weiter zu wachsen. Freuds Verwandtschaft, die es auf der Insel im Tuchhandel zu Ansehen und Wohlstand gebracht hatte – als angesehene Mitglieder des jüdischen Großbürgertums gehörten die Brüder zu den Gründern der Synagoge von Manchester –, würde ihn mit offenen Armen empfangen. Sollte er es der Mischpoche nachtun und *merchant* oder *shopkeeper* in Manchester werden, um geschäftlich groß herauszukommen? Sich niederlassen und ganz prosaisch seine Nichte Pauline, die liebe Spielgefährtin aus Freiburger Tagen, heiraten? Aber verfügte er über die Voraussetzungen für ein solches Leben? Sehnte er sich nicht nach Romantik und nach einer Mission?

Irgendwie sah er sich nicht als Finanzjongleur, sondern als Geistesakrobaten. Und er wollte sich verlieben, eines Tages. So blieb es bei dem Gedankenspiel – und Freud in Wien. Effekt der Selbstfindungskrise war kein Einstieg ins Business, aber eine neue Einsicht: Ihm ging auf, wie viel einfacher er es im Leben gehabt hätte, wäre er, so wie er als Junge in Freiburg mal gedacht hatte, tatsächlich als Emanuels Sohn zur Welt gekommen. Er musste auf den Boden der Tatsachen zurückkommen. Dabei gewann er neuen Elan und ein neues Ideal: Ohne sein Interesse für abstrakt-theoretische Philosophie-Vorlesungen ad acta zu legen, würde er sich fortan im Labor üben, Physiologie, Anatomie und angewandte Zoologie studieren. Seine Zukunft lag nicht in einer Fabrik in Manchester, sondern an der Medizinischen Fakultät in Wien.

Erste Forschung · Die Aale in Triest

Freuds Denkweise war nicht das letzte Mal in den Grundfesten erschüttert worden. Ein Wechsel stand an: Nach der Manchester-Reise wandte er sich der Tierkunde zu. Im Februar 1876 reichte Freud, nun im fünften Semester, über den Zoologieprofessor Carl F. W. Claus, einen der bedeutendsten Wortführer in der Diskussion um den Darwinismus in Österreich, der sich speziell für die Morphologie der Zwitter interessierte, ein Gesuch für ein Forschungs- und Reisestipendium ein. Der Minister für Kultus und Unterricht genehmigte 180 Gulden. Die Zuwendung ermöglichte dem Studenten, während zweier Semesterferien im Labor in der von Claus gegründeten Forschungsstation in Triest und in dessen Auftrag das Leben der Flussaale zu studieren. Insbesondere deren hodenähnliche „Lappenorgane" plante er unter die histologische Lupe zu nehmen, um sich im dritten Studienjahr wissenschaftliche Sporen zu verdienen. Die Latte lag nicht niedrig: Freud sollte die sensationelle Entdeckung des polnischen Wissenschaftlers Szymon Syrski überprüfen, der bei Aalen männliche Keimdrüsen erkannt haben wollte. Bis dato waren wissenschaftliche Hetzjagden auf das Mannsvolk der Aale ergebnislos verlaufen. Seit Ewigkeiten waren alle Versuche fehlgeschlagen, männliche Aal-Gonaden zu entdecken – sollte der polnische Kollege Recht haben, waren alle bisherigen Thesen von der Zeugung der Aale hinfällig. Solchermaßen beschäftigt mit feingeweblichen Fahndungen fand Freud „Ruhe und Befriedigung" bei seiner disziplinierten Mikroskopie. Launig berichtete er in seinen Briefen über Fortschritte – er konnte die Syrski-These erhärten – respektive Nicht-Fortschritte. Erhärten: ja – zweifelsfrei beweisen: nein. Humorvoll ließ er durchblicken, dass ihn die verführerischen „italienischen Göttinnen" zu irritieren vermochten. Er hielt es offenkundig für besser, ihnen möglichst weit aus dem Wege zu gehen und sich umso tiefer über das Okular zu beugen, animiert von der Frage nach dem Geschlecht der Aale. Behaglicher, weil sicherer, fühlte er sich allemal mit Gewebescheibchen des immer noch bisexuellen Wassergetiers. Mehr als vierhundert sezierte Tiere später veröffentlichte Freud 1877 die Ergebnisse seiner Ausdauer. Seine erste größere wissenschaftliche Arbeit erschien in den Sitzungsberichten der Kaiserlichen Akademie der Wissenschaften in Wien unter dem Titel *Beobachtungen über Gestaltung und feineren Bau der als Hoden beschriebenen Lappenorgane des Aales.* Letztlich konnte er die von dem polnischen Fachmann vertretene Meinung, dass die Lappenorgane des Aals Hoden seien, weder widerlegen noch endgültig bestätigen. Er blieb insofern im Ungefähren, als dass er keine grandiosen neuen Erkenntnisse in Sachen Reproduktion dieser Spezies liefern konnte. Die Schrift legte zwar Ehre ein und ließ überdies bereits sein späteres Interesse an der spezifischen Funktion von Nervenzellen – Neuronen – erkennen, war aber nicht die erhoffte Sternstunde der Aalforschung. Professor Claus war enttäuscht, dass sein Schüler, dem er die Möglichkeit geboten hatte, seine Fähigkeiten ins rechte Licht zu setzen, das Problem der Geschlechtlichkeit des Aals nicht hatte lösen können. Der fleißige Freud war ebenso enttäuscht. Er hatte für seine emsige Arbeit und die angesichts der vagen Ergebnisse angemessen vorsichtige *Conclusio,* die immerhin den Gedanken der Intersexualität enthielt, mehr Anerkennung erwartet. Er kehrte der Aalforschung, die er nicht hatte aus den Angeln heben können, und der Zoologie überhaupt den Rücken.

Physiologe im Brücke-Labor · Freuds Wissenschaftsverständnis
Deprimiert kehrte der Zwanzigjährige nach dem Abstecher in die Welt der Aale nach Wien zurück und wechselte ab dem dritten Universitätsjahr das Metier, um, zunächst als Famulus, im Brücke-Labor tätig zu werden. Von 1876 bis 1882 arbeitete Freud unter der Leitung von Sigmund Exner und Ernst von Fleischl-

Marxow am Institut des Physiologen Ernst Wilhelm Brücke, des späteren Ernst von Brücke. Freud forschte als Erstes über Spinalganglien und Rückenmark von Petromyzonten, 1877 veröffentlichte er diese Arbeit. Freud, noch war er kein Neurologe, widmete sich dem Bau des Nervensystems – von niederen Fischarten. Eine neurohistologische Leitfrage dabei war, ob es einen beobachtbaren Unterschied zwischen den Elementen des Nervensystems der niederen und jenen der höheren Organismen gibt oder nur einen Unterschied in deren Zusammenspiel.

Ernst Brücke wurde und blieb in diesen Jahren einer seiner zeitlebens wichtigsten Förderer. Freud suchte in seinen Universitätslehrern nie nur fachliche Förderung, sondern immer auch väterliche Vorbilder. Er hatte Glück. Während seiner Universitätsjahre war die Wiener Medizinische Fakultät eine handverlesene Zunft mit weltoffenem Flair. Viele ihrer hervorragenden Mitglieder, unter ihnen der Begründer der modernen Bauchchirurgie Theodor Billroth, waren aus Deutschland berufen worden. Freuds Zoologie-Chef Professor Carl Claus kam aus Göttingen, Ernst Brücke und Hermann Nothnagel, dessen Weg bald den seinen kreuzen würde, stammten aus Norddeutschland und hatten in Berlin gearbeitet. Sie alle importierten mit ihrer Reputation auch eine neue Ehrfurcht vor der Wissenschaft, die, aus Deutschland, damals Urzelle der meisten neuen Entwicklungen, kommend, nach Wien gelangt war und auf ihrem Höhepunkt stand. Disziplin und Exaktheit wurden hochgehalten – wovon Freud, eben noch Anhänger pantheistischer Naturphilosophie und sich mit religiösen Fragen befassender Brentano-Schüler, sich anstecken ließ. In Brücke, fast vierzig Jahre älter, fand Freud eine stringente Lichtgestalt. Er gab Freud, dem jüdischen Aufsteiger aus der Leopoldstadt, nicht das Gefühl, bloß ein Parvenü zu sein. Von diesem Chef, einem disziplinierten Naturwissenschaftler, der als Deutscher nichts übrig hatte für allzu große wienerische Entspanntheit, ließ sich Freud, morgens notorisch zu spät im Labor, mit wenigen Gesten zurechtweisen – derselbe Freud, der seiner

Verlobten die Leviten lesen konnte, konnte vor den durchdringenden Blicken des backenbärtigen Professors vergehen.

Der Person und Profession stark berührende Einfluss dieser Labor-Jahre bei Brücke stellte Freuds Schaffen unter das Vorzeichen eines empirischen Wissenschaftsverständnisses, wie es in der zweiten Hälfte des 19. Jahrhunderts von Männern wie Charles Darwin, Hermann von Helmholtz, Rudolf Virchow, Emil Du Bois-Reymond und eben Ernst von Brücke geprägt und propagiert wurde.

Brücke war Hauptvertreter der von Helmholtz begründeten antivitalistischen, positivistischen Schule. Die erkenntnistheoretische Bewegung verschrieb sich der damals noch nicht sehr verbreiteten streng naturwissenschaftlichen Vorstellung, dass alle Lebensprozesse grundsätzlich in Begriffen der unbelebten Natur und der Stofflehre erklärt werden könnten, dass also im Organismus keine anderen Kräfte wirksam seien als die der Physik und der Chemie. Es gehe um Materie, um abstoßende oder anziehende Komponenten, und wo Erklärungen nicht gefunden seien, müsse man mit der physikalisch-mathematischen Herangehensweise schlicht weiterspinnen am Webstuhl des Wissens. Positivisten verhielten sich zu religiösen Konzepten wie ein Scherenschnitt zu einer weißen Wand. Gibt es eine übergeordnete Kraft, die auf der Ebene der Moleküle als ordnendes Lebensprinzip agiert? Spekulative Naturphilosophie und biblische Ideen vom Finger Gottes lehnten sie als Ungereimtheiten ab. Alles sei wissenschaftlich erklärbar. Biologisch gesehen verstanden sie Mensch und Tier somit als materialistische, zergliederbare Produkte eines komplexen Ökosystems. Dieses System glich eher einer gut geölten Weltmaschinerie, als Theorien vom göttlichen Design. Letztlich seien auch psychologische Wesenheiten wie Gemüt, Gedanken, Gefühle und Fantasien durch die Kopplung von Ursache und Wirkung bestimmt und dadurch erklärbar – und nicht etwa durch Götterfunken, Engel oder himmlische Fügung.

Freud, der nie – auch nicht unter Brentanos Ägide – an eine gott-
gemachte Weltordnung geglaubt hatte, öffnete in sich Tür und
Tor für diese Sichtweise, als er 1876 als Student in Brückes Laboratorium eintrat.

Und er war begeistert. Mit den verbesserten Mikroskopen konnten immer mehr strukturelle Einzelheiten sichtbar gemacht werden und man nahm an, dass die Zelle der Grundbaustein aller
lebenden Gewebe sei. Über die von Du Bois-Reymond gesetzte
Trennlinie zwischen materiellen Grundlagen des Psychischen
und dem psychischen Erleben aber wagte Freud sich letztlich
weit hinaus, indem er später mit dem Begriff des „Triebes" das
Seelische im Biologischen verankerte, während Du Bois-Reymond von einer Kluft zwischen den materiellen Bedingungen
des Bewusstseins und der Erklärung des Bewusstseins selbst aus-
gegangen war.

Das in dieser Zeit übernommene Denken der Helmholtz-Schu-
le schlug sich wiederholt direkt in der Begriffsbildung Freuds
späterer Lehre nieder: Aus Physiologie übernahm Freud die
Idee der Dynamik, die er in sein erstes Modell einbaute. Auf
Inspiration durch die Mechanik beruht Freuds Konzept vom
psychischen Apparat, dessen dinghafter Aufbau wiederum auf
die um sich greifende Maschinisierung und ein technisch-
physikalisch geprägtes Weltbild verweist. Einer Denkweise, die
den Menschen und seine Persönlichkeit als ein zerlegbares
Konstrukt sieht, als eine Funktionseinheit, an der bestimmte
Druckpunkte, Stellschrauben oder Manipulationen gezielte
und damit vorhersehbare und reproduzierbare Reaktionen hervorrufen, an der defekte Organe repariert und Schäden geflickt
werden, hing er an.

Und doch war es auch ebendieser mechanistische Ansatz mit
seiner kühlen Terminologie, der Freud davor bewahrte, seine
Psychoanalyse als eine Art Philosophie zu konzipieren – und die
Psychoanalyse vor der Verbannung in einen Bereich außerhalb
der schulmedizinischen Heilkunde.

Arzt wider Willen · Abschied von einem Traum

Freud wäre am liebsten ewig im Brücke-Institut geblieben, um sich dort zu profilieren. Es war der Traum von diesem Werdegang gewesen, der ihn nach seiner verhältnismäßig späten Promotion im Frühjahr 1881 noch weitere drei Semester als Forschungsassistent dort ausharren ließ: Obwohl er sich mehr schlecht als recht über Wasser halten konnte, zögerte er erst den Abschied von der Alma mater und dann den von seinem Mentor Professor Brücke hinaus. Mochten Freunde und Verwandte dem vermeintlichen Bummelanten, der lange keinerlei Anstalten gemacht hatte, sich zum Examen anzumelden, längst Faulheit vorgeworfen haben – Freud focht das nicht an – er ruhte sich nicht aus. Noch als er sich mit dem Gedanken vertraut gemacht hatte, nach den drei Rigorosa ab 30. März 1881 kein Student mehr, sondern ein Doktor der Medizin zu sein, trieb ihn das Gefühl um, nicht genug gelernt zu haben. Nach der Promotionsfeier in der barocken Aula ging Freud sogleich zur Tagesordnung über und zur Arbeit ins Labor: Er ruhte sich nicht aus, er kämpfte.

Doch die Seifenblase zerplatzte. Freud, der bei Brücke vorzufühlen sich getraut hatte, musste im Verlauf einer unerwartet desillusionierenden Unterredung erkennen, dass die Aussicht auf eine vakante Stelle im Institut langfristig schlecht war. Freud war ernüchtert und zugleich auch nicht: Als Jude rechnete er damit, sich an gläsernen Decken den Kopf zu stoßen.

Er hängte den Traum, Physiologie-Professor an der k.k. Universität zu werden, an den Nagel und beschloss schweren Herzens, umzusatteln. Er würde die brotlose Wissenschaft aufgeben und als praktischer Arzt arbeiten müssen, um seinen Lebensunterhalt zu verdienen. Dass daran kein Weg vorbeiführen würde, hatte ihm das Gespräch mit dem Chef vor Augen geführt. Und ein paar neue Ereignisse. Ein Mädchen, aber das war alles noch nicht wirklich spruchreif. Er würde den Teufel tun und an die große Glocke hängen, dass er und das Mädchen sich bereits heimlich verlobt hatten. Aber so war es: Der Mittzwanziger ohne feste

Perspektive spielte aus gegebenem Anlass mit dem Gedanken, zu heiraten und eine Familie zu gründen – und das würde kosten. Und das hieß nichts anderes als einen Schlussstrich zu ziehen – unter abwechslungsreiche Jahre, in denen er mit Herzblut seiner Forschung ergeben war, hier und da Gelegenheit gehabt hatte, sich mit anderen Dingen zu befassen. So hatte er etwa während der Militärdienstphase von 1879 bis 1880 vier Essays von Stuart Mill, darunter einen über Frauenemanzipation, übersetzt. Nach einer ausgekosteten Studienzeit galt es nun, in den Arztkittel zu schlüpfen. Im Sommer 1882 trat Freud eine Stelle als Aspirant auf eine Sekundararztstelle, ergo als Assistenzarzt, im Allgemeinen Krankenhaus in Wien an, um die nächsten drei Jahre im Klinikbetrieb zuzubringen. Als Bringschuld vor der Niederlassung, nicht als Ausdruck einer in praxi entdeckten Neigung. Er war Arzt wider Willen – seine Leidenschaft gehörte immer noch der Forschung. Im Grunde war er zu jener Zeit auf der Suche nach einem komplizierten Kompromiss: Wie konnte er der praktischen Krankenversorgung entfliehen und in der Welt der Wissenschaft reüssieren und zugleich Geld machen? Die Lösung dieses Problems war noch ein paar berufliche Metamorphosen entfernt.

Im Wiener Allgemeinen Krankenhaus

Doktor Freud fand sich schnell in den Spitalsdienst ein – nach außen. Obwohl er als Demonstrator bei Brücke im Physiologischen Institut engagiert gearbeitet, dann vernünftig gehandelt und eine Stelle im Krankenhaus angetreten hatte, ließ ihn in den zähen Jahren als Assistent ein Gefühl nicht los: das Gefühl, das Falsche zu tun. Er war ein Mediziner, der sich weniger für Patienten mit Platzwunden und Knochenbrüchen, dafür umso mehr für Zoologie, Physiologie und Nervenheilkunde interessierte, der lieber mit dem Mikroskop als dem Hörrohr werkelte, und sich im Labor bei histologischen Schnitten wohler fühlte als am Krankenbett mit der Fieberkurve. War das so falsch? Er hatte in der

Neuropathologie bereits erstaunlichen Erfolg als Forscher zu verzeichnen, praktisch im Alleingang ein Verfahren entwickelt, das Gehirnschnitte durch Aufbereitung mit Goldchloridlösung einer mikroskopischen Untersuchung zugänglich machte. Und damit großes Echo ausgelöst. Sogar der „Herr Hofrat" Professor Brücke hatte sich begeistert gezeigt. Im März 1884 veröffentlichte „Sekundärarzt Dr. Freud" seinen Artikel „Eine neue Methode zum Studium des Faserverlaufs im Centralnervensystem", der sogar im englischen Fachorgan „Brain" abgedruckt wurde. Doch das Histologie-Projekt verlief nach viel versprechendem Auftakt im Sande. Vermutlich gab es, ein paar Jahre nachdem es Camillo Golgi 1873 mit seiner gleichnamigen Präparationsmethode gelungen war, Nervenzellen durch Chromsilberlösung sichtbar zu machen, etliche Konkurrenten, die an ähnlichen Färbeverfahren arbeiteten und ihm den Ruhm hätten streitig machen können. Freud aber wollte und konnte seine Kräfte nicht für ein aussichtsloses Unterfangen vergeuden.

Dass er in seinen Klinikjahren in Gedanken immer noch oft und gern im Brücke-Institut war, lag nicht nur an der Liebe zur Wissenschaft und ersten Meriten, sondern auch an den dort entstandenen Freundschaften zu Josef Breuer und Ernst von Fleischl-Marxow. Diese waren zehn bzw. vierzehn Jahre älter als Freud und dementsprechend arrivierter. Zu Breuer (1842–1925), mit dem Freud sich 1877 anfreundete, entspann sich eine sehr lange, persönliche und geschätzte Beziehung. Der Ältere protegierte und unterstützte den Jüngeren in väterlicher Weise und half ihm gelegentlich finanziell aus der Klemme. Letzteres war ein für Freud unangenehmer Umstand, der dazu beigetragen haben mochte, dass er es später nicht aushielt, jemandem Geld zu schulden. Freud holte sich bei Breuer umso lieber fachliche Anstöße, wissenschaftlichen Rat und Ermutigung. Oft besuchte der Junggeselle die Breuers, die sich um Leib und Seele ihres jungen Gastes kümmerten. War er ermüdet oder deprimiert, brauchte er freundschaftlichen Zuspruch – Breuers Tür stand Freud immer offen. Zugleich machte Breuers ubiquitärer Vorsprung dem Jüngeren in verbitterten Momenten die eigene Erfolglosigkeit und Nichtigkeit geradezu unerträglich deutlich. Breuer hatte es geschafft, zu ihm kamen exquisite Patienten. Sicher war seine internistische Praxis eine Goldgrube – hätte er doch nur Breuers Hintergrund, das würde einiges leichter machen! Die Hürden, die Freud vor sich sah, waren schwer zu überwinden. Über allem schwebte die Klage über seine erschwerten Lebensumstände. Das Gefühl, sich behaupten und besonders anstrengen zu müssen, kannte er zwar schon aus der Schulzeit. Aber der Antisemitismus, dem er mitunter begegnete, die verkrusteten Strukturen an der Universität, obendrein Breuers Position – das ließ ihn die Kluft zwischen Wunsch und Wirklichkeit vernichtend spüren. Oder lag es an ihm? War er doch ein Faulpelz? Schuldgefühle und Schuldzuweisungen wechselten sich ab, während die Schere zwischen seinem Alltag und seinen Träumen weiter auseinander klaffte.

Würde er ewig Arzt bleiben müssen? Bis August 1885 arbeitete er turnusgemäß in den Kliniken des verschachtelten Allgemeinen Krankenhauses in Wien. Zuerst zog es ihn in die Chirurgie, mit der Begründung, dieses verantwortungsvolle Fach erfordere seine ganze Aufmerksamkeit und er sei gewohnt, mit den Händen zu arbeiten. Ein halbes Jahr lang, von 1882 bis 1883, arbeitete er bei dem renommierten Professor Hermann Nothnagel in der Abteilung für Innere Krankheiten. Der interessierte sich besonders für die Pathologie des Nerven- und des Verdauungssystems und die des Herzens. Obwohl er die Parole ausgab, wer mehr als fünf Stunden Schlaf benötige, solle nicht Medizin studieren, vergötterten ihn seine Studenten und Patienten. Sie liebten seine großzügige und zugewandte Art, die ihn von anderen Göttern in Weiß innerhalb der Ärzteschaft unterschied und Freud ungemein gefiel. Im Mai 1883 fing Freud bei Professor Theodor Meynert an und blieb dort fast ein halbes Jahr. Eine neue Phase brach an: Das erste Mal nächtigte Freud über längere Zeit nicht mehr im Elternhaus, sondern bezog ein Klinikzimmer, und das erste Mal kam er mit der Psychiatrie in Berührung. Bei Professor Theodor Meynert, der hohe Reputation genoss, hatte Freud Gelegenheit, hospitalisierte Geisteskranke zu beobachten. Meynert war Hirnpathologe und forschte über die Zellstruktur der menschlichen Großhirnrinde, des cerebralen Cortex. Reine Seelenmedizin lehnte er ab. Meynerts Ziel war es, psychologische Phänomene auf hirnorganische Ursachen zurückzuführen, um die Psychiatrie auf eine anatomische Grundlage zu stellen. Das sollte bezüglich seniler Demenz gelingen, in puncto Psychose jedoch nicht. Obwohl der Psychiater Meynert ihn förderte, war um 1883 noch nicht abzusehen, dass Freud im Fach Nervenheilkunde landen würde, in dem sich gerade umwälzende Entwicklungen ereigneten. Die neue Möglichkeit etwa, elektrische Ströme von der Hirnrinde aufzuzeichnen, war sicher ein durchaus reizvolles Gebiet für einen aufstiegsbesessenen Forschergeist wie Freud. In dessen Kopf aber spukte bald eine andere wissenschaftliche Idee herum und erfüllte ihn mit neuer Hoffnung: ein Pulver namens Kokain, dem man Wunderdinge nachsagte. Und noch etwas spukte in seinem Kopf herum und erfüllte ihn mit steter Sehnsucht: dieses Mädchen namens Martha, das in der Ferne lebte und auf ihn wartete. Ihretwegen würde er seine Pläne und Ziele überdenken und seinem Leben eine neue Richtung geben.

DIE WEICHEN

Das Mädchen aus Hamburg

Martha Bernays, das Mädchen, für das Freud sein Leben umzukrempeln bereit war, stammte aus einer Hamburger Gelehrtenfamilie mit jüdisch-orthodoxem Hintergrund. Ihr Großvater Isaak Bernays (1792–1849) war Oberrabbiner der Deutsch-Israelischen Gemeinde gewesen und hatte als einer der ersten deutschen Rabbiner nicht nur den Talmud studiert, sondern auch die Universität besucht. Er trug zu Reformen bei, blieb aber dem orthodoxen Judentum verbunden. Bernays war seinerzeit eine Berühmtheit, und so war es 1848 eine pikante Entscheidung des Schriftstellers Hermann Schiff, seinen „Ghetto-Roman" unter Pseudonym zu veröffentlichen und sich dafür den Namen des angesehenen Hamburger Juden auszuleihen. Zwei Söhne Isaaks waren ebenfalls berühmte Intellektuelle: Der Altphilologe Jakob Bernays (1824–1881), renommierter Gelehrter und Forscher auf dem Gebiet der griechischen Aristotelik und Spätantike, war in Bonn tätig und gehörte zu den ersten Juden, die in Deutschland im 19. Jahrhundert eine Universitätsposition bekleideten. Der Literaturhistoriker Michael Bernays (1834–1897) befasste sich schwerpunktmäßig mit Goethe und lehrte in München unter dem besonderen Patronat des Königs Ludwig II. von Bayern an der Universität. Dass der Rabbinersohn Michael konvertierte und sich taufen ließ, brüskierte seine orthodoxe Familie, verlieh seiner Karriere aber einigen Aufschwung.

1857 schrieb Jakob Bernays ein Werk zur Katharsis (griech.: Reinigung) – ein Thema, das in der Literaturwissenschaft, aber auch in der Medizin eine wichtige Rolle spielt und mit dem Freud sich später befassen sollte. Bis 1880 erschienen weitere Arbeiten zum Thema Katharsis, die sich, wie Roudinesco und Plon schreiben, aus Bernays' Aufsatz ergaben. Diese Arbeiten wurden auch in Wien diskutiert, wo Breuer und Freud sich im Vorfeld ihrer *Studien über Hysterie* des Begriffs Katharsis bemächtigten; sie entwickelten später die „kathartische Methode" als eine Abreaktion verdrängter bzw. „eingeklemmter" Affekte.

Isaaks Sohn Berman (1826–1879), Marthas Vater, blieb in Hamburg. Er schlug eine kaufmännische Laufbahn ein und heiratete Emmeline Philips (1830–1910). Die Ehe von Marthas Eltern war nicht nur durch wirtschaftliche Unsicherheiten, sondern auch durch familiäre Probleme belastet. Der älteste Sohn Isaak war von Geburt an durch ein Hüftleiden gehandikapt und starb mit sechzehn Jahren. 1860 wurde der Sohn Elias „Eli" geboren, 1865 seine Schwester Minna – und dazwischen, im Jahre 1861, kam Martha zur Welt.

Damals war Hamburg schon eine international geprägte Hansestadt, in der fast alle bekannten und, wie im *Stadtführer Hamburg* anno 1861 zu lesen war, „einigermaßen zivilisierten" Staaten und Länder bereits durch Gesandtschaften und Konsulate am Platze vertreten waren. Im selben Jahr wurde der Grundstein für die Irrenanstalt in Friedrichsberg gelegt, in der die psychisch Kranken nicht mehr in Zwangsjacken und hinter vergitterten Fenstern untergebracht wurden, eine Novität in Deutschland. Johannes Brahms vertonte in der Sommerfrische in Hamburg-Hamm im Juli 1861 Romanzen aus Ludwig Tiecks *Magelone – Liebe kam aus fernen Landen –* und ebenfalls im Juli 1861 ließ sich Jules Verne in Hamburg zur Hauptfigur seines Romans *Die Reise zum Mittelpunkt der Erde* inspirieren: Sein fiktiver Professor findet auf dem Domplatz das Buch eines alten Alchemisten. Die Stadt hatte sich seit dem großen Brand von 1842 rasant entwickelt und erlebte einen industriellen Aufschwung. Die Einwohnerzahl hatte sich in weniger als zwanzig Jahren mehr als verdoppelt. Der Hafen an der Elbe setzte zu seinem großen Aufschwung an und bot vielen Menschen Arbeit. Scharen von risikobereiten Auswanderern gingen, noch vor der Zeit der großen Ozeanliner, an Bord der Schiffe, um die zweimonatige Reise nach New York anzutreten – die viele von ihnen nicht überlebten.

Marthas Geburtshaus befand sich unweit dieser Hafengegend rund um die Reeperbahn mit ihren, wie es in einem Polizeibericht von 1861 heißt, „öffentlichen Mädchen". Es stand in der Straße „(bei den) Hütten" am Rande des Gängeviertels. Eines Quartiers, das aus engen Gassen und Hinterhöfen bestand und von der Arbeiterschaft bevölkert wurde. Mit dem Hafenausbau in der zweiten Hälfte des 19. Jahrhunderts einhergehend, haftete der Gegend, in der die verwinkelten Nischen im Volksmund Namen wie „Ehebrechergasse" hatten, der Ruf an, Anziehungspunkt für allerlei Unmoral und verrufene Gestalten zu sein und eine Brutstätte für Krankheiten. Es war das gleiche Viertel, in dem 1833 im Specksgang, nur wenige Schritte von Marthas späterer Geburtsstätte entfernt, Johannes Brahms geboren wurde.

Marthas Vater Berman betrieb zunächst eine „Leinen-Stickerei- und Weisswaaren-Handlung", die er 1860 aufgab. Seither war er für eine Firma im Annoncengeschäft tätig und versuchte sich im Wertpapiergeschäft, um die finanzielle Lage der Familie zu verbessern. Er verzeichnete anfangs Erfolge damit, musste aber 1867 vor dem Hamburger Handelsgericht seine Insolvenz erklären. Im Rahmen des Konkursverfahrens wurden ihm Rechtsverstöße nachgewiesen und er wurde zu einer einjährigen Gefängnisstrafe verurteilt. Seine Firma, Haasenstein & Vogler, die seinen Posten neu besetzt hatte, zeigte sich Berman gegenüber loyal und bot ihm eine Stelle in ihrer Niederlassung in Wien an. So siedelte die Familie Bernays, als Martha etwa acht Jahre alt war, nach Wien über. Marthas Mutter Emmeline, eine selbstbewusste Norddeutsche schwedischer Herkunft, war über den Umzug an die Donau untröstlich. Zeitlebens vergaß Martha nicht, wie die Tränen ihrer Mutter auf dem heißen Herd gezischt hatten. In Wien konnte Berman Bernays sich bald beruflich verbessern. Er wurde Sekretär des bekannten Wiener Nationalökonomen, Staatsrechtlers und Universitätsprofessors Lorenz von Stein. Obwohl zudem das Insolvenzverfahren im Januar 1873 zum Abschluss kam, hinterließ Berman, der nur wenige Jahre später auf offener Straße zusammenbrach und so mit nur 53 Jahren einem Herzschlag erlag, seine Familie fast mittellos. Nach Bermans Tod lebten die Witwe und ihre drei Kinder von der finanziellen Unterstützung durch die Geschwister des Vaters und von den Einkünften des neunzehnjährigen Elias Bernays, der den Sekretärsposten seines Vaters übernahm. Als der Onkel Jakob Bernays 1881 unverheiratet starb und einen Teil seines Vermögens Martha und ihren Geschwistern vererbte, entspannte sich die Situation ein wenig. Aber bei weitem nicht genug, um alle künftigen Versorgungsprobleme gelöst zu wissen. Emmeline konnte sich nicht erlauben, diesen Aspekt außer Acht zu lassen, wann immer ein junger Mann sich anschickte, ihren Töchtern den Hof zu machen. Und derer waren es viele, denn die Mädchen, vor allem Martha, waren hübsch, klug und gut erzogen. Und fromm. Als Enkelkinder eines Rabbiners waren sie in einer streng religiösen Atmosphäre aufgewachsen. Sie hatten gelernt, der Mutter zur Hand zu gehen und die Regeln des Kaschrut zu beachten. Im Hause Bernays wurde koscher gekocht, Milchiges von Fleischigem getrennt, zweierlei Geschirr benutzt. Am Sabbat wurden die Kerzen angezündet und regelmäßig besuchte die Familie die Synagoge. Marthas Mutter führte ihr Haus mit fester Hand und galt jedem, der sie kannte, als durchsetzungsfähige und prinzipientreue Person – Emmeline war eine Frau, die das, was sie sich in den Kopf gesetzt hatte, auch erreichte.

Verlobung – heimlich

Ein Tag im April 1882: Die zwanzigjährige Martha Bernays weilte zu Besuch bei Fräulein Freud, ihrer Freundin. Deren Bruder, der junge Herr Doktor, kam just von der Arbeit nach Hause. Er steckte den Kopf zur Tür hinein, nur um ein paar höfliche Worte mit den in heiterer Runde Versammelten zu wechseln, bevor er sich, wie gewöhnlich, zurückzuziehen gedachte. Nach leichter Konversation mit kichernden Backfischen stand dem ernsthaften jungen Mann beileibe nicht der Sinn. Denn obwohl seine Mutter ihren Buben wie eh und je in den Himmel hob, obwohl er als

Ein Mädchen, kerzengerade, geschnürt und gewandet in ein fischbeinmodelliertes Kleid mit hohem Kragen – Martha Bernays und Sigmund Freud bei ihrer heimlichen Verlobung im Jahre 1882.

großer Bruder zwischen seinen fünf Schwestern so etwas wie der Hahn im Korb war, fühlte der Junggeselle sich im Umgang mit dem weiblichen Geschlecht doch ein wenig gehemmt. Seine diesbezüglichen Erfahrungen waren rar. Aushäusig kam er kaum mit jungen Mädchen zusammen, und Damenbekanntschaften im Kreise seiner Freunde Eli und Ignaz blieben eher flüchtig. Er hatte andere Liebhabereien. Von früh bis spät verbiss er sich in seine Arbeit an der Universität. Frauen, Kommilitoninnen sozusagen, gab es da kaum, schon gar nicht im Labor. Das schöne Geschlecht war an der Universität vielleicht einmal als Gasthörerin zugelassen, aber als akademische Kollegin nicht existent. Wozu auch? Die Rolle des Weibes war eine andere, so wie seine nun mal nicht die des leichtzüngigen Gesellschafters war. Sein Naturell konzentrierte sich auf die Wissenschaft. Seine Arbeit war nach dem Tagwerk nie beendet, er hatte zu tun. Doch diesmal nahm ihn etwas gefangen. Ein bezauberndes Wesen fiel ihm auf. Ein schlankes Mädchen mit akkurat gestecktem brünettem Haar, großen Augen und einem Teint, dessen Ebenmäßigkeit an fleckenlosen Marmor erinnerte. Ein Mädchen, kerzengerade, geschnürt und gewandet in ein fischbeinmodelliertes Kleid mit hohem Kragen und einem Rock, unter dem die knöchelhohen Knopfstiefel gerade noch hervorblitzten. Das Mädchen lächelte zurückhaltend, plauderte angenehm, saß einfach da und schälte einen Apfel. Der Schüchterne gab seinen Worten einen Schubs und stellte sich vor. Und entgegen seiner sonstigen Gewohnheit begab Freud sich nicht wie sonst schnurstracks in seine Studierklause. Dort, im „Kabinett", pflegte er sonst allein seine Mahlzeit einzunehmen und sich über seine Bücher zu beugen. Von dieser Fremden mit dem norddeutschen, für seine Ohren exotischen Einschlag im Tonfall – es stellte sich heraus, dass sie eine Schwester seines Freundes Eli war –, von diesem Fräulein Bernays fühlte er sich seltsam magisch angezogen. Ihre geziemende Blässe, ihre ruhigen Augen, ihre feine Aufmachung, ihre ebenmäßige Gestalt – all das suggerierte einen kultivierten, disziplinierten Menschen, der sich um Schönheit und Harmonie, um Selbstkontrolle und Mäßigung bemüht. Etwas in ihm widerstrebte, aber er war machtlos dagegen – und hatte sich auf den ersten Blick in Martha verliebt. Freud wusste den Zauber, der diesem Anfang innewohnte, zu nutzen; getrieben von der Überlegung, ob und wie die winzige Brücke, auf der sie sich begegneten, ausbaufähig wäre – vielleicht tragfähig genug für einen längeren Weg. Sie sahen sich wieder. Zaghafte Annäherungen blieben nicht unerwidert und mündeten ein paar romantische Spaziergänge später in Liebeserklärungen. Nach nur zwei Monaten, am 17. Juni 1882, verlobten sie sich. Heimlich, um ihr zartes Band der Liebe vor den rauen Winden der Wirklichkeit zu schützen. Freimütiger waren ihre Briefe. Zwei Tage nachdem er um ihre Hand angehalten und sie seinen Antrag angenommen hatte, schrieb er ihr, dass er sich fühle wie in einem „gaukelnden Traum", sein Glück kaum fassend, dass sie, die allseits Verehrte, ihn erhört und mit so viel neuem Selbstwertgefühl, Hoffnung und Arbeitskraft beschenkt habe. Es erblühte eine viktorianische Romanze, in der die verstohlen unter dem Tisch gedrückte Hand als ein „Ja" zu lesen war und in der Blicke vieles ersetzten. Freud träumte von der Zeit, „da nicht der Wechsel von Tag und Nacht, nicht das Eindringen Fremder, kein Abschied und keine Besorgnis" sie trennen würde. Aber ebendies passierte.

Wandsbek · Freud als unwillkommener Bräutigam

So hoch die Gefühle füreinander wogten, so steinig war der vor ihnen liegende Weg. Zwar verkehrten sie in denselben Kreisen, hatten Gemeinsamkeiten. Beider Väter waren Kaufleute. Beide waren stark von ihrer Mutter geprägt: Sigmund von deren Bewunderung und Martha von deren Dominanz. Beide einte auch die unangenehme Erfahrung, dass Familienmitglieder – in Marthas Fall ihr Vater, bei den Freuds der Onkel Josef – mit der Justiz in Konflikt gekommen waren. Ansonsten aber unterschied sich ihr Hintergrund erheblich. Freud hatte die Universität besucht, Martha nicht – diese Option gab es gar nicht. Allerdings stammte sie aus einer Intellektuellenfamilie mit gesellschaftlichem Ansehen, aber ohne Vermögen – Freud hingegen verfügte weder über das eine noch das andere. Dieser Stachel saß nicht erst seit gestern in seinem Fleisch, bohrte sich aber nun, da er den Wunsch nach einem Leben mit Martha verspürte, noch tiefer hinein. Ohne Mittel und Hausstand eine Familie zu gründen, ein Bohemien-Dasein ohne Sicherheit und Regelmäßigkeit, kam für einen konventionellen Mann wie ihn nicht in Frage. Professor Brücke hatte Recht: Adieu, Wissenschaft! Wollte er etwas auf die Beine stellen, das Geld einbringen würde, müsste er umdenken und seine Zukunftspläne ändern. Martha war ein Mädchen, für das er alle Pläne über den Haufen zu werfen bereit war.

Nur hatte diese Rechnung eine Unbekannte: Marthas Mutter. Die Witwe ging davon aus, dass ihre Tochter, mit ihrem gewinnenden Wesen und ihrem hübschen Äußeren, einen wohlhabenden Mann heiraten und eine gute Partie machen werde – und müsse. Mindestens einen Verehrer mit ernsten Absichten und Flausen im Kopf hatte Emmeline Bernays bereits als unpassenden Bewerber verschmäht. Es war nur wahrscheinlich, das weitere Übermütige ihren Hut in den Ring werfen würden. Sie verlor fast die Fassung, als ihr zu Ohren kam, dass sich nun ein junger Arzt um ihre Tochter bemühte – und das Mädchen ihn erhört hatte. Freud? Ein Wissenschaftler auf Freiersfüßen, der keinen Heller besaß, die Religion ablehnte und dessen Herkunft die Patina des Bildungsbürgertums vermissen ließ? Was um Himmels willen sprach für diesen Agnostiker? Diesen armen Schlucker, der dem jungen Ding so den Kopf verdreht hatte?

Emmelines Pläne waren andere. Sie machte sich zur Regisseurin des Treibens in diesem fehlbesetzten Lustspiel, indem sie es – absetzte. Sie beschloss, mit ihren beiden ledigen Töchtern Wien zu verlassen. Unerfreulicherweise trug Minna sich ebenfalls mit Gedanken an eine Heirat. Ihr Auserwählter Ignaz war ausgerechnet ein Freund von Marthas Herzensbrecher: vielleicht auch nicht das Wahre. Egal – Emmeline würde mit ihren Mädchen, die ihren

Kavalieren die Ehe versprochen hatten, in ihre Heimat an der Elbe zurückkehren, mochten sie sich im stillen Kämmerlein auch noch so sehr die Augen ausweinen. Emmeline Bernays, die ihren Kindern Müßiggang nie hatte durchgehen lassen und Wiener Schlendrian verabscheute, hatte sich im kühlen Norden, wo ihre Abschiedstränen auf dem Herd einst so gezischt hatten, sowieso viel wohler gefühlt. Und falls doch etwas Gescheites aus diesem Freud werden würde: Eine lange Verlobung am selben Ort taugt ohnehin nicht. Entzweiung ist besser, so ihre Devise.

Sonst fallen die Männer durchs Examen und die Mädchen werden blutarm. Die Konvention erlaubte überdies kaum eine andere Lösung. Dass Martha auf eigenen Füßen stehend und unverheiratet in Wien bleiben könnte, war außerhalb des gesellschaftlich Vorstellbaren – und der Realität. Wovon leben? Broterwerb schmälerte die Heiratschancen. Also Hamburg. Und wenn nur ein Wunder geschähe, wäre Martha schneller als gedacht frei für einen passenderen Bräutigam. Durch die geografische Trennung, so Emmelines Kalkül, würde das törichte Tun der jungen Leute bald ausgestanden sein.

Der verhinderte Schwiegersohn verstand die Entführung seiner Braut als Kampfansage. Er ging mit Emmeline ins Gericht. Sie sei egozentrisch, altersstarrsinnig und denke nur an sich, beklagte er sich bei Minna. Emmeline, aus hartem Holz geschnitzt, setzte sich dennoch durch. Zurück in der Heimat, ließen sich die drei Damen in Wandsbek nieder, einem Vorort im Grünen, der seit 1937 ein Hamburger Stadtteil ist. Mochte Martha insgeheim auch gehofft haben, ihr Verlobter finde einen Weg, den Abschied zu vermeiden – es war vergebens. Die nächsten Jahre blieben ihnen Sehnsucht, seltene Besuche und hunderte von Briefen.

Warten auf die Ehe · Vier Jahre Trennung

Martha litt unter dem Konflikt zwischen ihrer Mutter und ihrem Verlobten und die Verlobten unter dem Konflikt zwischen ihren Wünschen und den Umständen. Was konnte sie tun? Martha, das schwache Glied in der Kette, sah erschöpft aus, wurde blasser und appetitloser. Ihr Verlobter riet aus der Ferne zu Rotwein und Blaud'schen Eisenpillen. Als schweiße der Kampf um ihre Liebe sie noch enger zusammen, blieb die innere Verbindung stark. Über Briefe. In denen sprachen sie über ihre Gefühle, aber nicht nur. Es ging auch um Pläsier an Literatur, Sigmund entzückte Marthas Neigung zur Schriftstellerei. In den Briefen vom Sommer 1883 war die Rede von Cervantes und Flaubert. Wenn sie von „unserem Lessing" sprachen, war damit nicht nur der von beiden geschätzte Dichter gemeint, sondern auch das Monument auf dem Hamburger Gänsemarkt, das beide mit verliebten Augenblicken zu verbinden schienen, wie Freuds Brief vom 2. Juli 1883 nahe legt. Kunst war ein weiteres Thema. Am 20. Dezember 1883 beschrieb Freud detailliert im Dresdner Zwinger hängende Bilder von Tizian und Hans Holbein wie ein Aufklärer, der versucht, seiner Geliebten die Welt auszulegen.

Während Freud an seiner beruflichen Karriere feilte, bereitete Martha sich auf die Ehe vor, arbeitete an ihrer Aussteuer und pflegte ihre persönliche Mitgift. Sie wusste, was sie in die Waagschale zu werfen hatte: Liebreiz, Charakter, Benimm und Kultiviertheit. Man hatte ihr die im 19. Jahrhundert übliche Erziehung für ein Mädchen des Bildungsbürgertums angedeihen lassen, was ihr einen gewissen Horizont verliehen hatte, ohne dass man sie eine Intellektuelle hätte nennen können. Usus war die Abrundung der Ausbildung durch die Beschäftigung mit Handarbeiten, Zeichnen, vielleicht Gesang und Tanz und, so in Marthas Fall, Religion. Lektüre – nicht jeder aus dem Volk war des Lesens überhaupt kundig – erfreute sich besonderer Beliebtheit, die Märchensammlung der Gebrüder Grimm etwa fand immer mehr Verbreitung. Die Wartezeit auf den Ehestand verbrachte Martha, wenn sie nicht las oder korrespondierte, mit häuslichen Verrichtungen, Theater- und Konzertabenden oder Geselligkeit mit Verwandten und Freundinnen. Die Stimmen, die für junge Mädchen mehr Teilhabe am öffentlichen Leben forderten, waren noch leise. Bald würde man Gymnasialkurse für Frauen gründen und Frauen ab 1899 an deutschen Universitäten sogar das medizinische Staatsexamen ablegen lassen, noch aber hielt ein Gemisch aus Vorurteil und Prüderie das Tor zur höheren Bildung verschlossen. Noch war weibliche Gelehrtheit eher eine Beleidigung als eine Empfehlung. Martha, ein untadeliges Mädchen des späten 19. Jahrhunderts, konnte nicht ahnen, dass dereinst ihre eigene Tochter Anna als eine der ersten Frauen eine weltweit ausstrahlende wissenschaftliche Karriere machen und mit akademischen Ehrengraden überhäuft werden würde.

Briefe an Cordelia-Marthchen

Zwischen 1882 und 1886 ging fast täglich ein Brief der Verlobten auf die Reise von da nach dort. Seiner mythologisch als „Cordelia" bezeichneten Geliebten gegenüber floss Freud, der Jugendfreunden verschlossen wie eine Muschel vorkommen konnte, über. Die vielen Reporte waren vor allem Oden an die Liebe, ein emotionales Ventil, desgleichen ein Forum für intellektuellen Dialog. Sie zeigen Martha als Muse für Freuds Ideen. Da ihr Brautbrief-Konvolut noch nicht veröffentlicht worden ist, erscheint sie dem Leser dabei als stumme Adressatin seiner Erwartungen und Nöte, als seien die Rollen verteilt wie zwischen Analytiker und Patient. Freud setzte bei Martha jene Denkweise voraus, aus der seine Psychoanalyse erwuchs. So geschehen am 9. August 1882: In einem Brief, in dem er versehentlich mit Tinte gekleckst hatte, bat er, die „geheimen Zeichen" zu entschuldigen und sich „nicht um die Deutung zu bemühen". Am 31. Oktober 1883 machte er Andeutungen über Bertha Pappenheim, die spätere Patientin „Anna O.". Denn Martha war, zum Entzücken ihrer Mutter, die in Bertha einen guten Umgang für ihre Tochter sah, mit der nachmaligen Schrittmacherin der Psychoanalyse befreundet. Und als seiner Perle einmal ein Ring verloren ging, sah er darin ein unheilvolles Zeichen: Hatte sie ihn nicht mehr gern?

Die Briefe bezeugen schließlich Freuds Besitzansprüche und Eifersuchtsattacken, die so maßlos wurden wie bei einem Helden zwischen Kabale und Liebe nur denkbar. Passagenweise so ungestüm geschrieben, glaubten manche Forscher später in dem einen oder anderen Brief deswegen nicht nur trunkene Verliebtheit unter Endorphin- und Adrenalineinfluss erkennen zu können, sondern auch einen Beleg für Freuds Kokainkonsum – so rauschhaft, ja: manisch schreibe man nur auf Droge. Von seinem „Marthchen" machte er sich, wie sein Biograf Ernest Jones schrieb, bald ähnlich abhängig wie von seiner Mutter. Als besitze er ein Monopol auf sie, war er zwanghaft auf sein Objekt fixiert – Martha. Andererseits mag gerade die Ausschließlichkeit, mit der Sigmund sie zum Mittelpunkt seines Lebens machte, diese Exklusivität mit ihrer zerstörerischen Schattenseite, dazu beigetragen haben, dass die Beziehung hielt: Dieser Mann liebte sie, und das mit Haut und Haar. Ein Mann mit so festem Willen würde auch sie festhalten, ein Leben lang. Sigmund schien fest an sich, seine Fähigkeiten und ihrer beider Zukunft zu glauben. Und sie, Martha, war der Auslöser für so viel Gefühl, so viel Ehrgeiz! Vielleicht imponierte ihr der Mut, mit dem Freud sich ihrer resoluten Mutter in den Weg zu stellen versuchte, was Martha selten wagte und noch seltener gelang. Eine Ahnung, nicht alleiniger Meister ihres Geschicks zu sein, dürfte ihr bereits vor der Verlobung vertraut gewesen sein.

Freuds Obsession wurde befeuert durch die Befürchtung, seine Geliebte könne einem anderen schöne Augen machen und er sie verlieren, zumal sie vor der Begegnung mit Freud beinahe dem wesentlich älteren Geschäftsmann Hugo Kadisch das Jawort gegeben hätte. Auch ein gewisser Dr. Steigenberger machte ihr Avancen. War Martha raffinierter, als er annahm? Hatte sie mehrere Eisen im Feuer? Er beschuldigte sie, sie liebäugle mit ihrem Vetter Max Mayer, der zu allem Überfluss auch noch Musiker war. Oder flirte mit dem malenden Fritz Wahle, mit dem Freud befreundet war und mit dem er sich Marthas wegen um ein Haar duelliert hätte. Freud bildete sich ein, die Experten der schönen

Künste besäßen einen musischen Schlüssel zu den Herzen der Frauen, während er als Akademiker den Kürzeren ziehe. Alles, was er zu haben glaubte, war philisterhafte Wissenschaft, keine Romantik. Würde ein anderer Mann seinem Juwel, Martha, eine bessere Fassung geben können? Martha versuchte, kühlen Kopf zu bewahren, wenngleich sie Freuds eifersüchtige Unterstellungen überflüssig, unberechtigt und kränkend fand. War er von Sinnen? Gerade einen anderen hätte sie doch viel leichter haben können – ohne unabsehbar lange Zeit im Brautstand. Sie liebte ihn, was sonst zählte? Freud aber ließ sich das Heft nicht aus der Hand nehmen. Er konnte es umso weniger, solange in seinem Leben nichts gesichert schien und weder Karriere noch Selbstanalyse ihn ein Stück weit dieses dringenden Bedürfnisses enthoben hatten. Er kontrollierte und bestimmte auch im Kleinen. Dass Martha Schlittschuh laufen wollte, als Wandsbek mit einer besonderen Attraktion aufwarten konnte – einer künstlichen Eisbahn –, gefiel ihm gar nicht. Eislaufen mochte ein gesundes Wintervergnügen sein, zweifellos aber war es ein ganz und gar unschickliches Unterfangen für eine Dame, die dabei in kompromittierende Situationen geraten könnte. Noch war Freud nicht jener abgeklärte Mann, der in seinen reifen Jahren als ein im weiteren Sinne großzügiger Mensch galt, nicht der Allvater, der von seinem Enkel Anton W. als ein „Moses" bezeichnet wurde. Die Güte und die Gelassenheit, die man ihm später so oft attestierte, gehörten zu jener Seite seines Charakters, die er offenbar erst in dem Maße zu zeigen vermochte, in dem er die Aufgaben, welche seine tiefen Wünsche und die Umstände ihm gestellt hatten, erfüllt und höchste Selbstbestätigung erfahren hatte – und so weit war es noch lange nicht.

Kokain – für Erfolg und gegen Hemmungen

1885, mit 29 Jahren, wurde Freud Privatdozent – ein Aufsteiger, dessen Karrierekurve steil nach oben wies. Von seiner Warte aus betrachtet, waren die Dinge weniger rosig: Mitte der achtziger

Jahre war Freud noch ungewollt dauerverlobt, hatte es als End-
zwanziger nicht viel weiter gebracht als zu einem Zimmer im Allgemeinen Krankenhaus und schuftete für ein Gehalt, das sich in
Anbetracht dessen, was er vorhatte, kaum besser als ein Obolus
ausnahm. Jedenfalls verhieß sein Status alles andere als das, was er
wollte: Wohlstand, Erfolg, Ruhm – und Ehe. Die Aussprache mit
Professor Brücke, der ihm ins Gewissen geredet hatte, klang Freud
noch in den Ohren. Sollte er doch in die Provinz gehen und Geld
verdienen? Und später als gemachter Mann in die Hauptstadt
zurückkommen? Doch Freud beherzigte diesen und ähnlichen
Rat nicht. Er wollte keine Praxis in der Provinz, er hatte Ambitionen, er wollte eine berühmte, begüterte Kapazität werden – die
Chance dafür sah er am ehesten in Wien.

Sein Augenmerk auf diese Karrierestrategie gerichtet, widmete er
sich nun einem neuen Steckenpferd. Er hatte von interessanten
neuropharmakologischen Effekten eines schneeweißen Pulvers
namens Kokain gelesen. Wäre das ein Durchbruch? Beflügelt von
der Tatsache, dass seine akademischen Lehrer die unbekannte
Substanz bislang stiefmütterlich behandelt und sich nicht recht
für deren wissenschaftliche Untersuchung interessiert hatten,
hoffte er, mit einer Kokain-Arbeit ein konkurrenzloses Bravour-
stück vorlegen zu können. Die Anregung, mit Kokain zu experi-
mentieren, kam Freud über den preußischen Militärarzt Theodor
Aschenbrandt. Freud hatte gelesen, dass dieser während der
Herbstmanöver 1883 erschöpften bayerischen Rekruten mit
Kokaingaben zu frischem Kampfgeist verholfen hatte. Freud fand
das interessant, und zwar nachdem er über den „Faserverlauf im
Centralnervensystem" geforscht und seine Ergebnisse publiziert
hatte: Er war offen für Neues.

Freud ließ sich von der Firma Merck in Darmstadt das heute
erschwingliche, damals rare und teure Alkaloid auf Kredit und per
Post schicken und begann im April 1884 mit seiner kleinen Ver-
suchsreihe. Zunächst erprobte er das Mittel an sich selbst – und
fand die psychotrope Wirkung spektakulär: Gesprächiger, selbst-

2

Löbliches Professoren-
collegium der Wiener
medizinischen Facultät.

Ich bewerbe mich hiemit um
das Universitäts-Jubiläums-
Reisestipendium für das Schuljahr
1885/6 und suche den Bedingungen
des Concurses nach folgende
Angaben und Beilagen zu genügen.

Ich habe meine Universitätsstudien
an der Wiener Hochschule absolviert
und bin am ... meiner beigelegten
Rigosen-Zeugnisse 1881 zum
Doktor der gesammten Heilkunde
promoviert worden. ...

...

Eigenhändiges Gesuch Freuds an die Medizinische Fakultät der Universität Wien um Verleihung des Universitäts-Jubiläums-Reisestipendiums für das Jahr 1885/86. Freud nützte das Stipendium für die Aufenthalte in Paris und Berlin.

13

beherrschter, arbeitskräftiger, euphorischer fühlte er sich, während die „edle Excitation", Überdrehtheit und Überschwang, wie Kaffee- und Alkoholgenuss sie bieten, fehle. Kleine Dosen des Muntermachers gingen postalisch auch an seine Verlobte nach Wandsbek. Er empfahl es ihr zum Gebrauch bei Unpässlichkeit – unter der Martha immer wieder besonders litt. Besondere Hoffnungen setzte Freud auf den Einsatz des Kräftigungsmittels bei Schmerzen, das geht aus der im Juni 1885 veröffentlichten Arbeit *Über Coca* hervor, die eine Übersicht über die bisherige Literatur und Schilderungen seiner Versuche enthielt. Er verabreichte deswegen das Rauschgift, das als solches noch nicht entdeckt war, seinem morphinsüchtigen und unheilbar erkrankten Freund Ernst von Fleischl-Marxow. Freud hatte den zehn Jahre älteren und höher positionierten Physiologen im Brücke-Institut als Kollegen kennen gelernt. Fleischl-Marxow litt infolge einer Fingeramputation nach einer infizierten Verletzung, die er sich beim Sezieren zugezogen hatte, an unerträglichen Schmerzen im Daumenstumpf und nahm massenhaft Morphium. Freud intervenierte und setzte auf Kokain, subkutan. Er war überzeugt, mit der Coca-Substanz die Morphiumabhängigkeit seines Freundes bekämpfen zu können. Dass es sich bei dem Stoff genauso um ein Suchtmittel handelte, wusste er noch nicht. Er verabreichte das Mittel also im Sinne einer Substitutionsbehandlung und in bester Absicht. Erster Besserungserfolg schien ihm Recht zu geben: Kokain linderte die Qualen des Kollegen tatsächlich. Die initial erfolgreiche Gefälligkeit brachte einiges ins Rollen. In dem Glauben, dem Geplagten einen guten Dienst erwiesen zu haben, pries Freud den famosen Wirkstoff im Wiener „Centralblatt für die gesamte Therapie" als wahres Wundermittel. Kokain helfe gegen Brechreiz und Magenschmerzen, vertreibe Müdigkeit und Depressionen. Zu empfehlen sei es außerdem als Substitution bei Morphiumsucht, da es euphorisierend wirke ohne Abhängigkeit zu erzeugen. Dieser Irrtum, die unglückliche Verkennung der Suchtfolgen des Kokains, beruhte, wie sich zeigte, auf einer tragischen Fehleinschätzung. Vielleicht auch darauf, dass Freud noch rund zehn Jahre selbst Kokain konsumierte, ohne abhängig zu werden. Er wusste nicht, wie Kokain das hormonelle Belohnungssystem des Körpers aktiviert, dass es Krampfanfälle, Verwirrtheit oder Bewusstseinsstörungen hervorrufen kann. Oder verstand Freud Entzugssymptome, etwa heftiges Verlangen nach dem animierenden Stoff, Melancholie, Erschöpfung und Verstörtheit, nicht als Anzeichen einer Abhängigkeit? Im Gegensatz zu ihm selbst jedenfalls wurde Freuds „Versuchskaninchen" Fleischl-Marxow als Folge der Rauschgift-Rosskur morphin- und kokainsüchtig. Bevor der Mehrfachabhängige im Alter von 44 Jahren starb, machte er stärkste Qualen durch. Und Freud sah sich scharfen Vorwürfen ausgesetzt. Kollege Albrecht Erlenmeyer beschuldigte ihn, neben Alkohol und Morphium mit dem Kokain nun eine „würdige dritte Geißel" auf die Menschheit losgelassen zu haben.

Nicht genug, dass Freuds Kokain-Therapie und die Laudatio sich als fatal erwiesen. Es kam noch Pech als Forscher hinzu. Freud hatte zwar den Wert des Kokains als Schmerzmittel entdeckt, dessen lokalanästhesiologische Dienlichkeit aber publizierte ein anderer. *Publish or perish* – Freud hatte vor der Wahl gestanden. Am Ball bleiben, weiterforschen und publizieren oder Martha besuchen? Er hatte seiner Verlobten den Vorzug gegeben. Vorher besprach er mit einem Kollegen die Möglichkeit, das Kokain in Bezug auf Anwendbarkeit im Schleimhautbereich am Auge zu prüfen. Müsste man nicht jetzt Versuchsreihen starten? Ebendies tat Carl Koller und vollendete das von Freud Vorgedachte. Koller bewies, dass ein mit Kokain beträufeltes Auge kurzfristig schmerzfrei ist, und stellte seine Ergebnisse bald auf einem Heidelberger Ophthalmologen-Kongress vor: eine Sensation. Kokain wurde das Analgetikum der Wahl bei Augenoperationen – und nicht der Pionier Freud, sondern der Augenarzt Carl Koller über Nacht berühmt. Die Wissenschaft, die ihm doch den Triumph ermöglichen sollte, hatte nach der Aal-Geschichte und der Goldchlorid-Innovation der Liste vorenthaltener Gunst ein weiteres Addendum hinzugefügt. Erst auf dem Zenit seines Erfolges konnte er nonchalant über die Angelegenheit hinwegsehen. „Eine jetzt neunundvierzigjährige Ehegemeinschaft hat mich später für den Entgang an Jugendberühmtheit entschädigt", schrieb er am 8. November 1934 an Josef Meller. Vorerst stellte sich ihm die Situation als Desaster dar. Wieder befand er sich in einer Sackgasse. Er war dreißig Jahre alt und immer noch nicht berühmt; seine ambitiösen Pläne hatten sich einer nach dem anderen zerschlagen. Und nun?

Hochzeit · Endlich am Ziel

Doch die Dinge entwickelten sich nach dem Rückschlag zu seinen Gunsten und eine regelrechte Glückssträhne erwartete ihn. Beruflich wie privat. Damit sie endlich zusammen sein und heiraten könnten, hatte seine zermürbte Verlobte, so geht es aus einem Brief vom 3. August 1884 hervor, offenbar sogar mit dem Gedanken gespielt, in Wien eine Stelle, als Kinderfräulein vielleicht, anzunehmen. Eine Überlegung, die Freud rührte und zugleich beschämte. Um diese Zeit begann sich auch eine Entspannung in der frostigen Beziehung zwischen Marthas Mutter und Freud abzuzeichnen. Er hatte einige Vorbehalte aus der Welt schaffen und Emmeline dadurch, wenn auch nicht aus vollem Herzen, ihren Frieden mit dem Schwiegersohn in spe machen können. Der erklomm einen großen Schritt auf der Karriereleiter: Im Januar 1885 reichte Freud sein Ersuchen um Verleihung der Dozentur für Nervenpathologie ein. Die Lehrer Brücke, Nothnagel und Meynert befürworteten wärmstens seine Ernennung. Mit noch nicht einmal dreißig Jahren dachte er, halb ironisch, halb aufrichtig und offenkundig beflügelt von seinem Erfolg, bereits an seine künftigen Biografen. Denen wolle er es schwer machen, verriet er Martha in einem Brief vom 24. April 1885. Indem er Manuskripte vernichtete und Unterlagen fortwarf, begann er die Saumpfade seiner Arbeit zurechtzustutzen. Noch bevor der Titel offiziell verliehen war, wechselte Freud die

Wirkungsstätte, als er im Juni 1885 eine dreiwöchige Vertretung in der Privatheilanstalt für Nervenkranke in Oberdöbling antrat. Gelegen auf einem kleinen Hügel im Park am Ende der ruhigen Hirschenstraße bei Grinzing, machte die Einrichtung einen solchen Eindruck auf Freud, dass beinahe alles anders gekommen und er diesem Sanatorium erhalten geblieben wäre. Sechzig gut situierte Patienten, darunter Vertreter des Hochadels wie „Prinz S." und „Prinz M.", warteten in Oberdöbling auf seine Dienste. Manche waren schwer psychotisch, andere gingen noch als Exzentriker durch – die leichten Fälle speisten mit dem Direktor und den Ärzten. Das Behandlungsspektrum richtete sich nach den inneren und sonstigen Sekundärerkrankungen, bei allgemeiner Pflege und Diät, berichtete er Martha am 8. Juni 1885. Sollten alle Stricke reißen, hier könnte er sich vorstellen zu arbeiten. Ob auch Martha sich mit einem solchen Leben anfreunden könnte? Ihre Entscheidung darüber erübrigte sich. Noch im Juni erhielt Freud den Zuschlag für ein Reisestipendium, um das er sich beworben hatte. Selten hatte Freud derartig beglückt reagiert. Er berauschte sich an der nun greifbaren Verwirklichung eines Traums: nach Paris zu Charcot gehen, und dann nach Berlin, und dann nach Wien, als ein großer Mann zurückgekommen, um alle unheilbar Kranken zu kurieren und Martha zu küssen, bis sie stark, glücklich und froh sein würde.
Im Juli 1885 wurde der Antrag auf Verleihung der Dozentur für Nervenpathologie positiv beschieden und der Dozententitel rückte in greifbare Nähe. Anfang August, ein gutes Jahr vor der Heirat, machte Freud Tabula rasa. Er quittierte den Krankenhausdienst und machte sich optimistisch auf den Weg nach Hamburg, um sich anschließend in ein großes berufliches Abenteuer zu stürzen: Paris. Die Zukunft schien klar vor ihm zu liegen. Mittelfristig würde er sich in Wien niederlassen. Die Dozentur besagte einen Sprung auf der akademischen Karriereleiter und einen Gewinn an Reputation und Prestige und würde den Weg ebnen für eine florierende Spezialpraxis mit zahlungskräftiger Klientel.

Das Recht und die Pflicht eines Dozenten, Vorlesungen anzubieten, eröffneten zudem die Möglichkeit, eine Hörerschaft an sich zu binden, was sich, guter Besuch seiner Lehrveranstaltungen vorausgesetzt, ebenfalls in klingender Münze auszahlen würde: „Frequentanten" hatten eine Art Studiengebühr, das „Kollegiengeld", zu entrichten.

In der ersten Jahreshälfte 1886 schien auch der Burgfrieden mit Emmeline einzukehren. Endlich konnten mit Emmelines Segen konkrete Hochzeitspläne geschmiedet und ein Datum festgesetzt werden. Doch als der Termin stand, machten plötzliche Umstände dem Paar noch einmal einen Strich durch die Rechnung: Freud wurde unversehens zu einer vierwöchigen Waffenübung eingezogen und im August 1886 als Regimentsarzt nach Olmütz *(Olomouc)* in Mähren geschickt. Das bedeutete abermals ein Risiko für seine junge Praxis und Verdienstausfall, eine Einbuße, die bei den Hochzeitsplanungen nicht einkalkuliert worden war. Als Freud den anberaumten Hochzeitstermin nicht verschieben wollte, kam es zum letzten Eklat. Emmeline setzte sich mit ihm schriftlich ins Benehmen. „Bodenlos unverantwortlicher Leichtsinn", warf sie ihm in ihrem Brief vom 27. August 1886 vor. Wie konnte er sich so kindisch aufführen und Martha heiraten wollen, wenn dank magerem Sold statt ansehnlicher Honorare noch weniger Geld da war, als ohnehin befürchtet? Der Krach verhinderte allerdings weder den Hochzeitstermin noch die Wehrübung. Dort gewann man indes ein anderes Bild von Freud als Emmeline. Ehrenhaft sei er, heiter, von festem Charakter und pflichtbewusst, lobten die Offiziere und attestierten ihm Gehorsam, Verlässlichkeit, Fürsorglichkeit. Er sei human im Umgang mit seinen Patienten, hieß es im Zeugnis vom September 1886: Freud, dem das Militärwesen im Grunde seines Herzens zuwider war, der sich über das „Kriegsspielen" und papageienbunte Generaluniformen in einem Brief an Josef Breuer vom 1. September 1886 belustigte, hatte verstanden, sich geschickt durchzulavieren. Und diesmal blieb ihm auch jene pikante Erfahrung erspart, die er im Rahmen seiner Pflichtzeit ab 1879 hatte machen müssen: Ausgangsverbot. Zwar war er damals Heimschläfer gewesen und bei offenbar überschaubarer Belastung im Hospital eingesetzt worden, dennoch hatte es ihn nach einer Auszeit gelüstet. Die hatte er sich genommen – ohne offizielle Erlaubnis allerdings, und weil er unerlaubt weggeblieben war, hatte er seinen vierundzwanzigsten Geburtstag im Arrest verbringen müssen. Diesmal, nach dem unerfreulichen Intermezzo praktisch in letzter Minute vor der Hochzeit, hätte er sich vermutlich glücklich geschätzt, wenn seine einzige Sorge ein Abend mit Ausgangssperre gewesen wäre. Am 10. September 1886 kehrte der Dienstverpflichtete nach Wien zurück, warf die Uniform in die Ecke und bestieg den nächsten Zug in Richtung Hamburg. Das Geld für die Fahrkarte hatte ihm seine künftige Schwägerin vorstrecken müssen. Die mehr als vierjährige Geduldsprobe hatte ein Ende, die Liebesgeschichte gegen alle Hindernisse ein Happy End. Eine großzügige Finanzspritze von Marthas Tante und Geschenke anderer Verwandter und Freunde hatten die Hochzeit letztlich ermöglicht und gestatteten dem Hausstand einen gewissen Zuschnitt. Das Paar wurde in der Wandsbeker Synagoge vom Rabbiner Hanover getraut und stand dabei unter dem von vier Stangen getragenen Baldachin *(Chuppa)*, der das Heim symbolisiert. Am Ende der Zeremonie wurde ein Glas zerbrochen, als Erinnerung an das Leid der Welt in der Stunde der Freude. Nolens volens hatte Freud in eine solche religiöse Zeremonie einwilligen müssen. Das österreichische Recht ließ ihm in dieser Frage keine Wahl: Eine amtliche Trauung allein wäre von den österreichischen Behörden nicht anerkannt worden. Auf dem Hochzeitsbild schauen sie voller Ernst, wie es die Tradition vorschrieb und als wollten sie die Würde des Moments nicht zerstören. Geheiratet wurde im kleinen Kreis. Marthas Familie war zugegen, einschließlich Onkel Elias, von dem Freud per Schnellkurs und buchstäblich über Nacht – er wohnte bei ihm bis zur Hochzeit – in die erforderlichen Rituale und Gebetsformeln eingeweiht worden war. Sigmund und

Martha konnten damals nicht wissen, dass sie ihre Silberhochzeit feiern würden, was sie 1911 mit ihren erwachsenen Kindern und Minna in Klobenstein bei Bozen tun sollten; die goldene Hochzeit wurde in Wien gefeiert: Ihre Ehe sollte dreiundfünfzig Jahre dauern. Die Hochzeitsreise führte das Paar ans Meer nach Travemünde unweit von Lübeck. Für Sigmund war die Ostseeküste Neuland, für Martha ein Naturparadies, das sie an unbeschwerte Sommertage erinnerte und in Abschiedsstimmung versetzte. Sie hatte als Kind nahe am Flusswasser der Elbe gelebt. Nun, das Rauschen der Wellen im Ohr und den Geruch von Salz in der Nase, wusste sie, dass sie nicht so bald wiederkommen würde, vielleicht nie mehr. Sie würde mit Sigmund nach Wien zurückgehen, ihre Mutter und ihre Schwester, die ganze Verwandtschaft nur noch selten sehen können. Sie würde ihre religiösen Gewohnheiten, das koschere Kochen, aufgeben. Sigmund hatte darauf bestanden und sie hatte das akzeptieren müssen. Aber sie freute sich auf das Leben, das nun vor ihr lag. Und vor allem darauf, bald Kinder zu bekommen.

In Paris bei Charcot · Eine folgenschwere Reise
Nachdem Freud Privatdozent geworden war und eine romantische Zeit mit seiner Verlobten in Wandsbek verbracht hatte – sein Freund Paneth hatte im Vorjahr Kapital angelegt, dessen Zinsen Freud ausdrücklich für Reisen zu Martha verwenden sollte – machte er sich im Oktober 1885 auf den Weg nach Paris, wo sein berufliches Leben eine entscheidende Wende erfuhr. Sein Weg führte den jungen Neurologen in die Salpêtrière zu Professor Jean Martin Charcot. Freud war begierig, von dem Franzosen, der führenden Kapazität auf dem Gebiet der speziellen Nervenkrankheiten, zu lernen.
Das selige Gefühl, mit dem Freud im Oktober 1885 den Fuß auf das Pariser Pflaster setzte, nahm er als Gewähr, dass sich seine Wünsche und Erwartungen erfüllen würden. Wie eine Kamera mit offenem Verschluss Eindrücke in sich aufnehmend, zog es ihn

über Plätze, durch Straßen und an symbolträchtige Orte: Eines Tages würde er all diese Bilder entwickelt und fixiert haben. Er berichtete Martha von eleganten Equipagen auf den Champs-Élysées, den stillen Gärten der Tuilerien, dem Friedhof Père-Lachaise mit dem Börne-Grab, von all den Kirchen, Theatern und Museen. Beeindruckt war er von der Kathedrale Notre Dame, von deren Brüstung steinerne Fabelwesen auf Paris hinunterblicken, vom Louvre, den er stundenlang durchstreifte. Er bekam *Mona Lisa* und die *Venus von Milo* zu sehen, Grabsteine, Büsten, Statuen, Keilschriften und Reliefs – und floss angesichts der Fülle und Superlative schier über: „Eine Welt wie im Traum", schrieb er Martha am 19. Oktober 1885. In Paris sah er das 1808 entstandene Gemälde *Ödipus löst das Rätsel der Sphinx* von Jean-Auguste Dominique Ingres – immer noch ohne zu ahnen, was der Sagenheld Ödipus für ihn selbst einmal bedeuten würde. Natürlich erlaubte ihm seine finanzielle Situation nicht, all die Dinge zu tun, die er gern getan hätte. So musste er sich bald nach der Ankunft bequemen, eine billigere Unterkunft als das Hotel de la Paix zu suchen. Wenn er ein Billet für eine Molière-Komödie oder ein Sardou-Drama löste oder ins Theater Porte St. Martin ging, um die legendäre Diva Sarah Bernhardt zu erleben und Finessen der französischen Sprache aufzuschnappen, musste er mit billigen Plätzen, der „Taubenlöcherloge" ganz oben hinten, vorlieb nehmen. Er musste seine Geschmacksknospen den Möglichkeiten anpassen, standhaft an den Auslagen der feinen Geschäfte vorübergehen, Delikatessen übersehen und Abstriche machen bei der Qualität des Rotweins, den er sich ab und an genehmigte. Wie schwer war das Leben für ihn und seine Familie! Wieder einmal wurde er sich der Gräben zwischen seiner Herkunft und der noblen Welt bewusst und wurde „sehr, sehr wütend und voller revolutionärer Gedanken", bekannte er im selben Brief.

Martha indes, sonst Opfer seiner Eifersüchteleien, gab sich ungewohnt hellhörig. Sie, im fernen Wandsbek, schien in den Briefen ihres Verlobten Hinweise auf einen allzu vergnüglichen Lebenswandel in der Stadt des *Savoir-vivre* zu wittern. Diese unübliche Einmischung verärgerte Freud, keinesfalls würde er sich von ihr aufs Dach steigen lassen, noch dazu unbegründet. So viele Sehenswürdigkeiten gönne er sich nun auch wieder nicht, geschweige denn Lachs mit Mayonnaise. Seine schlichte Unterkunft in der Impasse Royer-Collard nahe dem Pantheon koste nur 55 Francs. Er wies seine künftige Gattin in die Schranken: Sie schimpfe immerzu, und das zu Unrecht, er gehe ganz einsam in Paris herum.

Aber es bot sich die Gelegenheit, die Frau des Hausarztes der Freuds zu treffen. Die Dame aus Wien residierte in Paris, um ihrem zehnjährigen Sohn, der das Konservatorium besuchte, besondere Förderung angedeihen zu lassen, erklärte Freud Martha am 26. November 1885. Der blässliche, intelligente Junge galt als Geigentalent und hatte Aussicht, einen Preis zu gewinnen. Freud allerdings, selbst unmusikalisch, hielt den Aufwand für eitel und übertrieben; wenngleich er fruchten sollte: Der Wunderknabe war kein Geringerer als der spätere Violinvirtuose Fritz Kreisler. Alles in allem habe er nicht viel Kurzweil, gab Freud verschnupft zu Protokoll und verstieg sich zu der unmissverständlichen Aufforderung, Martha möge nicht immer glauben, die Familie Bernays allein habe alle Ordentlichkeit der Welt gepachtet. Wenn sie verheiratet seien, müsse sie auch ihm etwas zutrauen, forderte er. Diese anfänglichen Gewitterwölkchen vermochten den Himmel allerdings nicht nachhaltig zu trüben. Was war vorübergehende Ungemach gegen die Begegnung mit Charcot?

Die Salpêtrière

Freud, ein Empfehlungsschreiben aus Wien unter dem Arm, klopfte an einem Oktobermorgen 1885 an das Tor zur Salpêtrière und fieberte der Begegnung mit einem der damals berühmtesten Ärzte Europas entgegen, der als Neurologe eine Generation von bedeutenden Ärzten seiner Zunft, darunter Gilles de la Tourette und Josef Babinski, prägte. Und sich mit Hypnose befasste. Hypnose war zu Freuds Pariser Zeiten ein ebenso heikles wie weitgehend unerforschtes Gebiet, so viel versprechend wie ein dunkles Zimmer, in dem man aneckt, stolpert und stürzt, in dem man aber auch, sobald man es mit Ideen zu beleuchten beginnt, die aufregendsten Entdeckungen macht. Freud war nervös, schämte sich seiner unvollkommenen Französischkenntnisse und ein wenig der Unverfrorenheit, mit der er seine hochfliegenden Pläne verfolgte; er, ein Fremder, allein, jung, jüdisch und arm. Er hatte Charcot etwas mitgebracht: histologische Schnitte; und er berichtete über die von ihm gefundene Färbemethode. Charcot schenkte dem jungen Ausländer unerwartet große und liebenswürdige Aufmerksamkeit, dessen fabelhaften Objektträgern aber kaum. Freud, der nach Paris gekommen war, um seine neuropathologischen Studien zu vertiefen, dessen Interesse sich just auf kindliche Hirnschäden – sekundäre Atrophien und Degenerationen nach infantilen Gehirnaffektionen – richtete, war durch die geringe Resonanz seitens des Professors irritiert. Hatte er einen Fehler begangen, indem er auf die Präparate zu sprechen gekommen war? Er ahnte nicht, dass auch er sich bald für etwas anderes interessieren sollte, ahnte nicht, dass die Begegnung mit Charcot ihn, den in der Tradition der Lokaldiagnosen und Elektroprognostik ausgebildeten Mediziner, von einer morphologischen Denkweise zu einer funktionell-psychologischen führen sollte. Als Charcot 1862 zum Leiter der Pariser Salpêtrière, ursprünglich ein Lager für Salpeter, ernannt worden war, um eine Abteilung für Neurologie zu eröffnen, übernahm er quasi Frankreichs größtes Armenheim und Hospiz, eine Stadt in der Stadt mit mehr als vierzig Gebäuden. Die Anlage wurde gelegentlich als „Hof des Massakers" bezeichnet, weil hier zu Beginn der Französischen Revolution ein Blutbad angerichtet worden war. In den unter König Ludwig XVI. erbauten Mauern mit den weitläufigen Katakomben, Verliesen und Zellen fanden zahllose Frauen Asyl, die als „verderbt", als „angeboren kriminell" oder „von Dämonen besessen" galten. Geschrei und Getöse, der Lärm innerer und äußerer

Stimmen kranker Menschen, herrschte in den Anstalten und Toll-
häusern, in denen Ärzte und angelernte Wärter Dienst taten. Es
war die Irrenanstalt, die Philippe Pinel, von 1795 bis 1826 deren
Leiter, einst reformiert hatte, indem er die Kranken von ihren
Ketten und Eisen befreite. Als Charcot dort anfing, verfügte die
Einrichtung weder über Laboratorien, Untersuchungs- und
Behandlungsräume noch über Lehreinrichtungen.

Doch in den folgenden Jahrzehnten machte er das Volksspital zu
einem der modernsten Tempel der Wissenschaft. Er stattete sein
Haus mit einem Fotolabor aus, damals ein absolutes Novum.
1870 übernahm er eine Station mit Frauen, die unter diffusen
Krampfzuständen oder Epilepsie litten – und Hysterikerinnen,
die gelernt hatten, diese Anfälle nachzuahmen. Hysterische
Phänomene waren schon in der Antike bekannt. Aber nicht nur
in der Salpêtrière häufte sich Ende des 19. Jahrhunderts bei den
Frauen das seltsame Krankheitsbild: ein erstes Produkt der däm-
mernden Moderne. Ihre Lähmungen, ihre aggressiven Aus-
brüche, Erregtheit und andere Symptome brachten die kranken
Frauen in eine Doppelrolle als zu domestizierende Furie und hilfs-
bedürftiges Opfer, als seien sie in einer Zeit, die von ihnen Gehorsam und stille Sittsamkeit erwartete, an den Klippen der Vernunft
gestrandet. Die Bandbreite therapeutischer Hilfsmöglichkeiten
aber war wie das Wissen über die Ursachen der Hysterie begrenzt.
Bettruhe wurde verordnet, als lindernd galten Wasseranwendun-
gen und Heilanstalten installierten Wannen, um „beruhigende"
Dauerbäder anbieten zu können. Charcot gab sich damit nicht
zufrieden.

Die Hysterikerinnen und die Magie der Hypnose
In Paris begriff man die Hysterie als körperlich bedingte Krankheit, aber auch als eine neue Form von Kommunikation. Als Sprache, mittels der die Frauen ihre unerhörten Botschaften ausdrückten, wenn sie ihre *attitudes passionelles* unter Einsatz ihres eigenen
Körpers agierten, wie Schauspieler, die sich hinter ihrer Rolle in

einer Bewegungsperformance verschanzen. Charcot dokumentierte seine Fälle, die Attacken und Posen, Verrenkungen, Konvulsionen, Lähmungen und Katalepsien seiner Patientinnen, auf berühmt gewordenen Fotografien. Zu den bekanntesten „Fällen" der Hysterie-Ära in der Salpêtrière gehörten die Patientinnen Augustine, Pauline Lamotte und Blanche Wittmann, die „Königin der Hysterikerinnen", der der schwedische Schriftsteller Per Olov Enquist einen Roman, *Das Buch von Blanche und Marie,* gewidmet hat. Blanche, die „Primadonna", ist auf einem Bild zu sehen, das Freuds Arbeitszimmer schmücken sollte: Sein Souvenir aus Paris war *La leçon clinique du Docteur Charcot* von Pierre-Albert Brouillet. Die lithografierte Szene zeigt, wie Charcot seiner gebannten Zuhörerschaft eine Hysterische vorführt – und hypnotisiert.

Charcot, der um 1878 begonnen hatte, mit Hypnose zu arbeiten, untersuchte den Unterschied zwischen organischen und hysterischen Lähmungen. Indem er solche Lähmungen experimentell – per Hypnose – hervorzurufen und wieder zum Verschwinden zu bringen vermochte, wies er nach, dass hysterische Symptome wie Lähmungen nicht zwingend verletzungsbedingt sein müssen. Charcot unterschied also die organische, durch eine Verletzung des Zentralnervensystems ausgelöste Lähmung von der hysterischen (oder dynamischen) Lähmung, wenngleich er darauf beharrte, dass auch der hysterischen Lähmung eine Läsion, eine im entsprechenden Hirnareal lokalisierte Störung, zugrunde liegen müsse. Sein Ruf als hypnotisierender „Wundertäter", den man sogar ans Krankenbett des Zaren rief, war zementiert, als aus der ganzen Welt Patienten kamen, Gelähmte auf Tragen oder mit Gehhilfen, und Charcot, wenn eine organische Schädigung sich nicht nachweisen ließ, den Kranken aufforderte, die Krücken beiseite zu legen und zu gehen – was viele plötzlich konnten, wie Didi-Huberman beschreibt. Zu einer jungen Nonne gerufen, die von funktioneller Paralyse befallen war, kam Charcot ins Kloster und sagte nur: „Stehen Sie auf und gehen Sie!" Sie tat's – und die

Zeugen der Szene glaubten an eine Wunderheilung, die derjenigen von Lourdes in nichts nachstehe.

Als Charcot seinen legendären Ruf begründete, war die Frühgeschichte der Hypnose, der Magnetismus, fast vergessen. Vergessen, dass 1774 ein Mann namens Franz Anton Mesmer einer Patientin Eisenpräparate verabreicht und Magneten an ihrem Körper befestigt hatte, um ihre Beschwerden wie Ströme eines „Fluidums" auszuleiten. Mesmer, geboren im deutschen Iznang am Bodensee, war ein an der Wiener Fakultät ausgebildeter Arzt mit besonderem Verständnis für Physik, Philosophie und Theologie und einer charismatischen Persönlichkeit. Er war mit Wolfgang Amadeus Mozart bekannt und der soll ihn mit der Idee vertraut gemacht haben, die suggestive Kraft der Musik könne sich in magnetischen Versuchen wiederfinden lassen. Mesmer war der Überzeugung, ein physikalisches Fluidum mit magnetischen Kräften erfülle das Universum, eine energetische Verbindung zwischen Mensch, Natur, Erde und den Himmelskörpern. Diese Anziehungskraft gehe von geladenen Substanzen, aber auch von lebenden Organismen aus und könne kanalisiert und übertragen werden. „Animalischer Magnetismus" wirke auch und gerade zwischen Arzt und Patient. Ein Ungleichgewicht der geheimnisvollen Magnetströme führe zu Krankheiten, die Wiederherstellung der Balance zur Gesundung. Mesmer ahnte, dass die erstaunlichen Heilerfolge nicht von den Magneten als alleinigem Agens ausgehen konnten. Sie mussten von einer akkumulierten Kraft des Arztes selbst, dem Glanz seiner Augen vielleicht, hervorgerufen sein. Als Heiler und „Zauberer" gefeiert, hielten Experten ihm vor, seine therapeutischen Ergebnisse seien durch menschliche Vorstellungskraft erzeugt, also nicht echt. Als es anderen gelang, ähnliche Wachschlafzustände wie Mesmer zu erzeugen – ohne Magneten –, war bewiesen, dass die Psyche und kein magnetisches „Fluidum" diese Zustände hervorzurufen vermochte. Jahrzehnte später griff der schottische Arzt James Braid den rationellen Kern der alten Suggestivtherapie Mesmers wieder auf. Er prägte 1843 den Begriff „Hypnotismus", der sich in den siebziger Jahren des 19. Jahrhunderts einschliff und mit einer Renaissance der Hypnose einherging. Und unterschiedliche Sichtweisen hervorbrachte.

Charcot als Vorbild

Mindestens ebenso stark wie durch revolutionäre medizinische Ansätze beeindruckte Charcot seinen Wiener Hospitanten durch akademischen Stil, Charisma und Persönlichkeit. Der Franzose, klein von Wuchs, kultivierte seine Ähnlichkeit mit Napoleon bis zur Hand im Revers, gab sich im Umgang aber nicht befehlshaberisch und auf hohem professoralem Ross sitzend, sondern für damalige Gepflogenheiten ungewöhnlich zugänglich. Als Lehrmeister inaugurierte er insofern eine „flache" Hierarchie, indem er viel Wert auf die Sichtweise seiner Assistenten legte, seine Hörer einbezog und herausforderte, um sie an seinen Überlegungen und Gedankengängen teilhaben zu lassen und zu eigenen zu animieren: Theorie war gut und schön, die Realität konnte anders sein. Die Höflichkeit und zugleich Ungezwungenheit im Umgang miteinander lockte den Schüchternsten aus der Reserve – diese Art von Umgang und von Lehrveranstaltung schlug sich nieder, als Freud später selbst Schüler um sich scharte.

Glanzstücke der Auftritte Charcots waren seine legendären *leçons du mardi*, Vorlesungen, die er zelebrierte wie ein König im Amphitheater. Freud war Feuer und Flamme. Aus manchen Vorlesungen „gehe ich fort wie aus Notre-Dame", schrieb er Martha am 24. November 1885. Charcots Hörerschaft bestand nicht nur aus Medizinern. Jeder, der in der liberal-republikanischen Gesellschaft auf sich hielt, erschien. Schriftsteller, Künstler und Angehörige der Pariser Bourgeoisie nahmen im Auditorium Platz. Charcot betrat, oft in Begleitung eines ausländischen Gastes, pünktlich den Saal, kam, sah und redete. Patienten wurden als Anschauungsobjekte hereingeführt, beziehungsweise dem sensationshungrigen, gemischten Publikum „zum Fraß vorgeworfen", wie es bei Speziale-Bagliacca heißt, und dessen voyeuristischer

Schaulust ausgeliefert. Detailliert vorbereitet, ergänzte Charcot sein Anschauungsmaterial um die Projektion von Fotografien, die er in die klinische Dokumentation und Lehre überhaupt erst einführte. Der Zeremonienmeister bot eine Mischung aus Fachvortrag und Spektakel, bestach durch schauspielerische Einlagen, ahmte Verhalten, Mimik, Gang und Stimme der von der Krankheit betroffenen Patienten nach, über die er referierte. Wunderheiler, Impressario und Künstler zugleich, vermittelte Charcot Wissenschaft als ein hinreißendes Event und schlug eine Brücke zur bildenden Kunst. Charcot ließ Patientinnen einen Hut mit ausladendem Federschmuck tragen – um am Zittern der Federspitzen die verschiedenen Ausprägungen eines Tremors zu verdeutlichen. Die Exploration der Patienten ähnelte einem theatralischen Dialog, die gestalteten Anfälle, Zuckungen, Kontrakturen, Lähmungen und sonstigen Zustände, die die Patientinnen hervorzubringen verstanden, einer Performance. So zeigte der Kommunikationsartist, was sein Bereich der Medizin mit dem des Theaters gemein hatte: Die Patienten schaffen mit ihrer Symptombildung einen dritten Raum der Verständigung zwischen ihrer Innenwelt und der Realität der anderen. Schließlich hypnotisierte er. Zeigten sich die Kranken dadurch von ihren Symptomen befreit, war das für Charcot immer wieder der Beweis, dass deren Symptome hysterisch bedingt waren. Während die auf Ursache und Wirkung fixierte Wiener medizinische Schule sich keine Krankheit ohne anatomischen Befund, ohne morphologisches Substrat vorstellen konnte, zeigte Charcot, dass körperliche Symptome, zumindest die seiner Hysterikerinnen, durch Hypnose sowohl künstlich evoziert als auch zum Verschwinden gebracht werden konnten. Komplexe Phänomene wie Lähmungen konnten offenbar mit Vorstellungen zusammenhängen. Das war Freuds wichtigste Pariser Lektion.

Als Freud später über die Begegnung mit Charcot und die durch ihn gewonnenen Einsichten sprach, bediente er sich einer Initiationsformel: *Introite, hic dei sunt!* – „Tretet ein, hier sind die Göt-

ter!" Beeindruckt war Freud zudem von Charcots Großbürger-
lichkeit – der Gegensatz zwischen dessen Lebensstil und dem
seiner Kranken hätte größer kaum sein können. Der distinguier-
te Franzose pflegte zur Soiree in seinem imposanten Haus zu empfangen. Auch Freud gehörte, in der Folge beider Übereinkunft
darüber, dass der Wiener die Vorlesungen des Franzosen ins Deutsche übersetzen würde, zu den Gästen des *Jour fixe.* Beim ersten
Mal sah Freud dem Ereignis mit Lampenfieber entgegen. Sorg-
fältig ausgesuchte Kleidung, gestärkte Hemdenbrust, polierte
Schuhe und frisch frisiertes Haar vermochten nichts dagegen aus-
zurichten, dass er sich klein und linkisch vorkam. Als sei der
Adrenalinschub nicht genug, ertüchtigte er sich mit einer Dosis
Kokain für den Besuch beim Chef und machte sich klopfenden
Herzens auf den Weg. Getreu der Maxime *plaire et instruire,*
Gefallen und Belehren, wurde bei Charcot geplaudert und
gefachsimpelt, im leichten Ton einer *Causerie,* einer angenehm
geistreichen, weder zu abstrakten noch anstrengenden Konversation. Wenngleich er den Abend nur mit Kokain durchzustehen
glaubte, kann man sich den jungen Wiener Dozenten, den poly-
glotten, umfassend gebildeten Herrn als einen souveränen Genie-
ßer dieser Gesellschaftsabende vorstellen, der es auf dezente Art
verstand, Menschen für sich einzunehmen. Das aber glaubte er
selbst am wenigsten. – Warum unterschätzte man ihn immer?
Warum verfügte er nicht über das gewisse Etwas, das Menschen
anzieht? Wenige Tage später aber erfuhr Martha durch einen in
der Nacht vom 2. auf den 3. Februar 1886 geschriebenen Brief,
wie erleichtert Freud war, sich nicht blamiert und den Mund auf-
bekommen zu haben. Aber – „Gott sei Dank, es ist vorüber".
Als Freud Paris in den letzten Winterwochen verließ, hatte er
einen Packen neuer Erkenntnisse und Visitenkarten im Gepäck
und den Vorsatz, mit dem dynamischen Konzept Charcots vor
Augen Hysterie durch Hypnotisieren erfolgreich zu behandeln.
Die nächsten Jahre verschrieb er sich diesem Ziel – bis ihm aufging, dass er die Hypnose vielleicht gar nicht brauchte.

Praxisgründung · „Bereit für den Kampf mit Wien"

Noch unter dem tiefen Eindruck seines Paris-Aufenthaltes stehend, reiste Freud zu Beginn des Jahres 1886 nach Berlin. In
Deutschland war er mit der Übersetzung von Charcots Vorlesungen ins Deutsche befasst. Also erstmals in seiner Laufbahn mit
jenen nicht-probaten neurologischen Fragen beschäftigt, die ihn
schließlich zur Psychoanalyse hinführten – was die Freiheit zuge-
stehen mag, die keimende Psychoanalyse als ureigene „deutsche"
Wissenschaft zu annektieren. Überdies konzentrierte Freud sich
in Berlin auf die Arbeit des Pädiaters Adolf Baginsky. Er finde
Gefallen am Umgang mit seinen kleinen Patienten und könne
sich sicher schnell in eine kinderärztliche Praxis hineinfinden,
schrieb er Martha am 10. März, rund ein halbes Jahr vor der
Hochzeit. Daneben blieb Zeit für das Pergamonmuseum, einen
Termin beim „Hoffriseur" und das „Café Bauer", wo vornehme
Herrschaften an kleinen Marmortischen zu sitzen pflegten, her-
ausgeputzte Damen an Teetassen nippten und wohlerzogene Kinder brav ihre heiße Schokolade tranken. Freud hätte froh sein
können und zuversichtlich, doch er sah seine Zukunft immer
noch schwarz und sich selbst in kaum besserem Licht.

Zurück in Wien wollte er sein Leben in die Hand nehmen, aber
die Aussichten auf Lorbeer waren so ungewiss wie zuvor. Auf seiner Agenda stand nun die Praxisgründung und am 25. April
1886, ausgerechnet zu Ostern, eröffnete er seine Ordinations-
räume in der Rathausstraße 7 – bereit für den „Kampf mit Wien".
Martha bat er, so Biograf Ernest Jones, den Lieblingsausspruch
von Charcot, „Il faut avoir la foi" – „Man muss glauben" –, zu
sticken, um die Räume zu dekorieren. Glauben wollte er vor allem
an sein Unternehmen, das er mit kaum Eigenkapital gestartet hatte. Rief man ihn zu Hausbesuchen, konnte er kaum den Kutscher
entlohnen, der ihn hinbringen sollte. Die Wohnung, in der er
Sprechstunde hielt, kostete 80 Gulden monatlich, viel für sein
Budget. Zwar empfahlen Breuer und Nothnagel Patienten, andere konsultierten den jungen Doktor, weil er bei Charcot gelernt

hatte, es lief nicht schlecht – aber nicht alle zahlten für seine Dienste. Dann gab es unvorhergesehene Probleme: die Einberufung zur sommerlichen Waffenübung im, wie er schrieb, „Saunest" Ölmütz. Immerhin eine alte Bischofsstadt mit Adelspalästen, an deren Theater Gustav Mahler seine Laufbahn begann; ein Ort, der durch die dort durchgeführte erste dokumentierte, erfolgreiche Hornhauttransplantationsoperation auch in die medizinische Geschichte einging – für Freud aber ein einziges Übel, das seinem Etat einen Strich durch die Rechnung machte. Das Geld schmolz dahin. Er zog die Notbremse. Sollte er doch auswandern? Doch er ging weder nach Amerika noch nach England, sondern verlegte seine Praxis in die Maria-Theresien-Straße 8. Dort, im rückwärtigen Teil des so genannten „Sühnhauses", das an der Stelle des bei einer Feuersbrunst abgebrannten Ringtheaters errichtet worden war, bezog er im Juli 1886 die Räume, in denen er bis August 1891 ordinieren sollte. Das Appartement war eine günstige Offerte gewesen. Weil der Brand hunderte von Menschenleben gefordert hatte, schien der Neubau an derselben Stelle in den Augen vieler Wiener mit einem Fluch belegt zu sein. Es war schwierig gewesen, Mieter zu finden. Freud, nicht abergläubisch, aber knapp bei Kasse, griff zu – und begann nach der Hochzeitsreise von vorn.

Neben seiner Praxistätigkeit arbeitete er ab Mai 1886 und für zehn Jahre an drei Nachmittagen wöchentlich als Leiter der Neurologie im von Max Kassowitz (1842–1913) geleiteten Kinder-Krankenhaus in der Steindlgasse 2, dem ersten öffentlichen pädiatrischen Institut der Stadt. Nicht üppige Bezüge bestachen, denn die gab es nicht, sondern die Aussicht auf klinische Anschauung und Stoff für Lehrveranstaltungen und Publikationen, erklärte er Martha in einem Brief vom 10. Februar 1886. Aus den „nebenberuflichen" Jahren an diesem Institut ging, sobald Freud sich als niedergelassener Nervenarzt etabliert hatte, eine Reihe neurologischer Arbeiten hervor. Mit seinem Freund, dem Pädiater Oscar Rie, den er aus dem Kassowitz-Institut kannte, veröffentlichte Freud im Jahre 1891 *Klinische Studien über die halbseitige Cerebrallähmung der Kinder.* Im selben Jahr erschien auch Freuds Monografie *Zur Auffassung der Aphasien. Eine Kritische Studie.* Darin vertrat Freud – dreißig Jahre nachdem Pierre Broca das motorische Sprachzentrum entdeckt und nachdem Karl Wernicke 1874 die sensorische „Aphasie" beschrieben hatte –, die These, dass Sprachstörungen nicht nur neurophysiologisch, sondern auch funktionell bedingt seien. Nun interessierte ihn, ob dies auch für andere Krankheitsbilder zutraf. Zu einer Zeit also, da er sich dem Thema Hysterie und Hypnose bereits genähert hatte, profilierte er sich, indem er sich mit klassischen Fragen befasste, umfänglich als Neurologe.

Gegen das Establishment

Kurz nach seiner Rückkehr aus Paris hatte er bei der „Wiener Gesellschaft der Ärzte" seinen Pflichtvortrag eingereicht, den er wegen der Sommerpause erst Monate später halten konnte: Am 15. Oktober 1886, wenige Wochen nach der Hochzeit, trat er ans Rednerpult. Vor der ehrenwerten Versammlung, darunter Freuds früherer Chef Theodor Meynert, sprach er vollmundig über männliche Hysterie und sang ein Loblied auf Charcot. Der große Franzose habe ihn über die Ätiologie der Hysterie aufgeklärt und gezeigt, dass Hysterie, entgegen ländläufiger Auffassung, auch bei Männern auftreten könne, trumpfte er auf. Kopfschütteln. Einige stramme Kliniker reagierten frostig und so reserviert, als hätte Freud sich in Paris nicht in medizinische Probleme, sondern in französische Romanfantasien vertieft. Bei anderen Zuhörern schlug die Amplitude der Empörung nach oben aus. Hysterische Männer? Hysterie galt seit der Antike, wie die vom griechischen Wort für Gebärmutter *(hystéra)* abgeleitete Bezeichnung ja besagte, als genuin weibliches Krankheitsbild. Hysterie auf die Herren der Schöpfung zu beziehen, war ein Unding. Was dem Debütanten über die Lippen kam, war kein umjubelter Schritt auf die Bühne der Moderne, sondern haarsträubend – und ein Fiasko, das die Skepsis, die sein Eintreten für Kokain bereits geweckt hatte, nur verstärkte. Verrissen, wieder einmal allein. Er hatte sich in bisher unerforschte Tiefen vorgewagt und war mit einer Hand voll Schlamm wieder aufgetaucht, statt mit einer Perle. War die Scheu vor der Wahrheit ihres Verkünders schuld? Es war falsch, ihn zu kritisieren, fand Freud. Die aufgeschlosseneren Ärzte überhörend, war er im Begriff, sich als den Helden zu kreieren, dem man Steine in den Weg legt. Man verübelte ihm an diesem Abend vielleicht auch einen Verstoß gegen Ehrenstatuten, als ob er dem arrivierten Kreis bekannte Ideen als frisch aus der französischen Denkschmiede hätte unterschieben wollen, wie alten Wein in neuen Schläuchen: empörend, hielt der junge Kollege die Wiener Kollegen für derart hinterwäldlerisch? Im Eifer des Gefechts hatte Freud Charcot als den Entdecker der (männlichen) Hysterie gepriesen und seiner französischen Schule Begriffe als „Dernier Cri" zugeschrieben, die in Wien bereits bekannt, aber eben nicht akzeptiert waren. Mögen auch manche Geistesblitze zweimal zünden müssen, um entdeckt zu werden, für das, was Freud mitzuteilen hatte, galt das offensichtlich nicht. Professor Theodor Meynert, den Freud für den besten Hirnspezialisten seiner Zeit hielt, wollte ihm fortan den Zutritt zum Labor für Hirnanatomie verwehren und entzog ihm seine Unterstützung. Dass ausgerechnet Meynert ihm die kalte Schulter zeigte, enttäuschte Freud besonders, hatte er doch von Meynert beispielsweise die Ansicht übernommen, dass jede Gehirnzelle eine spezifische funktionale Energie enthalte, die auch für die Empfindungen verantwortlich sei. Freud hatte daraus die These abgeleitet, dass diese Erregung schwanke und man jedes Phänomen damit erklären könne. Ausgehend von dieser Annahme entwickelte er später sein Konzept von der *Libido*, im Oktober 1886 aber hing seine Reputation in der Zunft einmal mehr am seidenen Faden.

TEIL II: Wien, Berggasse 19

DAS ERSEHNTE FAMILIENGLÜCK

Als Sigmund und Martha Freud Anfang Oktober 1886 nach zwei Flitterwochen im neuen Heim ankamen, hatte der Alltag sie gleich im Griff. Die Wohnung war noch nicht fertig und das Wartezimmer bot nicht genügend Sitzgelegenheiten: Martha borgte ein paar Stühle vom Hausmeister. Dem kleinen Erdbeben, das Freud durch seinen Vortrag vor der Gesellschaft der Ärzte ausgelöst hatte, stand bald ein Glücksstern gegenüber. Im Winter wurde Martha schwanger, im Oktober 1887 gebar sie ihr erstes Kind, Mathilde. Freud war nicht streng und dennoch unangefochten *Pater familias,* er war ein begeisterter Vater, und er war es, der die Namen der bald sechs Kinder auswählte. Er benannte sie nicht etwa nach Vorfahren oder biblischen Figuren, sondern nach Freunden, Mentoren und Idolen. Die Söhne taten sich teilweise schwer, sich aus dem Schatten ihres Vaters und seiner Helden zu befreien, und nicht allen gelang es zur subjektiven Zufriedenheit. Die Töchter wurden hinsichtlich Erfüllung im Mutterglück erzogen, und bei all seinen Kindern legte Freud Wert auf Fleiß, Anstand und Verantwortung. Um ihn und sein Werk drehte sich alles. Allzeit verfügbar war er dank seines dichten Terminkalenders nicht, aber die räumliche Nachbarschaft von Praxis und Wohnung erlaubte ihm bei Schwierigkeiten zur Stelle zu sein.

Über den Alltag versuchte Freud im Bilde zu sein, wusste, ganz stolzer Vater, aus Anlass des achten Geburtstages von Mathilde von einer „zwanzig Individuen starken Kinderjause" zu berichten oder fand, seine dreijährige Sophie sei „das Schönste an der Hochzeit" seiner Schwester Rosa gewesen. Da er sich eine spielerische Ader bewahrt hatte und ein ungeduldiger, weil innerlich rastloser Mensch war, konnte er die Geburtstage der Kleinen oft nicht abwarten – und läutete den Festtag schon zwei Tage früher ein, indem er seine Geschenke verteilte. In Ferienzeiten nahm er sich mehr Zeit, pflegte Familienrituale wie das Pilzesuchen oder Museumsbesuche am Sonntag. So gut es um die kulturelle und literarische Förderung seiner Kinder auch bestellt sein mochte, ein Instrument lernten sie genauso wenig wie einst seine Schwestern. Im Hause wünschte er nicht Geklimper und Gefiedel, sondern Ruhe. Auch die Caruso-Platten auf dem Grammophon, das später angeschafft wurde, durften im Hause Freud nur in der hintersten Ecke und leise abgespielt werden. Eigentlich störte ihn schon das Kratzen der Nadel auf dem Schellack. Für die Fülle des Wohllauts war er weitgehend verloren, damit kokettierte er. Mit den *Meistersingern* konnte er zwar etwas anfangen und summte später exklusiv für den Haushund schon mal eine Arie aus *Don Giovanni*. Oper als vertontes Drama moralischer Konflikte zwischen Tugend und Laster interessierte ihn, das war es dann auch mit der Musik. Martha sorgte zudem dafür, dass die Methode ihres Mannes zu Hause graue Theorie blieb. Ihr kam das Ganze ohnehin ein wenig wie „Pornografie" vor. Psychoanalytische Experimente und Feldstudien in der Kinderstube gab es nicht. Das schloss nicht aus, dass die Familie Rohstoff für Überlegungen lieferte, Freud zum Profiteur manches kindlichen Traumfetzens wurde. Aber der Rahmen war gesteckt und gerade die Möglichkeit, Martha und die Familie von dem, was ihm täglich zu Ohren kam, als nicht kontaminiert erleben zu können, erlaubte ihm eine gewisse Distanzierung und ein Stück „Normalität".

Martha hatte es mit dem Abschalten nicht so leicht. Ihr Leben kreiste um die Kinder. Sollte es ihr ernst gewesen sein mit ihren literarischen Neigungen und dem Liebäugeln mit der Schriftstellerei – es wurde nichts daraus. Vorübergehend fand sie sich sogar von einer offenbar psychogenen Schreibhemmung betroffen, die unergründlich blieb und verschwand, wie sie gekommen war. Ihre Karriere war es, unter schwierigen Umständen das eigene Leben samt dem ihrer Lieben zu meistern. Dieser Gewissheit, ihrem Herkunftsstolz und dem Status ihres Mannes verdankte sie die Überzeugung, auf äußere Erfolge verzichten zu können.

Ein Morgenritual: Zum Frühstück gehörte auch der tägliche Blick in die „Neue Freie Presse" – dann pflegte Freud seinen Friseur zu empfangen. Foto: Gerhard Trumler.

ENTWICKLUNG UND LEBENSLÄUFE

Mathilde Freud (Hollitscher) (1887–1978)

Mathilde kam 1887 als erstes Baby überhaupt im berüchtigten „Sühnhaus" zur Welt, weswegen die Hofkanzlei zum freudigen Ereignis gratulierte. Namenspatronin des Töchterchens, das dem Vater, so die Meinung der Umgebung, auffallend ähnlich sah, war die Frau von Josef Breuer, Mathilde Breuer, auf deren Gastfreiheit und Freundschaft Freud immer hatte zählen dürfen. Wie ihre nachgeborenen Schwestern auch, wurde Mathilde auf das Leben einer Ehefrau und Mutter vorbereitet, ein Leben, wie Martha es führte. Freud wachte über seine Töchter mit Argusaugen und unterschied klar zwischen dem modernen Frauenbild, das er selbst durch seine Lehre aufzubauen half, und dem, was er als Vater für richtig erachtete.

Mathilde war ein Sorgenkind, weil sie häufig ernstlich krank war. Eine Diphtherie überstand sie nur knapp, und mit achtzehn wäre sie beinahe an den Folgen einer Blinddarmentzündung verstorben. Infolge der Operation war sie unfruchtbar. Dass ihr die Erfüllung ihres Kinderwunsches versagt blieb und damit das, was ihr Leben ausmachen sollte, war ein sehr harter Schlag für sie. 1908 war Freud geneigt, sie mit Sándor Ferenczi zusammenzubringen, aber es kam anders. Sie heiratete 1909 den Textilhändler Robert Hollitscher und zog mit ihm in die Nähe der Berggasse. Da Mathilde kein leibliches Kind haben konnte, nahm sie nach dem Tod ihrer Schwester Sophie ihren Neffen Heinerle zu sich. Tragischerweise erkrankte der noch nicht einmal fünfjährige Junge an Tuberkulose: Sie verlor ihn. Auch Mathilde und ihr Mann emigrierten später nach London. Sie betätigte sich als Modedesignerin und eröffnete in der Baker Street die Boutique „Robell", ein Wortspiel aus dem Namen ihres Ehemannes und dem Klang von „schönes Kleid" auf Französisch. Sie starb 1978 in London.

Jean Martin Freud (1899–1967)

Martin war das zweite Kind der Freuds. Sein Name war eine Hommage seines Vaters an Jean Martin Charcot. Die Geburt des ersten Sohnes bot Freud Anlass für einen weiteren Vorstoß in seinem privaten Feldzug gegen religiöses Brauchtum. War Stufe eins die Verbannung jüdischer Gepflogenheiten aus dem Freud'schen Alltagsleben gewesen, war Stufe zwei der Bruch mit der Tradition der Beschneidung der Söhne. Martins humoristische Veranlagung drückte sich in Späßen und Dichtkünsten aus, und als großer Bruder bevaterte er insbesondere seine kleine Schwester Anna in ähnlicher Weise wie einst sein Vater den jüngeren Alexander. So wie Anna sich im Schatten ihrer großen Schwester Mathilde und der schönen Sophie fühlte, so beneidete Martin seinen Bruder Ernst um dessen Erfolge und Eigenständigkeit. Mehr als seine Brüder litt Martin unter dem übergroßen Vater und er hatte eine schwierige Beziehung zu seiner Mutter Martha. Es war, erklärte Freud später gegenüber C. G. Jung und in Anspielung auf seine einstigen Konflikte mit der Familie Bernays, als ob Martin seine Mutter an ihren Bruder Eli erinnere, als ob sie sich für ihre allzu große Konnivenz ihm gegenüber nun entschädige, während er, Freud, seine einstige Härte gegenüber dem Schwager Eli nun bei Martin kompensiere. Während die Mädchen traditionellen Rollenbildern verhaftet blieben, ließen die Freuds ihren Söhnen freie Hand bei der Lebensplanung. Nach dem Jura-Studium trat Martin in die Geschäftswelt ein und übernahm bald auch Geldangelegenheiten seiner Eltern; später ordnete er die Finanzen des psychoanalytischen Verlages in der Berggasse 7 unweit der Praxis.

1919 heiratete Martin Ernestine „Esti" Drucker, die in ihrem Beruf als Orthophonistin unter anderem dem späteren Hollywood-Star Hedi Lamarr in Wien Sprechunterricht erteilte, wie Martins Sohn Anton W. Freud erzählte, und selbst Theaterabende gab. Martin und Esti bekamen nach Anton Walter die Tochter Sophie. Die spätere Professorin beschrieb ihren Vater als „Ritter, dessen Rüstung schnell rostete". Martin war ein offenbar entwaffnender Charmeur und hatte Affären – Gerüchten zu Folge auch mit Marie Bonaparte. Sigmund und Martha behagten Martins unmoralische Eroberungen ganz und gar nicht. Als Martins Ehe zerbrach, zerfiel die Familie gewissermaßen in zwei Hälften.

Nach dem Anschluss 1938 gelang es Martin im Mai Wien zu verlassen. Sein Sohn Anton Walter brach per Schiff Richtung Australien auf, auch er kam schließlich nach England. Auf der britischen Insel versuchte Martin, unter dem Logo „Martin A" Kosmetikartikel zu vermarkten; nach dem Krieg arbeitete er als angestellter Buchhaltungsexperte und eröffnete einen Tabakladen, in dessen Hinterzimmer ein Frisiersalon betrieben wurde, berichten Roudinesco und Plon. Gegen den Willen seiner Schwester Anna veröffentlichte Martin anlässlich des hundertsten Geburtstages seines Vaters das Erinnerungsbuch *Glory Reflected,* das Anekdotisches aus Ferienzeiten, aber auch Interna über innerfamiliäre Auseinandersetzungen enthielt. Martin starb 1967 in Südengland, wohin er sich mit seiner zweiten Frau zurückgezogen hatte. Sein Sohn Anton „Tony" Walter, der im Ingenieurwesen tätig war, übernahm die Aufgabe seines Vaters als Vertreter der Interessen der Erbengemeinschaft Freud. Er lebte in Oxted und starb im Februar 2004. Seine Tochter führt die Tradition der Familie Freud fort und ist in London als Therapeutin tätig.

Esti entkam mit ihrer Tochter Sophie im September 1940 über Paris ins südfranzösische Nizza – per Fahrrad. In Frankreich traf Sophie ihren späteren Ehemann, den gebürtigen Deutschen Paul Löwenstein. Im Juli 1942 erreichten Esti und Sophie Nordafrika, Tanger beziehungsweise Casablanca, wo sie sich nach Baltimore einschifften. Fast zur selben Zeit fiel in Hollywood die letzte Klappe für *Casablanca,* in dem von emigrierten europäischen Schauspielern gespielte Nazi-Verfolgte über Französisch-Marokko denselben Weg in die Freiheit, nach Amerika, suchten. Esti

Freud ließ sich in New York nieder und arbeitete weiterhin als Sprecherzieherin. Ihre Tochter Sophie Freud profilierte sich in Sozialkunde und lehrte in Boston – die Professorin distanziert sich vom Freudianismus und meinte anlässlich der Premiere des Dokumentarfilms *Neighbours: Freud und Hitler in Vienna* im November 2003 in Toronto, „beide, Adolf Hitler und mein Großvater," seien „falsche Propheten des 20. Jahrhunderts" gewesen.

Oliver Freud (1891–1969)

Oliver verdankt seinen Vornamen Oliver Cromwell, einem der Helden seines anglophilen Vaters. Oliver war der Liebling seiner Mutter und fiel als Junge durch einen Hang zum Perfektionismus, zur Zwanghaftigkeit, auf, also einer allgemeinen Neigung, an starren Abläufen oder bestimmten Gedanken festzuhalten, um, so die Interpretation, einen Trieb, Wunsch oder Konflikt auszutragen beziehungsweise abzuwehren. Bis zur Diagnose ausgeprägter „anal-sadistischer Organisation" – so verstand Freud die neurotische Problematik seines Sohnes – der „Stolz und die geheime Hoffnung" seines Vaters gewesen, begeisterte Oliver sich für unbelebte Materie. Zahlen, Mechanik und komplizierte Bastelein waren seine Welt, so wurde er Bauingenieur. Auch Olivers berufliche Laufbahn erlaubte keine völlige Unabhängigkeit von väterlicher Unterstützung, was großenteils zeitgeschichtlichen Ereignissen geschuldet war. Nach dem Ende seines Studiums zum Militär eingezogen und beim Tunnelbau eingesetzt, heiratete Oliver zu Beginn des Ersten Weltkrieges die Medizinstudentin Ella Haim. Ella folgte ihm zum Einsatzort in den Karpaten, wurde schwanger, entschied sich aber im März 1916 zu einer Abtreibung. Ein halbes Jahr später ließen Oliver und Ella sich scheiden. Freud sah die junge Frau als Grund der Entzweiung, da sie es nicht geschafft habe, ihr Medizinstudium mit seinem Leben als Bauingenieur in Einklang zu bringen, schreiben Roudinesco und Plon.

Nach Kriegsende ließ Oliver sich in Berlin nieder, zu einer Zeit, in der Freud seine Tochter Anna analysierte. Die Söhne in Analyse zu nehmen, stand für Freud nicht zur Debatte, und als Oliver seinerseits den Wunsch nach einer Psychoanalyse verspürte, wandte er sich an den ebenfalls in Berlin lebenden Max Eitingon. Doch es kam nicht zur Analyse. Schließlich nahm ihn Franz Alexander 1921 in Berlin in Behandlung. 1923 heiratete Oliver erneut, die Berliner Arzttochter Henny Fuchs. Beruflich verdüsterten sich die Aussichten des Tiefbauingenieurs zunehmend. 1933 war er bereits über ein Jahr arbeitslos und erwog die Auswanderung.

Die Schwierigkeiten des Existenzkampfes blieben in Frankreich nach der Emigration 1933 bestehen. Zunächst lebte Oliver in Saint-Briac in der Bretagne. Arnold Zweig besuchte ihn dort und berichtete Freud von Olivers Anstrengungen: Es sei erschütternd, wie er am lebendigsten und wärmsten wurde, wenn er von seinen Kriegsjahren sprach, jetzt, wo er noch einmal von vorn anfangen solle, schrieb der Schriftsteller an Freud. 1934 zog Oliver nach Nizza, dort übernahm er die Leitung eines Fotogeschäftes, das er später, dank des Geldes seines Vaters, kaufen konnte. Nach etwa vier Jahren wurde er französischer Staatsbürger und stand in Kontakt mit dortigen Exilanten und Intellektuellen. Ab November 1942, italienische Truppen hatten die bislang freie Zone besetzt, mussten sich Oliver und Henny abermals um ein neues Exil umsehen. René Laforgue, der Begründer der französischen psychoanalytischen Bewegung, half ihnen, sich über die Pyrenäen in Richtung Spanien abzusetzen, nachdem ihr Hab und Gut, das Ladengeschäft, im Zuge der Arisierungspolitik jüdischer Betriebe einer Zwangsverwaltung unterstellt wurde. Schließlich emigrierten Henny und Oliver – ohne ihre Tochter – in die USA. Oliver starb 1969.

Eva (1924–1944) war das einzige Kind von Oliver. Ende April 1933 emigrierte sie mit ihren Eltern nach Frankreich und immatrikulierte in Nizza am Lycée. „Evchen" besuchte ihren Großvater Ende August 1939 kurz vor dessen Tod in London. 1940 lernte Eva einen jungen Widerstandskämpfer aus St. Petersburg kennen, wurde dessen Freundin und schloss sich der Résistance an. Ihm zuliebe schlug sie 1943 die Möglichkeit aus, mit den Eltern in die USA zu emigrieren, und weigerte sich, französischen Boden zu verlassen. Sie blieb allein in Nizza zurück. Bei René Laforgue, der während des Dritten Reichs einerseits mit den Deutschen kollaborierte, indem er versuchte, eine Pariser Dependance des Göring-Instituts zu gründen, und andererseits Opfern der Nazi-Verfolgung half, wie Roudineso und Plon schreiben, unterzog sie sich einer Analyse. Um sich vor antisemitischen Verfolgungen zu schützen, legte sie sich einen falschen Namen zu. Was nun folgte, wurde *en detail* erst in den neunziger Jahren enthüllt: Eva wurde ungewollt schwanger und ließ eine Abtreibung vornehmen. Der Eingriff führte zu Komplikationen, Eva zog sich eine Infektion zu und verstarb 1944 im Krankenhaus.

Ernst Freud (1892–1966)

Ernst, benannt nach Ernst Brücke und wie seine jüngeren Geschwister nach dem Umzug in die Berggasse geboren, war das „Glückskind". Gesegnet mit künstlerischem Talent und kreativer Ader, wurde er Architekt und begründete diesen Entschluss feinsinnig mit der Tatsache, dass in diesem Bereich weder sein Vater noch ein anderes Familienmitglied besonders beschlagen sei, was ihm half, dem „übermächtigen" Vaterbild etwas entgegenzusetzen. Nach seinem Studium in München ging er nach Berlin, wo er Lucie Brasch kennen lernte und 1920 heiratete. Sie meisterten eine heftige Krise – unter Ausschluss von Sigmund Freud – und lebten letztlich fünfzig Jahre zusammen. Und bekamen in den zwanziger Jahren drei Kinder: Stephen, Lucian und Clemens, der sich später Clement nannte. Im Jahr der Machtübernahme Hitlers 1933 emigrierte Ernst mit seiner Familie nach London und fasste als Architekt schnell Fuß in der briti-

Im Garten des Hauses Berggasse 19: Sigmund Freud mit Martha (links), seiner Schwägerin Minna Bernays (rechts) und den Kindern Sophie, Anna und Ernst (vorne von links) sowie Oliver und Martin (hinten von links).

schen Gesellschaft. Es sei „Balsam auf sein Vaterherz", schrieb Freud an Ernest Jones, dass die Arbeit seines Sohnes solche Anerkennung finde, und er wünschte, Oliver in Nizza würde sein Glück machen.

Ernst war es auch, der später die Inneneinrichtung des Londoner Domizils in die Hand nahm. Sich selbst entschädigte er noch 1938 für den Verlust seines Sommerhauses auf Hiddensee, und zwar mit dem „Hidden House", das er in Suffolk entdeckte. Freud fand dieses Vorgehen „typisch jüdisch": etwas Verlorenes ersetzen und nach vorn schauen, wie er seinem Sohn Ernst am 17. Januar 1938 schrieb. Ernst wurde später zu einem der Nachlassverwalter seines Vaters und übernahm die Verantwortung für die Veröffentlichung seiner Werke an der Spitze der Sigmund Freud Copyright Ltd. Nachdem Ernst 1966 gestorben war, verwirklichte seine Witwe Lucie dessen letztes Großprojekt: die Herausgabe des großen Bildbandes *Sigmund Freud. Sein Leben in Bildern und Texten*.

Als Clement Freud als Siebenjähriger nach Wien kam, um seine Großeltern in der Berggasse zu besuchen, war er auf das Äußerste gefasst: Sein Bruder Lucian, so Clement humorvoll in seiner Autobiografie, habe ihm erzählt, im Wartezimmer säßen „lunatics frothing at the mouth who had come for treatment" – schon damals offenbarte der spätere Maler Lucian seine Imaginationsfähigkeit. Lucian Freud gilt als einer der größten zeitgenössischen Maler. Er verewigte seine Mutter Lucie sowie Prominente und schuf auch ein umstrittenes Porträt von Queen Elizabeth II. Er gilt als radikaler Aktmaler: So wie sein Großvater mit Sprache die Psyche auf der Couch sezierte und aufdeckte, entkleidet Lucian seine Modelle bis aufs Fleisch und zerlegt deren Physiognomie mit Pinsel und Farbe. Eine von Lucians Töchtern ist die Romanautorin Esther Freud, eine andere die Modedesignerin Bella Freud. Die Schwestern haben unlängst das Geheimnis um Freuds familieninternen Spitznamen gelüftet: Den legendären „the great Freud" verballhornte man zu „the grapefruit".

Stephen – Stephan Gabriel – war als Verleger tätig. Sir Clement Freud schlug eine Karriere als Politiker ein, wurde geadelt und ein berühmter Radiochronist und Kinderbuchautor. Seine Tochter Emma ist eine bekannte Journalistin und steht in Verbindung zur erfolgreichen britischen Filmszene.

Sophie Freud (Halberstadt) (1893–1920)

Sophie, ein noch hübscheres Mädchen als Mathilde, war ihrer Mutter in vielerlei Hinsicht ähnlich. Sie überraschte ihre Eltern mit ihrer Verlobung und heiratete 1913 den bekannten Hamburger Fotografen Max Halberstadt, der fortan viele der bekannten Porträts von seinem Schwiegervater anfertigte. Freud hasste es, fotografiert zu werden, und als sein enthusiastischer, aber nicht übermäßig geschätzter Anhänger Philip R. Lehrman das Konterfei seines Idol unbedingt auf Schmalspurband festhalten wollte, deutete Freud dieses Drängen als Zwangssymptom, das bearbeitet werden müsse. Von Max aber ließ Freud sich gern ablichten. Seit ihrer Hochzeit lebte Sophie mit Max in der Heimatstadt ihrer Mutter. Sophie bekam zwei Söhne. 1914 Wolfgang Ernst, genannt Ernstl, und vier Jahre später Heinz Rudolph, der Heinerle gerufen wurde. Nach wenigen glücklichen Ehejahren und erneut schwanger ereilte sie 1920 das Schicksal in Form der seit Kriegsende grassierenden Grippe-Pandemie. Sie erkrankte und starb an den Folgen wenige Tage nach Ansteckung im Januar. Im noch anhaltenden Nachkriegschaos war es nur ihren Brüdern Ernst und Martin möglich, rechtzeitig aus Berlin zu kommen, um ihrer Einäscherung beizuwohnen. Die Eltern konnten dies nicht. Sophie, deren Grabstein auf dem jüdischen Friedhof in Hamburg-Ohlsdorf steht, hinterließ zwei kleine Söhne – Ernstl und Heinerle.

Max, der Witwer und Vater, wurde von den Freuds, insbesondere von seiner Schwägerin Anna, unterstützt. Die Kinderlose überlegte sogar, Ernst in die Berggasse zu holen, aber Freud riet davon ab: Ein Siebenjähriger bei „alten Leuten" schien ihm keine sinn-

Mit seinem „Sonntagskind": Freud und Tochter Sophie, die 1920 an der Grippe starb, um 1912.

volle Lösung zu sein und für Martha überdies eine zu große Belastung. Zur Emigration gezwungen, ging Max später ins Exil nach Südafrika und ließ seine zweite Familie nachkommen. Ernstl, der seine Mutter und seinen kleinen Bruder, der im Juni 1918 infolge einer Miliartuberkulose verstorben war, verloren hatte, stand mit seiner Stiefmutter, die zuvor seine Lehrerin gewesen war, auf nicht allzu gutem Fuß. Dass er sich nicht unproblematisch entwickelte, geht aus einem am 9. März 1927 geschriebenen Geburtstagsbrief seines Großvaters an ihn hervor. Er erwog, ebenfalls nach Johannesburg zu gehen, zog aber letztlich nach London. Unter der Ägide seiner Tante Anna entwickelte er sich ebenfalls zum Psychoanalytiker und nahm den Familiennamen an: Aus Wolfgang Ernst Halberstadt wurde W. Ernest Freud. Er arbeitete in der Hampstead Child Therapy Clinic, später auch in Deutschland. Sein Spezialgebiet war die psychoanalytische Dimension der Neonatologie und Frühgeburtlichkeit. Aber er hat schon in der frühen Geschichte der Psychoanalyse Spuren hinterlassen. In *Jenseits des Lustprinzips* erzählt Freud die Geschichte eines von seinen Eltern geliebten Kindes, das nachts ruhig schlief und auch nie weinte, wenn seine Mutter es kurz verließ. Das Kind hatte die Gewohnheit mit einer Garnrolle zu spielen, indem es sie fortwarf und wieder zu sich heranzog und das Ganze mit den Worten „fort – da" zu kommentieren pflegte. Freud, der diese Szene beobachtet hatte, verstand das Spiel als Bewältigung des Erlebens von Verlustschmerz und Wiedersehensfreude des geliebten Objektes – der kleine Protagonist mit der Holzspule war Ernstl.

Anna Freud (1895–1982)

Das sechste Kind von Sigmund und Martha, die 1895 geborene Anna, war weder Wunschkind ihrer Mutter, die in der Schwangerschaftspause gerade wieder aufgelebt war, noch ihres Vaters, der die große Familie zu unterhalten hatte und dem Marthas Bürde nicht verborgen blieb. Ausgerechnet Anna wurde deren

Stütze im Alter. Das Nesthäkchen, das sich mitunter wie ein ungebetener Gast im eigenen Hause vorkam und sich als hässliches Entlein sah, kämpfte innerhalb der ausgeklügelten Geschwisterhackordnung jahrelang um Anerkennung, zumal sie weder die anmutige Schönheit und den Charme ihrer Schwester Sophie, noch die Gewandtheit und Klugheit ihrer großen Schwester Mathilde ins Feld führen konnte – und im Sticken war sie auch weniger geschickt. Dafür war die Raupe unter Schmetterlingen der Liebling der Kinderfrau Josefine Cihlatz, die sich bis zu Annas Schuleintritt um die jüngeren drei kümmerte und die Anna später als eine der wichtigsten Personen ihrer Kindheit bezeichnete. Anna gab sich aufsässig und frech, um sich später in eine ordentliche und gute Schülerin zu verwandeln; mit intellektuellen Erfolgen konnte sie ihre betont femininen Schwestern ausstechen. Als Sechzehnjährige geriet sie in eine Krise, nachdem Mathilde, die große Schwester, unter der Haube war und nun auch ihre Schwester Sophie heiratete und sich auf die Mutterrolle vorbereitete. Anna sinnierte darüber nach, wie es für sie weitergehen sollte. Blieb ihr nach dem Lyzeum nur das Lehrerinnendasein? Ihr Vater warf die Frage auf, ob sie darauf eifersüchtig sei, wie schnell Sophie mit Max die Liebe gefunden habe. Er machte sich Sorgen um seine Jüngste, ihre gebeugte Haltung, ihre Strickerei – Stricken, auch Annas späteres Hobby Weben, hatte aus seiner psychoanalytischen Sicht mit Ersatzbefriedigung zu tun: Es stehe für das Fabrizieren eines schamhaarähnlichen Vorhangs, der die Penislosigkeit der beschämten Frau verdecken solle – eine seiner gewagtesten Spekulationen.

Anna, die um ihren Vater buhlte, war eifersüchtig – auf dessen Arbeit, die sie für seine häufige Nichtverfügbarkeit verantwortlich machte. Auch deswegen beschloss sie, in den Kreis seiner Schüler einzutreten, sich als Einzige des Vaters Legat uneingeschränkt zu Eigen zu machen. Zwar wurden mit Erlass vom 3. September 1900 neuerdings auch Damen zum Medizinstudium zugelassen, aber Anna entschied sich, Lehrerinnenseminare zu belegen. Sie bestand 1914 ihr Examen und arbeitete, während des Krieges, 1914 bis 1920 als Volksschullehrkraft. Längst Zaungast der Psychoanalyse, kam die junge Lehrerin 1913 in engere Berührung damit, indem sie sich im Fadenkreuz komplizierter Beziehungen zwischen ihrem Vater und seinen Adepten wiederfand. Ihr wurde von Ernest Jones, der seinerzeit ein Verhältnis zu der attraktiven Loe Kann unterhielt, die wiederum bei Freud in Analyse war, der Hof gemacht. Freud erfuhr über die morphiumsüchtige Miss Kann, die jeder als „Frau Jones" bezeichnete, wie Peter Gay schrieb, von den amourösen Avancen. Freud machte seinem Schüler Vorhaltungen und untersagte seiner Tochter, sich mit dem „durchtriebenen alten Junggesellen" auf ein Abenteuer ungewissen Ausgangs einzulassen. Freud beendete die Analysearbeit mit Loe Kann und deutete Jones' Getändel mit Anna schließlich als Rache – Rache, weil Loe Kann sich nach ihrer gelungenen Analyse bei ihm, Freud, von ihrem Liebhaber, Jones, trennen wollte. Nach der delikaten Beinahe-Katastrophe hielt Freud künftige Bewerber von Anna fern. Jones aber soll Anna vierzig Jahre später gestanden haben, dass er ganz und gar nicht nur auf eine Affäre aus gewesen sei, sondern es ernst gemeint und sie immer geliebt habe, schreiben Roudinesco und Plon. Der Vorgeschmack auf die empfindlichen Verflechtungen der Psychoanalyse und ihrer Protagonisten hielt Anna nicht davon ab, Schülerin und Statthalterin ihres Vaters zu werden. Rasch wurde sie seine „Antigone", und damit hatte Freud, nach Martha, seiner „Cordelia", einmal mehr die Mythologie bemüht, um auszudrücken, was eine Frau, hier seine jüngste Tochter, ihm bedeutete: „Antigone", die dem Ohr des alternden Herrschers am nächsten war. An ihr, Anna, musste in Zukunft vorbei, wer zu Freud vordringen wollte. Beim Den Haager Kongress im September 1920 trat die Mittzwanzigerin bereits mit aller Selbstverständlichkeit an seine öffentliche Seite. Während zahlreiche Amerikaner nach Wien strömten, um sich auf die Couch des Meisters in der Berggasse zu legen, und dafür gut zahlten – Mitte der zwan-

ziger Jahre betrug sein Honorar 20 Dollar für die Stunde oder
mehr, besonders Amerikaner aus „Dollaria" mit ihren Devisen
waren in den postinflationären Jahren willkommene Retter –,
während er also in vielfacher Hinsicht auf dem Höhepunkt
seines Erfolges stand, zögerte Freud nicht, seine eigene Tochter
als Aspirantin gleich zweimal in Analyse zu nehmen: zwischen
1918 und 1920, dann von 1922 bis 1924. Jahre danach recht-
fertigte Freud sein Vorgehen – Martins Tochter, Professor
Sophie Freud, erklärte es später zum „emotionalen Inzest" zwischen ihrer Tante und ihrem Großvater – mit der Behauptung,
die Analyse der Tochter sei gut geraten. Bei einem Sohn aber
hätte er Skrupel gehabt, ergänzte Freud, als ob er die Ergeben-
heit der Tochter hingenommen, aber den „ödipalen", ihn also
potenziell „vernichtenden" Sohn gefürchtet hätte. Die Analysandin litt unter der Entrüstung, die das Vorgehen ihres Vaters
auslöste. In Lou Andreas-Salomé fand sie eine Vertraute, kam
aber teils vom Regen in die Traufe. Lou riet ihr, die vertrackte
Situation hinzunehmen und aus der Not ihrer Sonderrolle eine
Tugend zu machen: Was zählt das gesetzte Ziel, wenn man es
nicht erreicht?

Das Ziel war die Kinderanalyse. Anna wurde deren Wegbereite-
rin und eine der ersten Frauen an der Spitze einer professionel-
len internationalen Organisation. Ihres Vaters Pionierarbeit –
die Analyse des „kleinen Hans", die Thesen zur kindlichen
Sexualität, den Grundsatz, adulte Symptome auf infantile Einflüsse zurückzuführen – entwickelte Anna mit eigenem Gepräge
in ihrem wissenschaftlichen Œuvre weiter. Hermine Hug-
Hellmuth, geborene Hug von Hugenstein, hatte eine Menge
Vorarbeit in Sachen therapeutischer Spieltechnik geleistet, setzte
Malstifte, Wolle und Puppen ein – Grundlagen, die Anna sowie
die Kindertherapeutin Melanie Klein aufgriffen. Freuds Tochter
und Melanie Klein waren Rivalinnen, uneins vor allem in der
Frage, wie die Eltern in die Behandlung ihrer Kinder einzubezie-
hen seien. Melanie Klein, die Schülerin von Abraham in Berlin

gewesen war, bevor sie nach London ging, billigte dem Kind Eigenständigkeit in der psychischen Entwicklung und eigene Bedürfnisse zu und plädierte dementsprechend für eine Behandlung ohne Eltern. Anna Freud hingegen verstand eine kindliche Neurose als Produkt krank machender Einflüsse durch die Bezugspersonen, meist die Eltern, was eine enge Kooperation mit diesen geradezu erzwinge. Anna blieb durch und durch Freudianerin: Als ihre Antagonistin Melanie Klein zum Großangriff blies und etwa in der Frauenfrage den Paradigmenwechsel im Freud'schen Schriftgut einzuleiten versuchte, behielt Anna die phallozentrische Haltung bei, die auch ihr Vater vertrat. Wie einst ihr Vater die „Mittwoch-Gesellschaft", rief Anna 1925 das „Kinderseminar" ins Leben, das regelmäßig in der Berggasse tagte. Es sollte ein Therapeutenzirkel aufgebaut werden, der die psychoanalytischen Prinzipien in die Pädagogik integrieren würde. 1925 nahm Annas Leben eine weitere Wendung. Sie, die nicht – oder nicht mehr – auf eigene Kinder hoffte, die mit ihrer „Reformkleidung", den derben selbst genähten Kleidern, ihrer bubiköpfigen Frisur, ja, ihrer in Marthas Augen asketischen Blaustrümpfigkeit das Missfallen ihrer Mutter erregte, traf Dorothy Burlington. Die Amerikanerin und deren Kinder wurden Annas Familie und gaben den Anstoß für die Einrichtung einer Schule für Kinder in Analyse befindlicher Eltern. Das Modellprojekt wurde mit Erik Erikson, Peter Blos und Eva Rosenfeld noch in Wien verwirklicht. Nach der Emigration wirkte Anna Freud über vier Jahrzehnte in London, bevor sie dort 1982 starb.

SPLENDID ISOLATION

Das Unternehmen Berggasse · Firma Freud

Im September 1891 verlegte Freud seine Praxis. Das Paar zog mitsamt den ersten drei Kindern aus der „Sühnhaus"-Wohnung in die Berggasse 19, gelegen in einem zwar nicht vornehmen, aber sehr angenehmen Viertel mit Schulen und Geschäften. Wie ein Symbol für das Leben ihres später berühmtesten Bewohners, verband die abschüssige Straße zwei Pole. Auf der einen Seite grenzte sie an das Universitätsviertel unweit der Votivkirche, auf der anderen mündete sie in den wenig feinen Tandelmarkt, wo es allerlei Plunder zu kaufen gab. Martha hätte die Familie lieber in einer Villa im Grünen gesehen, fügte sich aber den Gegebenheiten und richtete die großzügige Wohnung nach bürgerlichem Geschmack ein. Freuds Praxis befand sich im selben Haus, ein zweckmäßiges Arrangement, das, abgesehen von Veränderungen in der Raumaufteilung über die Stockwerke, bis zur Emigration 1938 bestehen bleiben sollte: Hier schrieb er den Großteil seines Elaborats, hier analysierte er seine Patienten.

Das psychoanalytische Tagesgeschäft wurde jahrzehntelang in engster Nachbarschaft zur Familie abgewickelt und Martha erfüllte innerhalb dieses Reglements die Erwartungen, die Freud in sie und ihre Fähigkeiten gesetzt hatte. Unterstützt von Gehilfinnen und mit der Übersicht eines Kapitäns auf seinem Schiff perfektionierte sie den aufwendigen Haushalt. Alles hatte seinen Platz, seinen routinierten Ablauf, Aufgaben wurden prompt erledigt, nicht aufgeschoben. Jahrelang ein Kind auf der Hüfte und eines an der Hand, oblag Martha die Erziehung des in rascher Folge geborenen Nachwuchses; eine Gesamtleistung, die Freuds Produktivität zuträglich war. Das Pflichtbewusstsein und die Belastbarkeit seiner Frau waren der Staudamm, der ihn davor bewahrte, von der Flut profaner Alltagsmalaisen hinweggespült zu werden. Insofern von ihr abhängig, bildete das Ehepaar eine arbeitsteilige Funktionseinheit, die ihm ermöglichte, sich dem, was er als seine Berufung sah, hinzugeben. Von Ehrbegriff geleitet, zupackend, eigensinnig und zugleich bescheiden in Bezug auf sich selbst, stellte sie sich in den Dienst der gemeinsamen Sache: der Firma Freud.

Typisch für die geschäftliche Seite der Psychoanalyse und etwas, was sie von anderer ärztlicher Behandlung unterscheidet, ja: ein Teil ihres kurativen Ansatzes ist, ist das bis heute stark reglementierte – manche nannten es zwanghaft – Geld- und Zeitmanagement. „Und man fragt sich, was er treibt, und auch, warum man liegen bleibt. Denn man bezahlt nicht wenig Geld, dass er sich unterhält", heißt es im *Freudiana*-Libretto über den Psychoanalytiker. Viele Patienten stellten ähnliche Fragen. Das britische Analysanden- und Übersetzerpaar James und Alix Strachey, 1965 von Paul Roazen über die Erfahrungen mit Freud interviewt, sagte, im Umgang mit Geld sei Freud „unverkennbar jüdisch", ergo „an Geld interessiert" gewesen. Warum sollte es klinisch notwendig sein, dass Patienten finanzielle Opfer bringen, um in der Behandlung voranzukommen? Als Freud ab 1920 binnen kurzem das verlangte Honorar verfünffacht hatte, sei das gut situierte Paar Strachey übereingekommen, sich die Sitzungen bei Freud nicht mehr leisten zu können. Auch in puncto Zeitvorgabe war Freud genau: exakt auf die Minute. Der Alltag überhaupt, wie ihn Peter Gay nachzeichnete, war mit der Präzision eines Uhrwerks reglementiert und überließ nichts dem Zufall. Freud gönnte sich wenig Schlaf und stand zeitig auf, denn seine Zeit war kostbar. Beim Frühstück warf er einen Blick in die Zeitung. Über Jahre wurde täglich der Friseur ins Haus bestellt, um Bart und Haar des Professors zu richten. Vor der Sprechstunde ein Blick in den Spiegel – saß der Binder korrekt? Einst genügsam in seinen Ansprüchen und bescheiden in seinen Möglichkeiten, hatte Kleidung für Freud Priorität. Eitler geworden, ließ er sich, sobald seine Mittel es erlaubten, Mäntel und Anzüge mit Weste aus englischem Tuch maßschneidern, der schwarze Gehrock von früher war aus der Mode gekommen. Wert auf seine Kleidung zu legen, war für ihn eine Frage der Selbstachtung und Rücksichtnahme auf andere – und ihm so wichtig, dass er 1920, als es an vielem fehlte, seinen Neffen aus Manchester um einen Ballen Tweedstoff bat.

In der Regel wurde der erste Klient kurz vor acht Uhr vorstellig, das freundliche, anstellige Hausmädchen bat die Herrschaften ins Wartezimmer, wo sie längst mit dem Staubwedel in der Hand nach den Rechten gesehen hatte. Die gediegenen Räumlichkeiten, in denen Freud empfing, hätten das Reich eines humanistischen Gymnasiallehrers sein können. Er analysierte Patienten im Stundentakt und hielt Sprechstunde bis zum Mittagessen. Pünktlich beim Glockenschlag versammelte sich die Familie. Ordnung auch hier, die Kinder hatten sich bei Tisch still und gesittet zu verhalten. Freud vertrat sich in der kleinen Ruhepause die Beine, um Erledigungen zu tätigen und ein wenig Abstand und Ruhe für sich zu bekommen. Nach der „Jause" am Nachmittag widmete er sich bis zum Abend wieder den Patienten.

Nach dem Abendessen stand bis in die Nacht Schreibarbeit auf dem Programm, auch Briefschuld beglich er meist noch am gleichen Tage und handschriftlich – er ließ keine Zuschrift unbeantwortet. Vielleicht raffte er sich noch zu einem Abendspaziergang auf, der sommers in einem Café oder einer Eisdiele endete. Gelegentlich kamen Gäste, oft ging es auch in diesen Runden um die Arbeit. Samstags tagte die Kartenrunde, darunter sein Studienfreund Leopold Königstein und Hausarzt Oscar Rie. Freud, der bereits als junger Mann gern mit Ignaz Schönberg, den Brüdern von Gisela Fluß und anderen im Kaffeehaus als ihrem Männerreservat zu Schach und Tarockspiel zusammengekommen war, war der Kartenabend heilig. Er brachte Opfer dafür. Wenn er, so im Wintersemester 1915/16, von „7 bis 9 abends" im Hörsaal der Psychiatrischen Klinik seine „Einführung in die Psychoanalyse" zu geben hatte, traf man sich eben später. Da Melanie Rie, Oscars Frau, als liebevoll-gefürchtete Köchin galt, deren Spezialität, Blumenkohl – Karfiol – und Geflügel, Freud einen anstehenden Besuch durchaus vergällen konnte, war Freud zufrieden, wenn die Tarock-Abende in der Berggasse stattfanden.

Wien als Wiege der Psychoanalyse

Freuds Aufstieg und das Erstarken seiner Psychoanalyse um 1900 fielen in eine Epoche, die wie ein Laboratorium neue Ideen, kühne Visionen, ästhetische Spannungen und ungekannten Fortschrittsoptimismus zusammengebraut hatte; eine Epoche, die Freud zugleich ihr Abbild und ihren Profiteur werden ließ. Das ausgehende 19. Jahrhundert war die Zeit, in der – gerade in Wien – Ordnungen und Werte zerbrachen und sich gleichzeitig spektakuläre Entwürfe und Utopien, bahnbrechende Erfindungen und radikale Kunstrichtungen abzeichneten, die den Menschen ins neue Jahrhundert geleiteten. Komponisten wie Gustav Mahler motteten überkommene Harmonielehre ein, Künstler wie Gustav Klimt räumten Sehgewohnheiten beiseite, Literaten wie Arthur Schnitzler beschrieben die Welt, wie man sie bisher kaum vorgeführt bekommen hatte. Die Technik sprengte Grenzen, die als unüberwindlich gegolten hatten, Telefon, Fonograf und Fotografie, Röntgen- und Radiowellen eroberten bald den Alltag und Automobile die Städte. Wissenschaftler fühlten sich neuen Leitbildern verpflichtet und Albert Einstein vermaß das Universum neu – all das Vortasten und Einblicken in bislang verborgene Winkel von Raum und Zeit, von Geist, Materie und Kunst setzte enorme Energie frei.

Soziale Umbrüche und wirtschaftliche Krisen im ausgehenden Jahrhundert schürten demgegenüber Verunsicherung und ließen etwa europäischen, insbesondere österreichischen Adel um seine moralische und kulturelle Autorität bangen. Breite Bevölkerungsschichten fürchteten politischen Aufruhr der Massen, Kriminalität und Sittenverfall. Das gehobene Bürgertum des Fin de Siècle, Freuds Klientel, teilte diese Befürchtungen. Seine Methode expandierte, als etablierte Strukturen und Instanzen keine

Antworten auf sich verändernde existenzielle Fragen und Probleme des Einzelnen in einer zerfallenden Gesellschaft zu geben, ihren Wünschen nach Sicherheit und Sinnfindung nicht mehr zu entsprechen vermochten. Tabubrüche, Säkularisierung, Migration – all das leistete der Psychoanalyse Vorschub. In Wien, dem Zentrum des mitteleuropäischen Vielvölkerstaates, waren sie zusammengekommen, die neuen Einwohner. Zugewanderte, oft Juden, die ihre Wurzeln gekappt hatten, um in der Anonymität der Fremde ein neues, besseres Leben zu finden. Jedes Sein ist ein Sein im Exil, heißt es in der jüdischen Mystik, und dieser Sentenz fühlten viele der multikulturellen Exilanten sich mehr verbunden als mit einer Nation. Die verstädternden Menschen suchten nach Halt. Immigranten aus den südosteuropäischen Ecken des großen Reiches etwa blätterten ihre Karten auf, erboten sich dem Volk als Kundige im Handlesen oder anderen traditionellen Zigeunerkünsten: War die Gegenwart schon ungewiss, sollte wenigstens der Blick in die Zukunft gutes Geschick verheißen. Gewissermaßen stand Freuds Psychoanalyse am anderen Ende dieses verschlungenen Weges, auf dem sich die Menschen neu zu orientieren versuchten.

In Wien als der kaiserlich-kosmopolitischen Hauptstadt eines Großreiches tobte um 1900 ein Zweikampf und spaltete die Bewohner der Stadt in zwei Lager. Die Seismografen für das Heraufdämmern der Moderne wollten mit den künstlerischen zugleich gesellschaftliche Konventionen und Tabus ablegen – an denen die Wehmütigen bis zur Weltfremdheit festzuhalten gedachten. Der Futurismus verbot seinen Anhängern melancholisch zu sein, für die anderen wurde die Schwermut zum bevorzugten Temperament, mit der sie ihre Verzweiflung an sich und ihre Sehnsucht nach Zeitlosigkeit äußerten. Eine Folge dieser Zerrissenheit war die Verklemmtheit auf der einen und die Tendenz zur rohen Instrumentalisierung des Körpers auf der anderen Seite, wie die Angst, Tod und Sexualität zelebrierenden Gemälde von Egon Schiele und Gustav Klimt ausdrücken. Bis das Habsburgerreich in Unruhe geriet und zerfiel, pflegten Aristokratie, Citoyens und Flaneure mit Schmäh, Galanterie und „Habe die Ehre" die deutsch-österreichisch-ungarische Kultur, die Liebe zu Operetten und Walzern, zu Ballsälen, Kaffeehäusern und Salons. Elegante Damen und die dekorierte Brust verdienter Herren spiegelten die Lust an Titeln, Rang und Orden im höfischen Wien. Aber als bisherige Werte entmachtet wurden, suchten immer mehr resignierte Bürger Zuflucht in der eigenen, hypertrophierenden Innerlichkeit, um Vertrautes herüberzuretten sowie neue Empfindungen und durch Freiheit auferlegte neue Zwänge gegeneinander auszuspielen. Wie kann man sich in einer Welt ohne die alten Schranken behaupten?

Freud spürte früh, wie das soziale Gefüge in Bewegung geriet. Er gehörte zu den Ersten, die am verrosteten Sittengerüst rüttelten – das die Frauen niederzureißen sich anschickten. Symbolfigur dieses Sinneswandels war keine Geringere als die 1898 ermordete Kaiserin Elisabeth, die sich als junge „Sisi" der Etikette verwehrt hatte, die Rolle der Landesmutter mit höfisch-karitativem Pflichtbewusstsein ablehnte und es vorzog, zu reisen, sich zu bilden und Sport zu treiben. Über Wien hinaus popularisierte sie ein neues Frauenbild. Insbesondere die gebildeten und wohlhabenden Städterinnen suchten individuelle Freiheiten und nach einem Lotsen durch das Labyrinth der Psyche. Sie rangen um und mit einem anderen körperlich manifestierten Selbstverständnis, als kämpften sie zugleich um und gegen jene Erotik, die von Contenance zwar verborgen wird, sich aber unterschwellig und gerade deshalb umso heftiger enthüllt. Zum Bürgertum, das sich die Masken fallen zu lassen erlaubte, gesellte sich das Wiener Judentum, ebenfalls auf der Suche nach einer neuen Identität. Darunter waren Zuwanderer, mobile und rasch assimilierte Händler wie Jakob Freud, und deren Nachkommenschaft. Diese Kosmopoliten, urban, gebildet und wirtschaftlich einfallsreich, waren entschlossen, ihre Entfremdung und Neuorientierung als Chance zu begreifen. Und als hätte ein Chor der Künstler und

Wissenschaftler, des Adels und Bürgertums, der Juden, der Kosmopoliten und der Frauen zugleich die Stimme erhoben, gruppierten sich diese gesellschaftlichen Fraktionen zu jener Schnittmenge, aus der die Psychoanalyse erwuchs.

Über Nancy zur Psychoanalyse · Eine neue Methode

Es waren in erster Linie nervenleidende Damen des – jüdischen – Wiener Großbürgertums, die die Treppe zu Freuds Praxis hinaufstiegen, um sich von ihm neurologisch behandeln zu lassen. Freud hatte zu Beginn seiner Tätigkeit, wie die anderen Doktoren auch, Bäder und Massagen verordnet, sich in puncto Elektrotherapie auf Wilhelm Heinrich Erbs einschlägiges Handbuch verlassen und sogar Magneten ausprobiert. Häufig aber musste er feststellen, dass seine Ansätze sich unterm Strich als begrenzt tauglich erwiesen, wenn nicht wertlos waren: Genesungen der Damen waren seltener, als ihm lieb sein konnte. Er schob den elektrischen Apparat beiseite und fragte sich, ob er den Begleitaspekten seiner Fälle genügend Aufmerksamkeit geschenkt habe. Just um die Zeit, als Nervenzellen als eigenständige zelluläre Einheiten identifiziert wurden, dämmerte Freud, dass viele der Krankheitsbilder, mit denen er konfrontiert wurde, nicht nur organisch-morphologisch zu erklären waren, und just in diesem Moment verließ er die Schulmedizin seiner Zeit.

Freud, den seit dem Erkenntnissprung bei Charcot die Hypnose nicht mehr losgelassen hatte, war von deren Wert unbedingt überzeugt. Er hypnotisierte selbst und etwaige Misserfolge führte er auf eigenes Versagen und Anwendungsfehler zurück. So nützte er im Sommer 1889 die Gelegenheit, seine vermeintlich lückenhaften Fertigkeiten durch einen Lehrgang zu vervollkommnen, und zwar in Nancy. Um diese Zeit am Ende des 19. Jahrhunderts rivalisierten in Frankreich zwei „Schulen", die einander die Expertise in Sachen Hypnose streitig machten. Freud interessierte sich für beide. Die eine fußte auf der ihm bekannten Lehrmeinung von Jean Martin Charcot, die andere war die um 1884 begründete Schule von Nancy, vertreten von Ambroise Auguste Liébault und Hippolyte Bernheim. Der Richtungsstreit kreiste um die Frage, ob Hypnose beziehungsweise die Hypnotisierbarkeit eines Menschen als ein pathologischer Zustand verstanden werden müsse, der differenzialdiagnostische Rückschlüsse zulasse, wie Charcot meinte. Bernheim vertrat die Ansicht, dass Hypnose einzig und allein eine Sache der Suggestion sei; daher müsse beinahe jeder für sie empfänglich sein, nicht nur, wie Charcot lehrte, die Hysteriker – und Freud, jahrelang schwankend zwischen den Anschauungen Charcots und Bernheims, stellte sich bald darauf die Frage, ob die Hypnose an sich überhaupt das eigentliche Heilmittel sei.

Als Arzt Hypnose überhaupt ernst zu nehmen, war immer noch eine kleine Sensation, galt sie doch noch zu Freuds Studentenzeit eher als Unterhaltungseinlage im Zirkus und auf Jahrmärkten, wo gewitzte Magier ihre mephistophelischen Künste in populären Shows demonstrierten. Als Kenner der griechischen Mythologie wusste Freud, dass der Begriff „Hypnose" auf Hypnos, den Gott des Schlafes, Vater des Traumgottes Morpheus, zurückgeht, der als Sohn der Nacht mit seinem Zwillingsbruder Thanatos, dem Tod, in der Unterwelt haust. Um die Mitte des 19. Jahrhunderts war eine Woge des Spiritismus über Europa geschwappt und der Glaube an Übersinnliches griff um sich. Wahrsagerinnen mit und ohne Kristallkugel befriedigten eine steigende Nachfrage. Seancen, Tischerücken und Geisterbeschwörung avancierten zum esoterischen Gesellschaftsspiel; Medien sprachen in Trance, hatten Visionen und gaben vor, zwischen Lebenden und Toten zu vermitteln. Die spirituelle Bewegung annektierte auch den Hypnotismus und verlieh ihm den Hautgout von Magie. Hypnose stand im Ruf, ein obskures Machtinstrument über willenlose Menschen zu sein, Zauberei und Hokuspokus eventuell, nicht aber eine ärztliche Heilprozedur. Sie war zwischen 1860 bis 1880 so übel beleumundet, dass ein renommierter Mediziner, der sich solcher Behexungsmethoden bediente, so verdächtig gewesen wäre wie heute vielleicht ein Onkologe, der seine Patienten durch Klangschalen zu heilen vorgäbe.

Zu einem der wenigen, die es wagten, Hypnose einzusetzen, gehörte Ambroise Auguste Liébault (1823–1904), nachdem er während seines Medizinstudiums einen ihn überzeugenden Artikel über Magnetismus gelesen hatte. Liébault war ein gesprächiger Arzt, der das Landvolk behandelte. Um beharrliche und skeptische Patienten gewogen zu machen, bediente er sich einer List. Seine Dienste als Magnetiseur waren kostenlos, für schulmedizinische Behandlung verlangte er ein Honorar. Die meisten wählten die Behandlung zum Nulltarif. Liébault hatte bald eine große, allerdings unrentable Praxis. Der bodenständige Mann wies den Patienten an, ihm in die Augen zu schauen und suggerierte ihm, er werde schläfrig. Sobald sein Proband ein wenig entrückt war, versicherte der Doktor dem Leidenden, er sei von seinen Symptomen geheilt. An welcher Krankheit seine meist einfachen Patienten auch litten, ob Geschwüre, Gemütsstörungen oder Gelenksteife – Liébault versuchte es. Folglich wurde er von den meisten Kollegen rund zwanzig Jahre lang nur belächelt: als Quacksalber wegen seiner verpönten Methode und als Dummkopf wegen seiner Gratisdienste. Aber Liébault verzeichnete Erfolge. Gerüchte über sein wundersames Wirken drangen bis zu Hippolyte Bernheim (1840–1919). Bernheim überging den Ruf des angeblichen Kurpfuschers und suchte den knorrigen Landarzt 1882 auf. Er kam, sah und staunte – und integrierte Liébaults Ideen in die offizielle Lehre seiner Universitätsklinik.

Freud war das zu Ohren gekommen und in den Wochen, die er 1889 in Nancy verbrachte, wurde er Zeuge von Liébaults Arbeit und fast an Wunder grenzender Experimente. Freud, der seinen hypnotisierten Patienten oft suggeriert hatte, sie seien geheilt, um dann frustriert festzustellen, dass dieser Auftrag im Wachzustand offenbar vergessen war, erkannte in Nancy, dass die „posthypnotische Amnesie" beileibe nicht so vollständig war wie bis-

lang angenommen. Man konnte die Patienten durch geschickte
Befragung durchaus dazu bringen, sich zu erinnern und das unter
Hypnose Erlebte Revue passieren zu lassen: Lief das nicht darauf
hinaus, dass das Bewusstsein unter Hypnose keinesfalls völlig
unterdrückt oder gespalten ist? Ebendiese Schlussfolgerung ließ
ihn die Hypnose letztlich aufgeben, erläuterte er in seiner *Selbstdarstellung* von 1925. Er behielt, weil das der Trance zuträglich
war, nur die Lagerung des Patienten auf einem Ruhebett bei, hinter dem er saß, so dass er den Patienten beobachten konnte, aber
nicht selbst gesehen wurde – das bis heute bewährte, individuell
nuancierte Setting und der gemeinsame Raum zwischen Analytiker und Analysand, wie Claudia Guderian beschreibt. Freud
stellte sich mit diesem „Setting" in große Tradition. Schon in der
Antike wurden Menschen gelagert, bevor der Meister in das Aba-
ton trat, um eine besondere Katharsis zu praktizieren. Manchmal wurden dazu halluzinogene oder einschläfernd wirkende
Kräuter verabreicht. Tempelschlaf, Traumdeutungen und Deutungen des Lebenswegs wurden besonders in Delphi und Epidaurus praktiziert und dem Gott Asklepios gewidmete Votivin-
schriften in Epidaurus beschreiben Behandlungsmethoden und
Heilerfolge. Im Theaterstück *Die Wolken* von 1640, fast fünf-
hundert Jahre vor der Erfindung der Freud'schen Psychoanalyse,
lässt Aristophanes den Weisen „Sokrates" als eine Art Analytiker
auftreten, der seinem auf einer Liegestatt gebetteten Adepten zu
größerer Einsicht über sich selbst verhelfen will. Hatte Freud das
im Hinterkopf, als er seine Einstellung zur Hypnose so entscheidend revidierte? Zwar war die Erleuchtung von Nancy weniger
epochal als die Initiation bei Charcot, doch seinen Stein der Weisen fand Freud dort – weder er noch seine Patienten brauchten
die Hypnose, geschweige denn Magneten. Bernheim hatte den
Beweis angetreten, dass Heilprozesse auf ausschließlich psycho-
logischer Basis möglich sind. Nach Nancy hatte Freud sich von
der Hypnose fast völlig emanzipiert. Sie, die einst über das Hilfs-
mittel Magnetismus nach Mesmer in die Medizin gehievt wor-

den war, war der verbalen Suggestion, der „Psychotherapeutik",
gewichen. „Psychotherapie" war, anders als die noch nicht exis-
tierende „Psychoanalyse", ein bereits eingeführter Begriff, der
auf den französischen Psychiater Philippe Pinel (1745–1826)
zurückgeht. Pinel war im Zuge der Aufklärung dafür eingetreten, dass die die Asyle füllenden armen Geschöpfe, an deren
„Reste von Vernunft" er appellierte, nicht böse oder besessen,
sondern krank seien und „moralischer" Behandlung bedürften.
Zugleich steht der Terminus „Psychotherapie" in der Tradition
der Vorstellungen von Franz Anton Mesmer (1734–1815), der
die entscheidende Abkehr vom Exorzismus vollzogen hatte und
von der Existenz eines magnetischen „Fluidums" überzeugt war.
Nun besetzte Freud ihn: Worte und zwischenmenschliches
Geschehen ersetzten den „magischen" Blick, Mesmers akkumu-
lierte ärztliche Kraft und seine „animalischen Ströme" zwischen
Arzt und Patient – eine völlig neue Dimension.

Breuer und die *Studien über Hysterie*

Nach Nancy verschob sich Freuds Interesse von der Hypnose in
Richtung Katharsis. In dieser Situation kam Kollege Josef Breuer ins Spiel, mit dem Freud bereits eine langjährige Freundschaft
verband. Schon vor seiner Paris-Reise hatte Breuer ihm von seiner schillernden Hysterie-Patientin „Anna O." berichtet und
Freud war beeindruckt gewesen, aber nachdem er sich Charcots
Einfluss geöffnet hatte und von neuen Eindrücken geblendet
war, war Breuers Fall aus den frühen achtziger Jahren in Verges-
senheit geraten. Nun aber, da er seine Behandlungstechnik opti-
mieren und seinem Erkenntnisstand anpassen wollte, erinnerte
Freud sich wieder daran, was Breuer in puncto „Katharsis" her-
ausgefunden hatte. Wenn es den hypnotisierten Kranken im
Trancezustand gelänge, die verborgenen Ursachen ihres Leidens
ans Licht zu holen, müsste es auch gelingen, sie zu heilen – durch
einen Prozess allmählicher Bewusstmachung. Diesen Prozess
nannte Breuer „Katharsis". Das Prinzip der Katharsis spielte seit

Aristoteles über Jahrhunderte eine wichtige Rolle, wenngleich sich verschiedene Ansichten darüber entwickelten, wie die Katharsis zu erreichen sei: Man unterzog die Patienten mancher Prozedur, um sie von allerlei inneren Giften zu befreien. Hippokratiker führten Krankheiten auf Störungen der Säfte – Schleim, Schwarze Galle, Gelbe Galle, Blut – zurück. Verdorbene bzw. überschüssige Säfte seien durch Aderlass, Schwitzen, Abführen oder Eiterabfluss zu eliminieren. Breuer nun setzte statt auf Austreibung und Entgiftungsprozeduren auf neue Wege der Reinigung: die Abfuhr pathogener Affekte durch Wiedererleben des zugrunde liegenden traumatischen Ereignisses. Der Fortschritt lag also im revolutionären Übergang von einem physiologischen – die „Säfte" – zu einem psychologischen Behandlungsansatz. Freud war angetan von Breuers Therapiekonzept. Es funktionierte: Therapeutische Effekte traten auch ohne vorherige Hypnose auf, einfach indem die Patienten erzählten, was ihnen durch den Kopf ging.

Freud ließ sie erzählen – „frei assoziieren". Er erinnerte sich an eine eher beiläufige Bemerkung Charcots: Bei der Hysterie sei „wohl immer Sexualität im Spiel". Dieser Gedanke hatte wie ein Zündfunke auf Freud gewirkt, wenngleich er erst jetzt wirklich entfacht war. Nun entfaltete er große hermeneutische Kompetenz; seine beeindruckende Gabe, mehr in den Dingen zu vermuten als momentan erkennbar. Nun fahndete Freud bei seinen Hysterikerinnen beharrlich nach sexuellen Motiven, die er für die Krankheitsursache hielt. So diagnostizierte er bei einer Patientin, die während der tiefenpsychologischen Exploration nervös das Ledertäschchen auf ihrem Schoß knetete, Anzeichen für den Hang zu exzessiver Masturbation, als sei ihr Verhalten eine zu entziffernde Sprache.

In wissenschaftlicher Detektivarbeit sammelte Freud Erkenntnisse darüber, was er unabhängig von klassischer Hypnose bei Hysterikerinnen erreichen konnte, und diese Studien wurden der rote Faden seiner Arbeit in den frühen neunziger Jahren. Einige

Patienten wurden zu Prototypen des ihre Beschwerden verursachenden Störungsbildes und die *Studien über Hysterie* zum Urbuch der Psychoanalyse. Das Werk enthält einige der großen Freud'schen Krankengeschichten, darunter „Frau Emmy von N.", „Fräulein Lucy R.", „Katharina" und „Fräulein Elisabeth von R." sowie „Fräulein Mathilde H.", „Fräulein Rosalie H." und „Frau Cäcilie". Den Geschichten ist gemeinsam, so fassen es Roudinesco und Plon zusammen, dass sie Einblick geben in sich im Nebel von Missbrauch, Unterwerfung, Opfertum und Rebellion abspielende Familienbeziehungen und deren krank machende Potenz.

„Emmy von N.", der Fall Fanny Moser, ist der Prototyp einer psychoanalytisch behandelten Sprachstörung. „Elisabeth von R.", der Fall Ilona Weiß, eine Frau mit Beinschmerzen und Gehbeschwerden, brachte Freud in puncto „freie Assoziation" voran und zu der Erkenntnis, dass es offenbar Kräfte gibt, die einer Enthüllung und Deutung des Unbewussten und Verdrängten entgegenarbeiten, etwas, was der Kranke den Aufdeckungsbemühungen des Arztes entgegensetzt: Widerstand.

„Katharina", der Fall Aurelia Öhm, wird als erste „wilde" Psychoanalyse beziehungsweise als erste Kurztherapie bezeichnet, weil es Freud in nur einem – noch dazu spontan entstandenen – Gespräch gelang, der jungen Frau die zugrunde liegende Psychodynamik ihrer Atemnotbeschwerden und Schwindelgefühle deutlich zu machen. „Cäcilie M.", der Fall Anna von Lieben, eine Baroness mit Gesichtsneuralgien, Spasmen und halluzinatorischen Episoden, gehörte zu den Hysterie-Fällen, die nur unzureichend auf Freuds vermeintlich unzureichende Hypnosekünste ansprachen.

Durch sie verstand er, Symptome als Symbolisierung zu verstehen, Worte und Gedanken als in körperliche Erscheinung umgestaltet. Begonnen aber hat alles mit „Fräulein Anna O.", der Urpatientin nicht nur der *Studien über Hysterie,* sondern der Psychoanalyse überhaupt.

„Anna O." – Bertha Pappenheim

Die Geschichte der „Anna O." ist ein Mythos der Psychoanalyse, worauf ihr Pseudonym verweist: das A und O der Psychoanalyse. Die 1860 geborene Frau, von Juli 1880 bis Juni 1882 bei Breuer in Behandlung, ging als erste Patientin und „Erfinderin" hypnoider Zustände in die Geschichte der Psychoanalyse ein – indem sie die Wirksamkeit der „Redekur" bewies. Ihre Entwicklung bestärkte Breuer und Freud in der Annahme, Hysterie sei eine Krankheit, die durch unverarbeitete traumatische Erinnerungen verursacht werde.

Während der Pflege ihres schwer kranken Vaters hatte die intelligente und ebenso energische wie eigenwillige Bertha Pappenheim, eine junge Wienerin aus dem Bürgertum, die ganz in ihrer belastenden häuslichen Welt gefangen war, eine komplizierte Hysterie mit Lähmungen, Kontrakturen, Hustenanfällen, Halluzinationen, Sprach- und Sehstörungen entwickelt. Als sich die Situation zuspitzte, warf sie zudem mehrere Sprachen durcheinander, bis sie sich gar nicht mehr in ihrer Muttersprache ausdrücken konnte, sondern nur noch auf Englisch. Sie schien keine einheitliche Person mehr zu sein, sondern eine gespaltene. Breuer war so bemüht wie ratlos. Er ging davon aus, dass Reden unter Hypnose als eine „kathartische Methode" zur Abfuhr der krank machenden Affekte führen könne. Es klappte, und Breuer machte eine erstaunliche Entdeckung: Wenn die hypnotisierte Patientin die das hysterische Symptom ursprünglich auslösende Situation detailliert erinnern konnte und das seinerzeit unterdrückte Gefühl ausdrückte, verschwand anschließend das Symptom. Durch das schrittweise Wiedererinnern traumatischer Erlebnisse ebbten Berthas Beschwerden schrittweise ab. Sie fand zu ihrer Identität zurück, konnte sich wieder ihrer Sprache, Deutsch, entsinnen. Breuer verstand: Er hatte seine Patientin befähigt, ihren Erinnerungspool anzuzapfen, pathogene Einflüsse und damit verknüpfte Affekte wachzurufen, erneut zu erleben und abzureagieren. Das erste Mal war es gelungen, alle Symptome eines

Eine junge Wienerin aus dem Bürgertum ging als erste Patientin und
„Erfinderin" hypnoider Zustände in die Geschichte der Psychoanalyse ein:
Bertha Pappenheim, berühmt unter dem Pseudonym „Anna O.".

hysterischen Krankheitsbildes zurückzuverfolgen und einen Weg zu finden, diese zum Verschwinden zu bringen. Die ihre Behandlung selbst erfindende Patientin schuf – in ihrer englischen Phase – das anschauliche Idiom *chimney sweeping*, Kaminfegen, für ihre *talking cure*.

Das „Urbuch" der Psychoanalyse

Die epochale Behandlung hatte allerdings einen betrüblichen Ausklang: Breuer gab an, Anna O. sei nach Abschluss der Therapie und einer anschließenden Reise allmählich vollständig gesundet, tatsächlich aber hatte er die Behandlung abgebrochen und sie in das Sanatorium Kreuzlingen überwiesen. Er verschwieg dabei den Verlauf der letzten Behandlungsphase, in der Anna O. sich in heikle Fantasien über eine Beziehung zu ihm hineingesteigert hatte und er selbst sich festgefahren, angezogen und überschwemmt gefühlt haben mochte. Als sie, im Sinne einer Pseudocyesis, glaubte, von ihm schwanger zu sein und sich unmittelbar vor Niederkunft wähnte, suchte Breuer, entsetzt über das *untoward event*, wie Freud sich später in *Zur Geschichte der psychoanalytischen Bewegung* ausdrücken sollte, das Weite.

Ein halbes Jahrhundert später wurde das Geheimnis um die Identität von Anna O. gelüftet – und um ihr „zweites" Leben. Nach der Erfahrung mit der Psychoanalyse – sie hatte einen völligen Schlussstrich darunter gezogen – engagierte sie sich für humanitäre Projekte und wurde zu einer Galionsfigur der Frauenbewegung. Sie wurde Leiterin eines jüdischen Waisenhauses, zog gegen Mädchenhandel und Prostitution zu Felde, gründete eine Schule, untersuchte die Stellung jüdischer Frauen und jüdischer Straffälliger und wandte sich bis zu ihrem Tod 1936 mehr und mehr dem streng religiösen Weltbild ihrer Familie zu.

Die Tatsache, dass sich auch die anderen Hysterikerinnen aus den *Studien über Hysterie* nicht als langzeitig stabil respektive dauerhaft geheilt erwiesen, tat dem Siegeszug des neuen Therapieansatzes keinen Abbruch. Genauso wenig die Vorhaltung, dass einige der Hysterikerinnen aus den „Studien" womöglich gar nicht an Hysterie gelitten hätten. Ging die Symptomatik von Anna O. womöglich auf Drogengebrauch, etwa von Chloralhydrat und Morphium zurück? Auch der Einwand, Freud habe diagnostische Alternativen, etwa das Tourette-Syndrom – eine Tic-Erkrankung, die durch blitzartige Zuckungen vorwiegend im Gesichtsbereich gekennzeichnet ist und mit Auffälligkeiten wie zwanghaften Wortwiederholungen, Schimpfen und obszönem Reden einhergehen kann –, nicht in Erwägung gezogen, sondern mit dem Tunnelblick des Forschungsfanatikers alle Patientinnen gerastert, erpicht, das neue Behandlungskonzept bestätigt zu finden, um den Preis, seine Erkenntnisse in ein allzu kurzes Gewand zu kleiden, auch dieser Einwand war nicht wirklich von Schaden – zumal erst die Retrospektive manche Differenzierung ermöglichte. Es gehört jedoch zur histiografisch kontrovers diskutierten Geschichte der *Studien über Hysterie* wie zur Tragik der Beziehung zwischen Freud und seinem Förderer Breuer, dass die Patientin Anna O. zwar die psychoanalytische Ära einläutete, aber auch dazu beitrug, dass die beiden Pioniere bald getrennte Wege einschlugen.

Denn nach der gemeinsamen Publikation *Studien über Hysterie* kühlte das Verhältnis zwischen den Freunden ab. Anders als sein Protegé sah Freud in der kathartischen Methode nur eine Durchgangsphase, und Freuds Behauptung, dass die psychoneurotischen Symptome regelmäßig mit Sexualität, mit *secrets d' alcove,* zu tun hätten, nahm Breuer mit Skepsis auf – der Bruch war die fast zwangsläufige Konsequenz. Die Freundschaft zwischen Breuer und Freud endete im Frühling des Jahres 1896, wenn auch weniger abrupt als die zwischen Freud und Fließ nur wenige Jahre später. Er brauchte Breuer nicht mehr: Noch im selben Jahr definierte Freud seinen Begriff „Psychoanalyse" und hatte seine Berufung gefunden.

Fallgeschichten der Psychoanalyse

Neben den Wegbereiterinnen aus den *Studien über Hysterie* gingen eine Reihe anderer Kasuistiken in die Annalen der Psychoanalyse ein. Die meisten, weil das behandelte Leiden und seine Therapie zu Meilensteinen in der Entwicklung der Theorie wurden; andere, weil der betroffene Patient ein besonders bekannter war. Die Fallgeschichte „Dora" ist für das Bühnenstück *Freudiana* sogar vertont worden – desgleichen die des „kleinen Hans". Die Fallgeschichte der achtzehnjährigen Ida Bauer, die die Welt heute als „Dora" kennt, dieses *Bruchstück einer Hysterie-Analyse,* war für Freud ein psychoanalytischer Glückswurf, zu dem er sich selbst gratulierte. „Immerhin das Subtilste, was ich bis jetzt geschrieben", urteilte er. Zugleich aber ist das Kabinettstückchen ein boulevardeskes, bürgerliches Drama ohne Happy End. Freud verfasste die „Dora"-Vignette größtenteils im Januar 1901, nachdem die Behandlung abrupt zu einem Ende gekommen war. Obwohl er die Fallstudie als sich um zwei Träume drehend verstand und anlegte, somit als eine nahtlose und bestätigende Fortschreibung seiner vorherigen Arbeit *Die Traumdeutung,* publizierte er den Fall erst 1905. Dass er sich nicht recht wohl in seiner Haut fühlte, geht aus seinem offensiv anmutenden Vorwort hervor, in dem sich seine Vorahnung, mit „Dora" auf Missbilligung zu stoßen, ausdrückt. Allerdings trug ihm die Verschiebung die Dividende ein, den Behandlungsverlauf um den Bericht über einen letzten Besuch seiner ehemaligen Patientin ergänzen zu können, die dem Ganzen die Krone aufsetzte oder, wie Peter Gay schreibt, „Freuds Versagen elegant abrundete". Was war geschehen?

„Dora", eine Hysterikerin in der von „Anna O." fast zwei Jahrzehnte zuvor begründeten Tradition, fand sich in einem komplizierten Geflecht von sexuellen Beziehungen, häuslichen Spannungen und Loyalitätskonflikten verstrickt. Da war der Vater, ein wohlhabender und intelligenter Fabrikant, der an den Folgen einer Syphilis litt. Da waren die Mutter, eine offenbar unbedarfte Frau mit Putzfimmel, sowie der ältere Bruder, der sich bei familiären Streitigkeiten mit derselben Vorhersehbarkeit auf die Seite der Mutter schlug wie „Dora" auf die des Vaters. Die Pikanterie lag in den verflochtenen Beziehungen zu der langjährig und eng mit den Bauers befreundeten Familie K. Als „Dora" etwa sechzehn Jahre alt war, vielleicht schon früher, machte ihr Herr K. Avancen, auf die sie mit ausgeprägter hysterischer Symptomatik, Migräne und Husten sowie Depressionen, die sich zu Selbstmordgedanken steigerten, reagierte – und mit Abscheu gegen den aufdringlichen Mann, in dem sie einen väterlichen Freund gesehen hatte. Damit konfrontiert, leugnete Herr K. die Vorwürfe und konterte, „Dora" selbst sei es, die nur an Sex denke und sich an Schlüpfrigkeiten echauffiere. Ihr Vater, dem „Dora" immer Loyalität bezeugt hatte, war geneigt, seinem alten Freund zu glauben, auch weil ihm daran lag, seine eigenen Eskapaden geheim zu halten: Er hatte ein Verhältnis mit Frau K. All das drang während der höchst komplexen Analyse bei Freud näher in „Doras" Bewusstsein. Dann kam das Fiasko: Freud wollte bei „Dora" erotische Gefühle ausgemacht haben, die sowohl auf das Ehepaar K. als auch auf ihren Vater gerichtet seien bzw. zwischen den Protagonisten oszillierten. Der Ekel gegen Herrn K. sei nur eine Affektverkehrung der tatsächlichen sexuellen Erregung des Mädchens. Ihr Leiden sei somit nicht vorrangig als Antwort auf Übergriffe von K., die Freud als letztlich inadäquat für die vermeintlich durch sie initiierte heftige Symptomatik ansah, zu verstehen, sondern umgekehrt: Ihre durch ein früheres, ödipales Trauma, vorbestehende hysterische Persönlichkeit habe sie so reagieren lassen, wie sie reagierte – Einwände gegen diese These verstand Freud als Widerstand. Bestürzt brach „Dora" die Behandlung ab. Bei dem erwähnten nachträglichen Besuch 1902 beschied Freud „Dora", er vergebe ihr, dass sie ihn um die Gelegenheit gebracht habe, sie ganz zu heilen.

Warum hatte Freud Grund, sich zu dieser Fallgeschichte zu gratulieren? Zum einen bewies er damit die Gültigkeit seiner Theo-

Förderer Freuds und Pionier der Psychoanalyse: Josef Breuer. Zeichnung von Emil Fuchs, 1897. Ein Jahr zuvor war die Freundschaft der beiden Männer in Brüche gegangen.

rie über die hysterische Neurose und deren sexueller Bedingtheit: „Dora" illustrierte in seinen Augen eindrucksvoll, wie sich ein unaufgelöster Ödipuskomplex sowohl in der Charakterbildung als auch in der Symptomatik niedergeschlagen hatte. Zum anderen lag ihm daran, das Wesen seiner psychoanalytischen Behandlung darzulegen, die sich mittlerweile von der Urmethode der Katharsis und der Hypnose deutlich unterschied und auf Arbeit mit Träumen und der „freien Assoziation" beruhte, und „Dora", erstes Paradebeispiel angewandter Traumdeutung auf der Couch, erfüllte dieses Kriterium.

„Der kleine Hans", die 1909 veröffentlichte Geschichte des Herbert Graf, nimmt in doppelter Hinsicht eine Sonderstellung ein. Erstens war der zwischen 1906 und 1908 behandelte „ödipale" Patient ein Kind. Zweitens fungierte Freud lediglich als Kontrollanalytiker, der sich über die Entwicklung des Jungen berichten ließ, dementsprechend bedeckt hielt er sich bezüglich seiner Technik in diesem Fall. Therapiert wurde der Fünfjährige von seinem Vater Max Graf, der zu den Teilnehmern der Mittwoch-Gesellschaft gehörte und es verstand, sich in Freuds Gedankengang einzufädeln. Freud war für solcherlei Mitwirkung so offen wie dankbar, hatte er doch seine Schüler eigens gebeten, ihn mit empirischem Material zu versorgen, das seine Thesen über infantile Sexualität, die er 1905 in den *Drei Abhandlungen zur Sexualtheorie* aufgestellt hatte, untermauern würde. Die allgemeine Idee, die Freud hervorheben wollte, war, dass die „Kindheitsneurose" des „kleinen Hans" jene Mutmaßungen bestärkte, denen nachzugehen Freuds erwachsene Analysanden ihn angeregt hatten, nämlich die Themen Ödipuskomplex und Kastrationsangst sowie das allgegenwärtige Wirken der Ambivalenz im psychischen – kindlichen – Leben, das Nebeneinander von Hass und Liebe. Hans beschäftigte sich eingehend mit jenem Körperteil, den er seinen „Wiwimacher" nannte. Als er dreieinhalb Jahre alt gewesen war, hatte seine Mutter gesehen, wie er seinen Penis berührte, und sie warnte ihn, sie werde den Doktor holen, damit

er den „Wiwimacher" abschneide. Als um dieselbe Zeit seine
Schwester geboren wurde und seine Eltern ihn teilweise aufklär-
ten, indem sie ihm sagten, ein Baby wachse in der Mutter und
werde, ähnlich wie Kot, unter Schmerzen herausgedrückt,
erhöhte sich sein Interesse an diesen Vorgängen. Scheinbar aus
heiterem Himmel entwickelte er im Januar 1908 eine Pferdepho-
bie, er hatte Angst, von einem Pferd gebissen zu werden, und
begann die Orte zu meiden, an denen er Pferden begegnen konnte. Der Vater begann seinen Sohn zu befragen und beriet sich mit
Freud, der vermutete, dass Hans die verdrängte erotische Sehnsucht nach seiner Mutter sowie aggressive Wünsche in Angst ver-
wandelt hatte, die sich ein bestimmtes Objekt suchte, das zu
fürchten und zu meiden war: die Pferde. Die Phobie wurde
schlimmer, Hans verließ das Haus nur noch ungern, er mied jetzt
auch große Tiere im Zoo, deren Penisse ihm zu schaffen machten. Freud kam letztlich, auch durch die gegenüber seinem Vater
gemachte Äußerung des Jungen, sein „Wiwimacher" werde mit
ihm größer, er sei ja angewachsen, zu dem Schluss, dass der „kleine Hans" seinen eigenen „Wiwimacher" zu verlieren fürchtete:
Kastrationsangst. Darüber hinaus zeigte sich, dass das beißende
Pferd für den Vater des „kleinen Hans" stand, der tödliche Angst
hatte, sein Vater könne wegen der überwältigenden Liebe zur
Mutter böse auf ihn sein: das ödipale Dreieck.
Jahre später trafen der „kleine Hans" und Freud noch einmal
zusammen: Der junge Mann hatte seine Behandlung völlig vergessen. Sein späteres Leben soll von privaten Fehlschlägen und
Konflikten gekennzeichnet gewesen sein. Dem stand eine glän-
zende Berufslaufbahn gegenüber: Herbert Graf, Patenkind von
Gustav Mahler, wurde ein international renommierter Musik-
theaterregisseur und dirigierte unter anderem an der Metropolitan Opera in New York.
Gustav Mahler war in der Geschichte der Psychoanalyse in
mehrfacher Hinsicht bedeutsam. Zum einen steht er als 1860
in Böhmen geborener österreichischer Komponist für den Wie-

ner Aufbruch in die Moderne. Zum Zweiten war der Hofka-
pellmeister der Pate des „kleinen Hans". Zum Dritten suchte
Mahler selbst psychoanalytischen Rat bei Freud. Mahler, verheiratet mit der kapriziösen Künstler-Muse Alma Schindler,
quälte sich nach dem Tod seiner kleinen Tochter 1907 zunehmend mit Depressionen.

Auf Rat des Dirigenten Bruno Walter, der wegen Lähmungser-
scheinungen im Arm von Freud behandelt worden war, verab-
redete Mahler einen Termin für eine Sitzung. Die jedoch nicht
in der Praxis, sondern im niederländischen Leiden stattfand,
wo Freud sich im August 1910 gerade aufhielt: ein vierstündi-
ges Parlando im Rahmen eines gemeinsamen Spaziergangs
durch die holländische Stadt. Sie sprachen über die gewisse
Mutterfixierung Mahlers, die zu sexuellen Störungen und Ehe-
problemen geführt hatte, und über das Werk des Tonkünstlers,
den Thomas Mann einmal als „verzehrend intensive Persönlichkeit" bezeichnet hatte. Mahler ging im Gespräch mit dem –
unmusikalischen – Analytiker auf, warum seine Musik oftmals
von einer einfachen Melodie unterlegt sei. Er erkannte in diesem nach seinem Dafürhalten abträglichen und durchaus
unfreiwilligen Unterton, den er in seinen Kompositionen ausmachte, nun eine Reminiszenz an ein kindliches Erlebnis, als
er nach einem heftigen Streit mit seinen Eltern aus dem Haus
gelaufen sei und dann eine einfache Melodie aus einer Drehor-
gel hörte. Ebendiese Melodie schleiche sich immer wieder ein,
gerade in die edelsten musikalischen Stellen seiner Kompositionen. Mahler, der als Kind auf die Frage, was er denn einmal
werden wolle, geantwortet hatte: „Märtyrer!", dieser Mahler
trug frühkindliche Verletzungen mit sich herum, die sich durch
Brechungen in seiner Musik ausdrückten. Ambivalenz, so ein
Ergebnis der Unterredung mit Freud, ist ein Charakteristikum
seiner Werke, als ob Urängste in jedem Takt gleichsam mit-
schwingen und Aggressionen durch Bläsersignale, Hammer-
schläge und Trommeltöne veräußerlicht würden.

Der „Rattenmann", Protoanalysand in Sachen Zwangsneurose, war nach der hysterischen „Dora", dem phobischen „kleinen Hans" und vor dem „Wolfsmann" eine der großen Krankengeschichten aus dem klassischen Repertoire der Psychoanalyse. Der 1878 geborene jüdische Rechtsanwalt Ernst Lanzer litt seit seiner Kindheit unter Zwangsvorstellungen, fand sich im Oktober 1907 in Freuds Praxis ein und wurde bis etwa Juli 1908 analysiert. Mehr als viele andere seiner Patienten mochte Freud den besonders scharfsinnigen und unterhaltsamen jungen Mann, der schon mal ein Nietzsche-Zitat einwerfen konnte, um etwas zu unterstreichen. Auch in klinischer Hinsicht war der Fall mehr als angenehm, denn Lanzers Symptome waren plastisch, erfinderisch, vielfältig in ihren Verknüpfungen mit infantilen Wünschen, sexuellen Bedürfnissen sowie aggressiven Impulsen – und ungemein interessant in ihrer perversen Logik.

Der Patient berichtete anfangs von seinen Befürchtungen, dass seinem Vater und der jungen Frau, in die er verliebt war, etwas zustoßen könne. Morbide Fantasien kamen zur Sprache, etwa der Impuls, Menschen zu töten, und der besessene Drang, sich selbst zu verstümmeln, indem er sich mit einem Rasiermesser die Kehle durchschneide. Desgleichen berichtete Lanzer von seinen ihn immer wieder bedrängenden Gedanken an die Rückzahlung lächerlich geringfügiger Schulden. Als er Informationen über seine Sexualität einstreute, zeigte sich, dass seine diesbezüglichen Aktivitäten früh eingesetzt hatten. Lanzer gab an, sich an seine ihn sexuell fesselnden Schwestern und hübsche Gouvernanten erinnern zu können und daran, wie er deren Genitalien betastet habe. Seine offenkundige sexuelle Faszination sei dann zunehmend von dem Gefühl untergraben worden, solche Fantasien zurückdrängen zu müssen, damit sein Vater nicht sterbe. Mittlerweile sei der Vater gestorben, aber eine Art Angst um ihn seltsamerweise geblieben. Dieses diffuse Angstgefühl bestehe seit seinem sechsten Lebensjahr, berichtete Lanzer. Das Ereignis, das ihn nun schließlich zur Analyse geführt habe, sei eine tiefe Erschütterung gewesen, ausgelöst durch eine Waffenübung, bei der ein Hauptmann eine besonders entsetzliche Foltermethode beschrieben habe. Danach werde im Orient der Gefangene mit dem Gesäß auf einen Topf geschnallt, in dem eine hungrige Ratte sitze, die sich, zusätzlich angestachelt durch einen Schmerzen zufügenden heißen Metallstab, in den Darm bohre und dort ersticke, während der Gefolterte an den von dem sich vorfressenden Tier zugefügten Blutungen sterbe. Freud fühlte sich im Verlauf der Analyse von der Wucht der Symptomatik schier überwältigt und fürchtete, der Fall Lanzer entgleite ihm. Auch deswegen rettete er sich mehr als in anderen Fällen in Erläuterungen. Freud versuchte, seinen hoch differenzierten Patienten an der Technik der Psychoanalyse teilhaben zu lassen, indem er Lanzer zwischendurch immer wieder über Unterschiede zwischen Bewusstem und Unbewusstem, zwischen der Flüchtigkeit des Ersteren und der Beständigkeit des Letzteren hinwies. Dabei bediente Freud sich auch der Antiquitäten, die sein Sprechzimmer dekorierten. Über die Analyse der Palette dessen, was eine Ratte für Lanzer symbolisierte – nicht weniger als Glücksspiel, Penis, Kind und seine Mutter –, und über die allmähliche, komplizierte Auflösung des Kompendiums seiner neurotischen Gedanken ebbte die Symptomatik ab. Als grausame sexuelle Impulse des „Rattenmannes" zutage getreten waren und Freuds Lieblingspatient eine Reihe von analytischen Deutungen in sich aufgenommen und akzeptiert hatte, hatte sein Leiden ein Ende.

Der Fall „Rattenmann", dessen Behandlungsstunden-Protokolle im von Freud aufgezeichneten Original erhalten blieben, gilt nicht nur als exemplarisch für Zwangsneurose, sondern auch als die einzige gänzlich gelungene Therapie Freuds. Die Vignette stützt überdies diejenigen seiner Theorien, die die Wurzel der Neurose in der Kindheit suchen und die innere Schlüssigkeit auch abstruser Symptome und den psychischen Druck ambivalenter Gefühle postulieren.

„Der Wolfsmann" Sergej Konstantinowitsch Pankejew wurde im Februar 1910 bei Freud vorstellig. Der 1887 geborene reiche russische Aristokrat stammte aus extrem schwierigen Familienverhältnissen und galt nach Jahren erfolgloser Behandlung in verschiedenen Krankenhäusern und Sanatorien Europas als hoffnungsloser Fall. Zu Beginn der Behandlung von einem persönlichen Diener begleitet, da zu einfachsten Verrichtungen nicht fähig, berichtete Sergej von einem Alptraum, den er als Vierjähriger hatte. Darin habe er ein halbes Dutzend weiße Wölfe mit großen Schwänzen in einem Nussbaum vor seinem Schlafzimmerfenster sitzen sehen.

Anschließend litt er an Zwangsvorstellungen und einer Wolfsphobie. Nach vier Analysejahren um die Zeit des Attentats von Sarajewo vermeintlich „geheilt", begab er sich, nachdem die Oktoberrevolution ihn ruiniert und in Depressionen gestürzt hatte, erneut in Behandlung: Freud hatte einen noch nicht bearbeiteten Rest bei seinem Patienten identifiziert. Anschließend wurde er zu Freuds Schülerin Ruth Mack-Brunswick überwiesen. Seine Behandlung war schier endlos und Sergej identifizierte sich immer mehr mit dem Bild von sich, das auch die behandelnden und all die Psychoanalytiker, die sich für seinen Fall interessierten, ihrerseits – gerade durch ihre Bemühungen – stützten: dem Bild eines hilfsbedürftigen, depressiven Menschen, dessen Leben untrennbar mit Freud und seiner Theorie verbunden zu sein schien. Vertreter der unterschiedlichsten Schulen banden einen bunten Strauß von Deutungen: Handelte es sich noch um eine Neurose oder schon um eine Psychose? Litt der Wolfsmann also an einem umschriebenen neurotischen Konflikt, wobei er aber noch über intakte Ich-Funktionen verfügte? Oder war er persönlichkeitsgestört, in seinem Denken und in seinen Beziehungen zu inneren und äußeren Objekten beeinträchtigt, womöglich sogar von Wahnvorstellungen besessen? Nach dem Ende des Zweiten Weltkrieges kümmerte sich die Analytiker-Szene um den bis an sein Lebensende von Therapeuten abhängigen Russen, reichte ihn als Musterfall herum und sorgte für ihn – beziehungsweise, so Kritiker, bewog ihn durch Schweigegelder, den Fehlschlag der Behandlung für sich zu behalten. Der Kasus „Wolfsmann" ist einzigartig. Er wurde vom Patienten selbst kommentiert; Sergej verfasste eine Autobiografie.

Ein ganz besonderer Fall war Prinzessin Alice von Mountbatten. Sie war die Mutter von Prinz Philip, dem Gemahl Ihrer Majestät, der Königin Elizabeth II. von England. Der anlässlich seiner Heirat zum Herzog von Edinburgh erhobene dänisch-russisch-deutsche Prinz lebte als Junge eine Weile bei Prinzessin Marie Bonaparte, der Frau seines Onkels väterlicherseits. Philip, 1921 geboren, ist der Sohn des griechischen Prinzen Andreas und dessen Frau Alice von Battenberg (Mountbatten). Alice hegte Interesse am Okkulten und Spirituellen, legte Karten und behauptete, Botschaften aus der Welt der Geister zu erhalten und hellseherische Fähigkeiten zu besitzen. „Wer sie kennen lernte, fand sie bald etwas merkwürdig", heißt es dazu in einem von Gyles Brandreth jüngst verfassten Buch über das königliche Paar Philip und Elizabeth. Die etwa vierzigjährige Alice soll, nachdem sie sich in einen ebenfalls verheirateten Mann verliebt hatte – eine Liebe, die unerfüllt bleiben musste –, von Stimmen und religiösen Visionen heimgesucht worden sein. Als sie verkündete, sie sei die Braut Christi, begann man, sich Sorgen zu machen. Der herbeigeholte Gynäkologe kam zu dem Schluss, dass dies mit den Wechseljahren nichts zu tun habe. Marie Bonaparte empfahl eine Untersuchung durch Ernst Simmel in Berlin-Tegel, der eine „neurotisch-präpsychotische libidinöse Störung" diagnostizierte. Freud höchstpersönlich wurde in diesem heiklen Fall zu Rate gezogen und er soll vorgeschlagen haben, durch eine Röntgenbestrahlung der Geschlechtsorgane das Einsetzen der Menopause zu beschleunigen, um Alices sexuelle Begierden zu dämpfen und ihre Nerven zu beruhigen. Die empfohlene Behandlung wurde durchgeführt, aber der Erfolg war kein durchschlagender. „Ihr ausschließliches Interesse galt nach wie vor dem Sex und der

Religion", schreibt Bandreth dazu. Man brachte Alice gegen ihren Willen in das Schweizer Sanatorium Bellevue in Kreuzlingen, wo schon „Anna O." gewesen war. Die letzten Jahre bis zu ihrem Tod 1969 im Buckingham Palast wohnend, soll Alice zum Befremden der Bediensteten überall Zigaretten geraucht und sich, ohne einem Orden anzugehören, wie eine Nonne gekleidet haben. Prinz Philipp habe trocken kommentiert, seine Mutter finde es praktisch, keinen Aufwand für Kleidung und Frisur treiben zu müssen, schreibt der Porträtist.

Selbstanalyse · Von der eigenen Neurose zur allgemeinen Theorie
So bedeutsam auf dem Weg zur Psychoanalyse Freuds Erkenntnisse durch klinische Fälle waren, so wichtig war die Selbstanalyse, die durch den Tod seines Vaters 1896 ausgelöst wurde. Diese legendäre Selbstanalyse, die ihm den Weg zur Traumdeutung wies, war eine Zäsur sondergleichen. Sie fiel in den Zeitrahmen der Freundschaft mit Wilhelm Fließ und ging mit einer Revision einher: Als Freud einsah, dass sein Gedankengebäude von der „Verführungstheorie" Risse bekam, stand er vor der Wahl, die Bruchstellen zu flicken oder alles abzureißen und einen Neubau zu errichten. Er entschied sich für Letzteres und ließ die Verführungstheorie, derzufolge jede Neurose auf einem realen Trauma – also einer durch außergewöhnliche Belastung, hier ein sexuelles Trauma, verursachten seelischen „Wunde" – beruhe und aus diesem erklärbar sei, fallen. Per Handstreich machte er bis 1897 so aus einer Art sozialpsychiatrischer Sichtweise eine tiefenpsychologische: Laborierte die Verführungstheorie mit manifesten Missständen – Missbrauch –, besagte die neue Theorie, dass der Mensch gelenkt werde durch Dinge, die er als kleines Kind lediglich fantasierte. Diese Perspektive ließ die neuen Ansichten über Ödipuskomplex und über kindliche Sexualität zu, aus denen sie sich ergeben hatte. Freuds Sinneswandel gab später Anlass zu Spekulationen. Gab er die Verführungstheorie auf, um die Akzeptanz seiner Theorie zu erhöhen? Oder könnte Freud, wie

manche Biografen vermuten, selbst als Kind, womöglich von seinem Vater, missbraucht worden sein und bestrebt gewesen, dies zu vertuschen? Denn eine offene Rechnung glaubte er nicht zu Lebzeiten des Vaters beglichen zu haben: Freud hatte lange unterstellt, sein Vater sei ein „Verführer", also Missbraucher. Nun, da er anders dachte und die ödipale Fantasie ausgemacht hatte, bedauerte er, seine verhängnisvolle Verführungstheorie nicht schon zu Lebzeiten seines Vaters verworfen zu haben, und fühlte sich dementsprechend schuldig.

Nach dem Tod seines Vaters – dem, so Freud, „einschneidendsten Verlust im Leben eines Mannes" – 1896 in eine psychische Krise geraten, gestand er sich ein, dass seine Gefühle für den Vater äußerst gemischte waren. Seine demaskierten Ambivalenzen wühlten Freud stark auf. Nach außen ließ er es weder an Respekt noch an Loyalität mangeln. Er war sich darüber im Klaren, dass ihm der Senior viel zugestanden, wenige Begrenzungen auferlegt und umso mehr Freiheiten gewährt hatte. Im Rahmen seiner Möglichkeiten hatte Jakob seinem viel versprechenden Filius alle Möglichkeiten eröffnet. Zum 35. Geburtstag, einer Wegmarke im Leben eines Erwachsenen, hatte der stolze Vater seinem klugen Sohn die Bibel überreicht, mit einer dessen Gelehrtheit erwähnenden Widmung. Von seinem Vater hatte Freud seine Aufgeschlossenheit, Vorurteilslosigkeit und kühle Skepsis gegenüber den Wechselfällen des Lebens, wie Jakob pflegte er moralische Betrachtungen mit Humor und jüdischen Anekdoten zu veranschaulichen, meinte Ernest Jones.

Doch in Freuds Gedanken und Träumen spielte zugleich die Enttäuschung über Jakob und dessen Schwächen, die Demütigungen, die der Vater hatte hinnehmen müssen, ohne dem etwas entgegensetzen zu können, eine erhebliche Rolle. Freuds Bindung an seinen Vater beruhte mehr auf einem Gemenge von Mitleid, Verachtung und Liebe als auf Liebe allein – und auf der Furcht, zu sehr zu sein wie er. Eine Antwort auf den „weichen" Vater war die Überhöhung „starker", militärischer Helden und sein

Bedürfnis nach Mentoren. Eine weitere die Opposition, die er nicht nur an der Schule Autoritäten gegenüber an den Tag legte. Er konnte sich schlecht unterordnen. Anders Jakob. Zu den „Schwächen", die Freud ihm anlasten konnte, gehörte dessen nicht dauerhaft durchschlagender Erfolg beim Ringen um eine solide Kaufmannsexistenz. Eine andere war die nachgiebige, milde Haltung und stets ausgeglichene, gute Stimmung des unverbesserlichen Optimisten und „freigeistigen Hobbygelehrten", als den Peter Schneider ihn bezeichnet. Die Leichtigkeit des Seins, mit der Jakob spätestens seit den achtziger, neunziger Jahren die meiste Zeit mit Lektüre, Spaziergängen und Kaffeehausbesuchen verbracht haben soll, die offensichtliche Zufriedenheit damit und die Entschlossenheit, die Dinge von ihrer heitereren Seite anzugehen, widersprachen dem herkömmlichen Bild vom starken Mann. In einer Zeit, in der der Vater in einer europäischen Bürgerfamilie als allmächtiges und autoritäres Oberhaupt agierte, erlebte Freud es als Weichheit, als er aus dem Munde seines Vaters von folgender Begebenheit erfuhr, die er in der *Traumdeutung* schilderte: Ein Mann habe Jakob auf offener Straße die Pelzkappe vom Kopf geschlagen und den Juden genötigt, vom Trottoir zu verschwinden. Der Vater habe stumm seine in die dreckige Gosse geworfene Mütze aufgehoben – und sei weitergegangen. Jakobs gelassene, demütige Reaktion verurteilte der Sohn als Unterwürfigkeit und Feigheit, die zu rächen er sich vornahm, als habe diese eine Gebärde den Kurs seines Lebens geändert. Nicht nur jugendliche Energie und besondere Intelligenz waren somit Antriebfeder seines späteren Schaffens, sondern auch Wut – eine transponierte, zornige Lust, diese Sorte Welt sinnbildlich in die Luft zu jagen: durch Wissenschaft. Sein Vater war, wie Freud begriff, niemand, jedenfalls nichts gegen eine Welt, die ihn und seine Familie herumschubste. Genau dieses Gefühl hatte ihn einst in Manchester beschlichen, als er sich ausgemalt hatte, wie sein Leben als Sohn seines altersmäßig eine Generation vor ihm rangierenden Halbbruders Emanuel, der in England unbehelligt von antisemitischen Anfeindungen und sehr erfolgreich seinen Geschäften nachging, verlaufen wäre. Freud nahm sich vor, den Spieß umzudrehen, den vermeintlichen Mangel seiner ethnischen Herkunft in einen Vorzug zu verkehren. Stolz auf die Werte des Judaismus und darauf, zur jüdischen „Rasse", so Freud, zu gehören, nahm er hin, dass seine Herkunft ihm Bürde und Kraftquelle zugleich war: Je mehr er sich seiner erschwerten Bedingungen bewusst wurde, desto stärker bewunderte er historische Helden, die ihre Kämpfe aufgenommen hatten – sogar wenn ein Sieg aussichtslos zu sein schien. „Der Lohn richtet sich nach dem Leiden", heißt es chassidisch, der Mensch wächst durch Konfliktlösung. Jenseits der Religionsfrage verdeutlichte ihm sein Judentum, dass er kämpfen musste, um das Beste aus sich herauszuholen. Auch die Tatsache, dass Freud für ins Hebräische oder Jiddische übersetzte Bücher keine Tantiemen kassierte, drückt seine Loyalität zum Judentum aus, schreibt Ronald Clark. So war Jakobs Sohn auch bemüht, eine Wunde zu schließen und ein Bild wiederherzustellen, das es so nie gegeben hat. Freud, der sich mit den Helden seiner Fantasie identifizierte, schrieb seinen Familienroman, indem er sich der Erkenntnis zu erwehren versuchte, Sohn eines „durchschnittlichen" Mannes zu sein statt Spross eines „Großen" oder Abkömmling einer Elite. Sein Vater, der nach Kräften um Assimilation und Integration bemühte Mann mit der Pelzmütze, von Anna Freud-Bernays später als „Gelehrter aus eigener Kraft", als moderner Freigeist und brillanter Mann beschrieben, war auch im übertragenen Sinne immer wieder zu Fall gekommen. Jakobs eigentliche Kraft, nämlich die Familie seinen beschränkten Möglichkeiten und etlicher Dilemmata zum Trotz, durchgebracht, seinem Sohn Bildung und Selbstbestimmung ermöglicht und sich selbst Optimismus bewahrt zu haben – diese Seite des Lebenskünstlers Jakob stand hinter Jakobs Feigherzigkeit und Mittelmäßigkeit zurück. Verglichen mit dem, was der Tod seines Vaters ins Rollen gebracht hatte, war der Tod seiner Mutter, die Jahrzehnte später im Alter von 95 Jahren starb, eine einzige Befreiung für Freud. Viele Jahre schon hatte er als Amalias bevorzugtes Kind befürchtet, vor der nur zwanzig Jahre Älteren dahinzuscheiden, denn die Vorstellung, „dass man ihr mitteilen muss, ich sei gestorben, hat etwas, wovor man zurückschreckt", hieß es in einem Brief an Karl Abraham vom 29. Mai 1918. Nun, da Amalia nicht mehr war, fühlte er keinen Schmerz, keine Trauer, sondern Erleichterung: Jetzt dürfte auch er sterben, schrieb der Krebskranke an Sándor Ferenczi am 16. September 1929. Seine Mutter hatte ein erfülltes Leben. Gesegnet mit Humor, Narzissmus und einer zynischen Ader, hatte Amalia sich bis zuletzt als zäh erwiesen; eine ältere Dame, die als Sommerfrischlerin in Ischl noch weit nach Mitternacht beim Kartenspiel saß. Mit neunzig Jahren kokettierte sie wie eh und je und wies einen Schal, den jemand ihr schenken wollte, eitel zurück: Er lasse sie alt aussehen. Auch ein in einer Zeitschrift abgedrucktes Foto von ihr missfiel Amalia als wenig schmeichelhaft: ein schlechtes Bild, sie sehe darauf aus wie hundert. Sie kostete den Ruhm ihres Sohnes, auf den sie immer gesetzt hatte, aus. Wenn er sie sonntags besuchte, thronte sie inmitten ihrer großen Familie und genoss ihre Rolle. „Ich bin die Mutter von Professor Freud", stellte sie Fremden gegenüber klar. Freud, selbst von beginnender physischer Schwäche anbelangt, blieb ihrem Begräbnis indes fern. Dies Verhalten mag auch auf mehr unaufgelöste Ambivalenz gegenüber Amalia schließen lassen, als Freud eingestand, und wirft die Frage auf, ob er den Drang gespürt hätte, sich dieser Ambivalenz auszusetzen, wenn er seine Mutter, wie seinen Vater, ebenfalls bereits verloren hätte, als er noch ein junger Mann und auf der Suche war.

Wilhelm Fließ · Am Rande der Schulmedizin
Die Selbstanalyse entspann sich in den Briefen an Wilhelm Fließ und machten sie zu einem „Buch" der Psychoanalyse. Fließ war ein enger Freund von Freud und, obwohl chronologisch nicht nahtlos daran anschließend, ein Nachfolger für die nach der

Entfremdung von Breuer hinterlassene Lücke. In dem Maß, in dem Breuer nicht mehr in ihm nachhallte, wuchs der Einfluss von Fließ. Mit ähnlicher Besessenheit, die er bei seinen Kokain-Versuchen an den Tag gelegt hatte, beteiligte Freud sich nun an dessen Forschungen. Freuds Beziehung zu Fließ, ein offenbar sehr charismatischer Berliner Hals-Nasen-Ohren-Arzt, begann mit einem Paukenschlag und kurz nach der Geburt seiner ersten Tochter, Mathilde. Fließ war im Herbst 1887 für Studien nach Wien gekommen und suchte den Kontakt zu Freud. Ins Gespräch gekommen, spürten die gleichaltrigen Männer sofort einen Draht zueinander. Und fanden Gemeinsamkeiten: Beide waren wissenschaftliche Außenseiter, beide suchten Antworten auf Fragen der (Bi-)Sexualität, beide fühlten sich der Lehre der deutschen Schule von Hermann von Helmholtz verbunden und beide versuchten nichts weniger, als eine neue, biologische und Darwins Erkenntnisse berücksichtigende Sicht menschlicher Empfindungen und Gedanken zu entwerfen. Weil sie damit zusammen gegen den Strom schwammen, konnten beide sich als verkannte medizinische Subversive und Seelenverwandte fühlen, einander Courage und Rückhalt geben und bei der Ideenentwicklung angenehm ambivalenzfrei befruchten. Das schweißte zusammen. Freud bewunderte, wie weit der zwei Jahre Jüngere es im Leben und Beruf schon gebracht hatte, und empfand den Kollegen als ein Ideal von sich selbst. Tatsächlich ähnelten sie sich äußerlich sehr: der gleiche Bart, der gleiche durchdringende Blick, gleiche Größe und Statur.

Der Initialzündung folgte eine mehrjährige, leidenschaftliche und akademisch so abenteuerliche wie ersprießliche Zugeneigtheit, die zeitweise in fast völlige Identifikation mündete und im weiten Sinne des Wortes erotisch unterlegt war. Der Austausch mit Fließ, der sich großenteils in Korrespondenz abspielte, wirkte auf Freud und die Genese seiner Psychoanalyse wie ein Inkubator in einer höchst produktiven und umwälzenden Phase. Martha, einst seine Muse, hielt ihm als Ehefrau den Rücken frei, stand ihm aber ihrer Mutterpflichten wegen nicht mehr uneingeschränkt zur Verfügung. Hinzu kam, dass sie, eine Hanseatin mit Mittelstandsethos, sich an einer Moral orientierte, die es ihr verunmöglichte, dem immer weniger klassisch-neurologischen Arbeitsgebiet ihres Mannes mit allzu großer Offenheit zu begegnen. Es steht dahin, in welchem Maß sie sich über das Werden der Psychoanalyse unterrichtete. Vielleicht las Martha Freud – Freud. Sicher ist, dass sie die Psychoanalyse für eine sinistre Angelegenheit hielt, die ihr ethisch-sittliches Empfinden verletzen konnte. Hätte sie nicht gewusst, dass ihr Mann ein „ernsthafter Mensch" war, dessen Arbeit einem ebenso ernsten Diktum unterstand, wäre ihr der Gedanke an sein neues Metier unerträglich gewesen sein. Ganz anders Fließ. Der hatte bereits Mitte der neunziger Jahre, also eher als Freud, das Thema „kindliche Sexualität" angepackt und Freud an seinen Ideen teilhaben lassen. In einer Zeit, in der Kollegen ihn abblitzen ließen oder gegen ihn Sturm liefen, in der ehemalige Weggefährten ihm den Rücken gekehrt hatten – in dieser schmerzlichen Isolierung war es für Freud essenziell, sich jemandem auf Augenhöhe und uneingeschränkt anvertrauen zu können. Ihr Gedankenaustausch kannte kaum Tabus, ihr intellektuelles Tasten glich dem Betreten eines dunklen Zimmers, in dem man aneckt, stolpert und stürzt, in dem man aber auch, sobald man es mit Ideen zu beleuchten beginnt, die aufregendsten Entdeckungen macht. Mit Fließ entwickelte und verwarf Freud Erklärungsversuche und Hypothesen über Neurose, Hysterie, Ödipuskomplex und Verführungstheorie – alles mündete in konzeptionelle Vorläufer der *Traumdeutung*.

Auf Anregung von Fließ begann Freud, der Aphorismen, Schlagfertigkeiten und Wortspiele liebte, sich eingehender in das Thema „Witze" zu verhaken, und fand Gefallen an Wilhelms Zahlenmagie. Einem Modell biorhythmischer Zyklen von 23 und 28 Tagen verfallen, dem Männer wie Frauen unterworfen seien, glaubte Fließ, numerologische Raster und Berechnungen würden einem Arzt erlauben, Zustände und Krankheiten zu diagnostizieren. Das war neu und doch nicht neu: In der Kabbala-Lehre beispielsweise kommt den Zahlen eine mythische Bedeutung zu. Die kosmischen Thesen von Doktor Fließ klangen ein wenig „meschugge" in den Ohren des gemeinen Schulmediziners, wenngleich der weibliche Menstruationszyklus belegt, dass chronobiologische Takte durchaus existieren. Freud hörte sich die Ansichten seines Freundes denn auch mit zwiespältigen Empfindungen an: Einerseits gab er sich als gegenüber okkulten Phänomenen aller Art distanzierter Wissenschaftler, andererseits fesselten ihn metaphysische Fragen – was sich später übrigens durch seine Ehrenmitgliedschaft in der „American Society für Psychical Research", die sich der Erforschung unerklärlicher und paranormaler Erscheinungen widmete, ausdrücken sollte, wie Clement Cheroux und Andreas Fischer zeigen. Außerdem soll Freud schon Anfang 1880 in Wien eine der packenden Vorstellungen des berühmten dänischen Hypnotiseurs Hansen besucht haben. Vielleicht hat also seine Faszination für ungewöhnliche Phänomene Freud überhaupt erst befähigt, sich auf das psychische Zwischenreich – das Unbewusste – einzulassen. Zwar wies er später Schüler in die Schranken, wenn sie von Telepathie schwärmten, wiederum ließ er C. G. Jung in der Berggasse einmal, spaßeshalber, übersinnliche Talente demonstrieren und versuchte es ihm nachzutun. Ja, er attestierte seiner Tochter Anna telepathisches Feingefühl, schreibt Peter Gay. Sowieso war Freud jahrelang von der irrationalen Idee besessen, zwischen seinem 61. und 62. Lebensjahr zu sterben. Er quälte sich mit allerlei kryptischen Zeichen, die auf dieses Los hinzuweisen schienen, fand es „wirklich unheimlich", wie oft ihm exakt die vermeintlich letalen Zahlen begegneten: Beispielsweise hatte sein Hotelzimmer in Athen die Nummer 31, also die Hälfte von 62!

Kurzum, ob nun mehr oder weniger widerstrebend: Freud, der vorgab, unempfänglich für Aberglaube zu sein – für Religion erst recht –, verschloss sich Übersinnlichem keineswegs vollkommen.

Er unterstützte Fließ, indem er ihm Zahlen und Fakten, und damit Stoff für das Periodizitätsmodell, lieferte. Neben biorhythmischen Überzeugungen konfrontierte Fließ ihn mit Thesen über die Bisexualität des Menschen, deren Rudimente heute als belegt gelten: Jeder Mensch trägt Elemente des anderen Geschlechts in sich. Besonders heikel war die von Fließ vertretene Auffassung, dass zwischen Riech- und Sexualorgan ein Zusammenhang bestehen müsse, die 1896 in eine Publikation mündete: *Die Beziehungen zwischen Nase und den weiblichen Geschlechtsorganen in ihrer biologischen Bedeutung dargestellt.* Therapie folglich: chirurgische Eingriffe im Nasalbereich. Überhaupt hielt Fließ die Nase für das dominierende Organ, das über Wohl und Weh des Menschen entscheide: Das hänge mit der Abkehr des Menschen von der Erde, also dem aufrechten Gang, und der daraus folgenden Verkümmerung des Riechsinnes – die zur Neurose prädestiniere – zusammen; eine Ansicht, die auch Freud vertrat.

So beeindruckt war Freud davon, dass er sich selbst zwecks Beseitigung sexualneurotischer Symptome von Fließ an der Nase operieren ließ. Die Patientin Emma Eckstein indes kostete ein operativer Eingriff, der wegen des besagten Zusammenhangs indiziert zu sein schien, beinahe das Leben. Emma Eckstein befand sich wegen hysterischer Störungen und schmerzhaften Nasenblutens, das Freud für psychogen hielt, in Freuds Behandlung. Fließ operierte. Durch einen in der Wunde verbliebenen Gazestreifen kam es zu Komplikationen. Ein damit verbundener bedrohlicher Blutverlust, dessen Zeuge Freud wurde, ließ ihn beinahe in Ohnmacht fallen. Jedoch mindestens so besorgt wie um die Patientin war er darum, die Schuldlosigkeit des Freundes zu verteidigen und ihn darin zu bestärken, dass die Blutung eventuell mit „Sehnsucht", und zwar „zu Sexualterminen", zusammenhänge – sozusagen eine Wunschblutung sei. Aber das „Frauenzimmer hat mir aus Widerstand die Daten noch nicht besorgt", bedauerte Freud in einem Brief an Wilhelm.

Desgleichen ist viel Privates in den Briefen abzulesen: große und kleine Nouveautés über die Entwicklung der Kinder, Marthas Befinden und persönliche Krisen, wobei die privaten Ereignisse, namentlich die Selbstanalyse, wiederum auf Freuds Theoriebildung rückwirkten und somit nicht streng vom wissenschaftlichen Gehalt der Briefe abzugrenzen sind. Fließ war für Freud zugleich Kommunikator und Katalysator. Und Trostspender. In den Briefen an ihn bekannte er Dinge, die er nicht einmal Martha, die neben dem inspirierenden Fließ zeitweise eine schattenhafte Figur machte, mitteilte, seine angstneurotischen „Sterbedelirien" etwa.

Ihre arrangierten Treffen, Kurzreisen in ausgesuchte Städte, nannten Freud und Fließ ihre „Kongresse". Freud fieberte einer Verabredung mit Wilhelm fast mehr entgegen als dem Familienurlaub, und die Aussicht, sie könne ausfallen, hätte ihn in gewissen Phasen schier zur Verzweiflung getrieben. Doch je mehr Erfolg Freud hatte, je mehr er seinem eigenen Genius vertrauen konnte, desto entbehrlicher wurde sein Intimus für ihn. Spätestens nach der Vollendung der *Traumdeutung* siechte die Männerfreundschaft – die letzte, in der Freud sich duzen ließ – dahin, um nach einem letzten Aufflackern endgültig zu erlöschen. In Achensee bei Innsbruck kam es im August 1900 zum ultimativen Streit. Zarte Rhagaden hatten sich zum Riss erweitert. Fließ bezichtigte Freud des Plagiats und soll später sogar überzeugt gewesen sein, dass Freud ihn ermorden wollte: Bei ihrer letzten Bergwanderung habe Freud ihn in die Tiefe stürzen wollen, schrieb Janet Malcolm. Nach dem Bruch schlug Zuneigung in Hass um, Freud sah in Fließ nun einen faszinierenden, aber „harten, schlechten Menschen". Wilhelms Gattin kam noch schlechter weg: „Geistreich-dumm, bösartig, positive Hysterika, also Perversion, nicht Neurose", lautete Freuds Beurteilung in einem lange Zeit zensierten und von Peter Gay zitierten Brief, den Freud am 13. Februar 1913 an Karl Abraham schrieb.

Gegen Ende seines Lebens holte ihn Fließ noch einmal ein. Am 30. Dezember 1936 schrieb Prinzessin Marie Bonaparte, ein Berliner Buchhändler namens Stahl habe ihr Freuds Briefe an Wilhelm zum Kauf angeboten. Die Fließ-Witwe bzw. ihr Sohn habe das Material veräußert. Freud war entsetzt. Als Wilhelms Frau ihn nach dem Tode von Fließ 1928 um die Briefe ihres Mannes gebeten hatte, hatte Freud sie nicht finden können, nun waren die seinen auf dem Markt! In den falschen Händen waren die Papiere Dynamit. Sie waren sehr privat und ihre Veröffentlichung würde die Möglichkeit durchkreuzen, die Legende der Genese seiner Lehre nach eigenem Muster zu stricken und den einen oder anderen Webfehler auszumerzen. Freud wollte die Briefe beschaffen, um sie zu vernichten – Marie sie kaufen, um sie zu bewahren. Sie gewann das Duell. Gegen den erklärten Willen Freuds griff sie zu, versprach aber, die Schriftstücke nicht zu lesen, zu sperren und im Banksafe verwahren zu lassen. Obwohl ihr Freund und Idol es nicht wollte, ließ die Prinzessin 1950, also nach Freuds Tod, im Interesse der Geschichte der Psychoanalyse den Löwenanteil der Briefe doch drucken. Aber erst 1985, nach einem Skandal um die Freud-Archive, wurde der komplette Text, soweit erhalten, unzensiert veröffentlicht.

KONSOLIDIERUNG

Professor Freud · Der Durchbruch

Nachdem Freud unter Einfluss von Wilhelm Fließ das Wesentliche seiner Theorie entwickelt zu haben glaubte, als er sein Opus *Die Traumdeutung* herausgebracht hatte, zeichnete sich nun der internationale Durchbruch ab. Anfang Oktober 1902 war es so weit. Freud, dessen Aufstieg sich großenteils außerhalb der Alma mater vollzogen hatte, wurde außerordentlicher Professor, nachdem „Seine kaiserliche und königlich-apostolische Majestät" den Titel „allergnädigst zu verleihen geruht" und Audienz gewährt hatte. Martha war stolz auf ihren Mann und auf sich selbst. Hatte sie nicht immer an ihn geglaubt, alles für ihn getan? Im titelverliebten Wien war sie nun „Frau Professor Freud". Nachdem gesellschaftliche und universitäre Kreise ihren Mann lange geschnitten hatten, war sein Aufstieg Genugtuung – und auch der ihre.

Denn, als sei er mit einem Embargo belegt, waren Freuds Versuche, früher zu diesem honorigen Titel zu kommen, gescheitert. Sei es, weil er sich zu wenig in universitären Klüngeln engagierte, sei es, weil er sich mit wenig einschmeichelnden Themen befasste oder weil es im Wien des populären Bürgermeisters Karl Lueger nicht leicht für einen Juden war, eine gehobene Karriere zu verfolgen: Die einstige Aufbruchstimmung im assimilierten Judentum verpuffte wie heiße Luft. Kaum hatte sich die Hoffnung auf einen liberalen Staat breit gemacht, meldeten sich jene Stimmen, die die Juden für alle Makel der Moderne zur Verantwortung ziehen wollten. Wien hatte es Jakob Freud schwer gemacht, seinem Sohn, auf andere Weise, ebenso.

Die akademische Ehre von 1902 war Ergebnis zähen Ringens. Im Jahr 1897 wurde Freud, dank des Einsatzes zweier Professoren der Wiener Universität, für den Titel *Professor extraordinarius* vorgeschlagen. Besonders verdient darum machte sich Richard

Freiherr von Krafft-Ebing, der Nachfolger auf den Lehrstuhl von
Freuds ehemaligem Chef Theodor Meynert und, mit Havelock
Ellis und Albert Moll, einer der Begründer der Sexualpathologie.
Krafft-Ebing, Anhänger der Degenerationstheorien, plädierte
für die Psychiatrie als eine deskriptive Wissenschaft und wandte
sich damit von Meynerts ausgesprochen experimentell-anatomi-
schen Ansatz ab. Er hatte, wie Peter Gay erwähnt, zudem einen
Vortrag Freuds über den Ursprung der Neurosen als „Märchen"
bezeichnet. Trotzdem empfahl er Freud. Trotz einflussreicher
Fürsprecher vergingen noch fünf Jahre bis zur Berufung. Teil der
labyrinthischen Geschichte seiner Beförderung von 1902 war
Elise Gompertz, für deren Ehemann Freud rund zwanzig Jahre
zuvor den Mill-Essay übersetzt hatte. Die Dame, zudem eine
ehemalige Patientin, ließ Ende 1901 ihre Kontakte zu Regierungskreisen spielen. Schließlich nahm die Baronin Ferstel,
ebenfalls keine Unbekannte für Freud, die Zügel in die Hand.
Die energische Überredungskünstlerin trat dem zuständigen
Minister ein wenig auf die Füße, indem sie ihm ein modernes
Ölgemälde für die neue Galerie versprach, wenn er sich in der
Freud-Angelegenheit ein wenig stark mache. Nun klappte es mit
der Titelsache wundersamerweise wie am Schnürchen. Abermals
achtzehn Jahre und damit bis in republikanische Zeiten sollte es
indes dauern, bis Freud 1920 den *Professor ordinarius* beurkun-
det bekam. Freud wurde, vielleicht weil mit dem Kollaps der
Monarchie auch bisherige Hierarchien an der Universität dahin
waren, 1919 dazu berufen – erster und einziger Höhepunkt an
Ehrung von offizieller Wiener Seite: Die Österreichische Akademie der Wissenschaften wollte nichts von ihm wissen und eine
eigene Lehrkanzel blieb ihm verwehrt.

Psychologische Mittwoch-Gesellschaft

Freud, außerordentlicher Professor, ging es nach 1902 um mehr
als um die offizielle *venia legendi*. Er hatte längst Vorstellungen
von einer ganz neuen Lehrtätigkeit. Die Freundschaft mit Fließ

war zerrüttet, und im Vorjahr hatte Freud die für ihn so bedeutungsvolle Bastion Rom genommen. Nun sprang er noch weiter über seinen Schatten. Mit akademischem Rückenwind leistete er sich die Selbstsicherheit, seiner Karriere noch im selben Jahr durch Beziehungsmanagement und kluge Schachzüge aktiv nachzuhelfen. Er erinnerte sich an einen der vielen Funken, die der bewunderte Charcot in ihm gezündet hatte: In dessen illustrem Salon hatte Freud sich vorgenommen, eines Tages dieselbe Sitte eines *Jour fixe* in seinem Hause einzuführen. Bisher war er allein gewesen, bereit und in der Lage, sich selbst absolut zu stellen. Allmählich musste sich zeigen, ob er damit auf Linie lag und andere würde überzeugen können. Der Zeitpunkt war gekommen, nicht nur auf Einzelkämpfertum zu setzen, sondern Seilschaften zu knüpfen. Er suchte Gesellschaft, Ersatz für die verlorenen Freunde, Ersatz für Fließ. Für den einsamen Gelehrten hinter verschlossener Tür, den Forscher auf eigene Faust, war es einerseits ein Muss, andererseits ein Sprung ins kalte Wasser, nun ins Leben zu rufen, was als erste institutionalisierte Versammlung des Freudianismus in die Geschichte eingehen sollte: Ab Oktober 1902 lud er, ermutigt durch den Kollegen Wilhelm Stekel, Interessierte zu einer Art sokratischem Gelage mit Wiener Esprit. Immer an einem Mittwochabend, immer im Wartezimmer seiner Praxis: die legendäre „Psychologische Mittwoch-Gesellschaft". Die jahrelang frequentierte freudianische Privatakademie war entstanden. 1907 kündigte Freud deren Auflösung an, um sie 1908 in die neue „Wiener Psychoanalytische Vereinigung" (WPV) überzuführen: Die Psychoanalytiker gaben sich einen neuen Namen und waren bereit, sich der Öffentlichkeit zu präsentieren. Als 1910 im „Correspondenzblatt" um die zwanzig Mitgliedernamen gelistet wurden, standen bereits mehr Teilnehmer auf der Gästeliste als Stühle im Wartezimmer. Aus der Raupe war ein Schmetterling geworden, der in die Welt flog. Noch immer schieden sich an der Psychoanalyse die Geister aus den Reihen des Establishments, aber Berlin hatte bereits einen

Statthalter und der Effekt der USA-Reise von 1909 war unübersehbar. Im Rahmen des Kongresses 1910 in Nürnberg wurde beschlossen, die Wiener Psychoanalytische Vereinigung und regionale Ableger wie in Berlin in die neu gegründete Internationale Psychoanalytische Vereinigung (IPV) überzuführen. Diese komplexe Organisation hatte mit der Urzelle der Mittwoch-Gesellschaft in der Berggasse nicht mehr viel gemein – in weniger als einem Jahrzehnt war aus seinem Privatsalon und Resonanzboden eine internationale Bewegung erwachsen.

Mitstreiter der ersten Stunde

Am Anfang waren es vier: Wilhelm Stekel, Alfred Adler, Max Kahane und Rudolf Reitler. Besonderer Satzungen oder organisatorischer Regelungen bediente sich der Kreis der Pioniere der Mittwoch-Gesellschaft nicht, entscheidend war allein das Interesse an der Sache. Das war zumindest anfangs stark genug, um persönliche Unterschiede der hier aufeinander treffenden Charaktere zu relativieren. Man raufte sich zusammen, um sich gemeinsam der Psychoanalyse zu widmen und diese in die tägliche Praxis einfließen zu lassen. Wie eine empfindliche Pflanze unter der Dunstglocke züchtete Freud seine keimenden Ideen in diesem geistigen Kollektiv Gleichgesinnter. Wenn die Mitglieder der „Bande" zusammenkamen, versammelten sie sich um einen langen Tisch. Die offene Tür zum Behandlungs- und Arbeitszimmer, in dem noch Zigarrenrauch hing, gestattete einen Blick auf den Schreibtisch, auf Figuren und Statuen, auf die Couch und die große Bibliothek. Eine Wunderkammer und ein Spiegelbild seines Denkens und seiner Leidenschaften: Lesen, Schreiben, Rauchen, Reisen. War die Gästerunde vollzählig, ließ Freud Stimulantien reichen: Gebäck, schwarzen Kaffee und Zigarren. Binnen kurzem war die Luft dank blauen Dunstes zum Schneiden dick; es hat etwas Poetisches, dass sich das Raucherkollegium der allerersten Mittwoch-Runde die Köpfe über die Psychologie des Rauchens heiß redete. Einer immergleichen Dramaturgie folgend, eröffnete stets Freud die jeweilige Sitzung mit einem Vortrag, und stets pflegte er sein Referat mit einigen befremdlichen – agitatorisch gemeinten – Behauptungen zu würzen, um schließlich regelmäßig seine Ansichten von allen Seiten gestützt zu finden.

Es sprach sich herum, dass eine psychoanalytische Bruderschaft regelmäßig zusammenkam. Der Club wurde größer. Freud zog mit seinem Angebot nicht unbedingt Fachkollegen an, zumal sich gerade diese als nicht offen für sein Anliegen gezeigt hatten. Was die ersten Mitstreiter auszeichnet, ist die Unkonventionalität und Buntheit ihrer Persönlichkeiten. Viele, die in das Sujet einstiegen, verkörperten Intellekt, Bildung, Energie, Enthusiasmus, Humor und Individualismus, Vitalität und eine gewisse Unbändigkeit. Pioniergeist war eine der Eigenschaften, die sie oftmals überreichlich besaßen. Viele Quereinsteiger waren mit von der Partie. Allerdings lag Freud wenig an allzu starken Individualitäten, äußerst kritischen oder überaus ehrgeizigen Jüngern, war doch die Psychoanalyse vor allem sein geistiges Eigentum, seine Vorstellung und sein Wille – und er die Sonne in seinem Universum. Doch was für Schwächen und Schönheitsfehler seine ersten Apostel auch haben mochten, sie boten Freud das ersehnte Echo und die Herausforderung, eine heterogene Anhängerschaft auf Linie zu bringen.

Mitstreiter Fritz Wittels etwa gewann den Eindruck, die Mittwoch-Referate seien für Freud nicht viel mehr als eine Art intellektuelle Fingerübung mit dem einzigen Zweck, seine „Gedanken durch den Filter einiger sachverständiger, wenn auch mittelmäßiger Gehirne" zu treiben. Was Freud in diesem vulnerablen Stadium der Verbreitung seiner Vision wollte, war, seine Vorstellungen gestreut und gespiegelt zu sehen wie Farben in einem Kaleidoskop. Künstler und Geisteswissenschaftler horchten auf. Ob Max Graf, Musikwissenschaftler, oder der Verleger Hugo Heller – insbesondere aufgeschlossene Nichtmediziner wirkten als Sparringspartner und Multiplikatoren, und schon bald wussten viele von Freuds Mission und den wundersamen Effekten seiner Psychoanalyse.

Der Kreis von 1902 erweiterte sich. Sehr unterschiedliche Wiener Persönlichkeiten schlossen sich der Pioniergeneration an, darunter Paul Federn, Isidor Sadger und Otto Rank. Federn beispielsweise, dazugestoßen 1903 und später Nachfolger Freuds in der Wiener Vereinigung, vereinte fundiertes medizinisches Wissen und kulturelle Interessen. Er tat sich mit Beiträgen zur Gruppenpsychologie hervor und befasste sich mit Fragen zur psychoanalytischen Behandlung von Schizophrenie. Der Mediziner Sadger, seit 1906 dabei, war ein Onkel von Fritz Wittels, galt als Spezialist für Pathografien von Schriftstellern und arbeitete zum Thema Homosexualität. Otto Rank wiederum verewigte sich, indem er einen bekannten Terminus der Psychoanalyse prägte, womit er zugleich ein weiteres Exempel dafür lieferte, wie unmittelbar psychoanalytische Abstraktion konkretem Erleben ihrer Begründer entlehnt wurde. Rank, eigentlich Rosenfeld, hatte sich das Pseudonym „Rank" nach einer Figur aus Ibsens *Ein Puppenheim* gegeben. Er hatte eine außerordentlich belastete Kindheit erlebt, von der er sich zu distanzieren versuchte. Mit ihm, der 1905 auf die Mittwoch-Gesellschaft aufmerksam wurde, entwickelte Freud die Idee vom „Familienroman": Der Begriff beschreibt den Vorgang, durch den eine Person ihre realen Familienbindungen in der Fantasie verändert, um sich in Gedanken eine neue, bessere Familie zu erschaffen. Otto Rank, als Vierzehnjähriger gegen seinen Willen in den Beruf des Drehers beziehungsweise Maschinenschlossers gedrängt, hatte sich als Nichtakademiker mit einem so gelungenen Manuskript in die Mittwoch-Gesellschaft eingeführt, dass Freud und die anderen ihm nahe legten, Gymnasialstudien und Universitätsbesuch nachzuholen, um sich auf dem zweiten Bildungsweg für eine nichtärztliche Anwendung der Psychoanalyse zu qualifizieren. Rank, zunächst Schriftführer des Vereins, Korrekturleser, Forschungsassistent und später Leiter des Internationalen Psychoanalytischen Verlages, wurde einer der unentbehrlichsten und loyalsten Vertrauten Freuds und schrieb bis heute anerkannte Arbeiten zur Psychologie des Künstlers.

Das Fieber der ersten Gründerzeit klang ab, aber der Männerbund zog weitere Kreise. Hanns Sachs, Sándor Ferenczi, Karl Abraham, Ernest Jones, Max Eitingon und Abraham Arden Brill stießen im Laufe der Jahre zu Freuds Schülerkreis und trugen ihrerseits zu der Buntheit der Diskutanten bei. Hanns Sachs etwa, der sich 1909 den Freudianern angeschlossen hatte, war ein Wiener Juristensohn, der Rechtswissenschaft studiert, im Grunde aber schriftstellerische Ambitionen hatte. Nach Lektüre der *Traumdeutung* entdeckte der Schöngeist die Psychoanalyse für sich und gab seinen Beruf als Rechtsanwalt auf, um Analytiker zu werden. Sachs, Frequentant von Freuds Vorlesungen, stattete dem Professor, ein Buch von Rudyard Kipling unter dem Arm, einen Besuch ab, um ihn kennen zu lernen und sein Schüler zu werden.

Der Beitritt des ungarischen Psychiaters Ferenczi markiert – wie die Schweizer vom Burghölzli wenig später – den Sprung der Psychoanalyse über die Landesgrenzen hinweg. Sándor Ferenczi, der 1908 die *Traumdeutung* gelesen hatte, Freud traf und fortan ein halbes Jahrhundert lang mit ihm Briefe wechselte, verhalf der Bewegung in Budapest, der zweiten Stadt, die sich Freuds Ideen öffnete, zum Durchbruch. Ferenczi avancierte zum loyalen und tüchtigen Lieblingsschüler und geschätzten wie auch kapriziösen Reisebegleiter Freuds. Was ihn anstrengend machte, war, wie Peter Gay schreibt, die Verwundbarkeit des als eines von elf Kindern geborenen Jungen, dessen Vater jung starb und dessen Mutter mit einem Laden und der Kinderschar überlastet war. Ferenczis Bedürfnis nach Liebe war insofern bedeutsam, als er es beruflich agierte, indem er Analysepatienten zu tätscheln pflegte. Damit steht er stellvertretend für die komplizierten Beziehungen und Grenzüberschreitungen mancher Akteure innerhalb der Pioniergeneration. Das Verhältnis zwischen Ferenczi und Freud war nichtsdestotrotz unverbrüchlich, obwohl Ferenczi ursprünglich über Experimente mit schnellen Wortassoziationen, mit denen C. G. Jung befasst war, zur Psychoanalyse gestoßen war. Es beliebte ihm, bewaffnet mit Kneifer auf der Nase und Stoppuhr in der Hand, überall solche Tests durchzuführen – an jedem, dem er begegnete, sei er Kollege oder Kellner in einem Kaffeehaus. Kein Wässerchen konnte die Freundschaft mit Freud trüben, bis Ferenczi nach der gemeinsamen Amerika-Reise alle Hebel in Bewegung setzte, um Wahrsagerinnen und Prophetinnen aufzutun, die Briefe mit verbundenen Augen lesen konnten, wie Ronald Clark schreibt. Ferenczi wollte beweisen, dass es so etwas wie Gedankenübertragung gab. Nun war das Maß voll. Als hätte Ferenczi behauptet, ein Zauberlehrling zu sein und in den psychoanalytischen Sitzungen gehe es um Kaffeesatz und schwarze Katzen, verurteilte Freud die Vorstöße in Richtung Telepathie und beendete eine – wer hätte dem widersprechen wollen? – jegliche Vernunft beleidigende Debatte.

Ein weiterer, in Bezug auf den Siegeszug im Ausland, insbesondere Deutschland, wichtiger Mann, war „Unterassistent" Max Eitingon. Max war einer der ersten ausländischen Interessenten, als er 1907 in Wien den persönlichen Kontakt zu Freud suchte. Er stammte aus einer jüdisch-orthodoxen Familie aus Weißrussland, sein Vater war betuchter Zucker- und Pelzhändler, der sich in Leipzig niederließ und dort ein Mäzen der jüdischen Gemeinde wurde. Max war zwölf, dreizehn Jahre alt, als die Familie nach Deutschland kam. Stottern schmälerte seinen Gymnasialerfolg und verstellte den Weg zum Abitur, so dass er als Gasthörer Kunstgeschichte und Philosophie belegte, bevor es ihm doch möglich wurde, in Zürich Medizin zu studieren. Als Assistent von Eugen Bleuler im Burghölzli lernte Max die Psychoanalyse und C. G. Jung kennen. Nach seiner Lehranalyse bei Freud, dem er stets Loyalität zollte, ging er 1909 nach Berlin, um sich an der Gründung der psychoanalytischen Gesellschaft zu beteiligen.

Die Pioniergeneration der Psychoanalyse am Weimarer Kongress 1911. Rechts neben Freud (Mitte) Carl Gustav Jung, in der 2. Reihe von oben Paul Federn (3. von rechts).

Die Urthemen

Nach dem Gründungsthema – Rauchen – kamen die unterschiedlichsten Themen aufs Tapet. Lange bevor Freud den Todestrieb postulieren und sich mit Melancholie, Trauer und Narzissmus auseinander setzen sollte, wurde in der mittwöchigen Gedankenschmiede allerlei zum Thema Selbstmord überlegt: Offenbart die Form des Suizides eine sexuelle Symbolik? Spielt ein sich erschießender Mann sozusagen mit seinem Penis? Steht der Freitod einer Frau, die aus dem Fenster springt, in Zusammenhang mit dem Thema Loslassen, Freimachen – Entbindung? Mehr Einigkeit bestand in Bezug auf die Verwendung des Begriffes „Narzissmus". Das Wort geht auf *Narcissus,* auch *Narkissos,* zurück, den hinreißenden jungen Mann aus der griechisch-römischen Mythologie. Der spröde Schönling verschmähte die Zuneigung anderer und war zur Strafe dafür verdammt, sich in sein eigenes Spiegelbild zu verlieben – und zu leiden. Erst sein Sterben und seine Verwandlung in die Todesblume Narzisse bereitete seinen Qualen ein Ende: Welche Bedeutung kommt der Eigenliebe in psychoanalytischen Behandlungen zu?

Eine der Ideen, die Freud und seinen Think-Tank von Anbeginn beschäftigt hatten, war die Frage der Anwendung psychoanalytischer Theorien auf nichtmedizinische Wissensgebiete, etwa Anthropologie und Kunst. Spätestens durch die „Gradiva"-Arbeit von 1907 trat Freud öffentlich als Verfechter einer nicht nur medizinisch-kurativen Verwendung seiner Methode auf; ein hervorstechendes Beispiel in diesem Zusammenhang ist auch Freuds Arbeit über *Das Motiv der Kästchenwahl* aus *Der Kaufmann von Venedig.* Im Dezember 1909 referierte Freud über das Renaissancegenie Leonardo da Vinci. Ihn faszinierte der Aspekt der (sublimierten) Sexualität des Schöpfers der *Mona Lisa* und er führte dessen Meisterschaft darauf zurück, dass Leonardo so früh seine (Homo-)Sexualität in Wissenstrieb und Kulturschaffen umgesetzt habe. Auch die Religion war von Belang. Ebenfalls 1909 sprach man über Inquisition. Freud äußerte im Rahmen einer Diskussion mit Hugo Heller seine Ansichten dazu und stellte den Teufel als Symbolisierung der verdrängten Sexualtriebe dar.

Dissidenten und Abweichler

In der Mittwoch-Gesellschaft war Freud zwar der Admiral auf der Brücke, aber er konnte langfristig nicht mehr kontrollieren, wohin seine Kapitäne die aus immer mehr Schiffen bestehende Flotte steuerten. Einer dieser Kapitäne war Alfred Adler, laut Freud die einzige Persönlichkeit aus der alten Mittwoch-Gesellschaft mit geistigem Profil. Profil hatte Adler gewiss, vor allem ein reinweg anderes als Freud. Adler gab sich salopper als Freud, demokratisch-sozialistisch, wenig abgegrenzt gegenüber seinen Patienten und erpicht auf die Anwendung der Psychoanalyse in Pädagogik und sozialem Raum. Adler, selbst infolge einer Rachitis als Kind jahrelang gehbehindert gewesen, verfocht die Idee von der „Organminderwertigkeit", derzufolge bei Neurosen oft eine körperliche Behinderung oder eine einstige Beeinträchtigung wie etwa ein kindlicher Sprachfehler die Ursache der Störung sei. Infolge seines Gefühls von Unzulänglichkeit trachte der Neurotiker danach, die mit dem Makel einhergehenden Kränkungen — Mangelhaftigkeit, Hilflosigkeit, soziale Ablehnung — „überzukompensieren". So könne das Manko Entwicklung initiieren. Infolge dieses „Minderwertigkeitskomplexes" sei aber das Streben nach Macht und Stärke, weniger die Sexualität, die Haupttriebkraft des Lebens. Noch um 1907 äußerte sich Freud überwiegend zustimmend zu diesen Ansichten. Aber als Adler, der sich als kompromissloser Wahrheitssucher verstand, 1909 einen „Aggressionstrieb" in den Brennpunkt seines Neurosenverständnisses rückte und Freud das Sexuelle als Marginalie behandelt fand, wurde Freud die Gefahr zu groß. Der Hüter der Lehre wartete auf die passende Gelegenheit, um den Abtrünnigen „auszuschiffen". Adler hatte sein System kontaminiert, zumal er 1910 auch noch über „Psychischen Hermaphrodismus" zu reden

begann. Freud fühlte sich empfindlich an die finalen Zerwürf-
nisse mit Fließ erinnert. Adler hatte ungewollt seine Abschieds-
vorlesung gegeben und sich 1911 zum ersten Dissidenten
gemacht – er sollte nicht der einzige bleiben. Nach seinem Aus-
tritt aus dem Kreis um Freud gründete er seine eigene populäre
Lehre – die „Individualpsychologie". Freud indes konnte den
Verlust ebenfalls verschmerzen, sein Hauptproblem war die
Nachfolgersuche. Er wurde fündig: C. G. Jung wurde 1911 von
Freud zum Erben proklamiert.

Die ersten Mitstreiterinnen

Vorderhand waren überwiegend Männer in der Mittwoch-
Gesellschaft bzw. der Wiener Psychologischen Vereinigung ver-
treten. Die wenigen versprengten Frauen des Clubs besetzten
Nischen, zum einen die psychoanalytische Pädagogik, zum anderen die Psychologie der Frau. Die jüdische Ärztin Margarethe
Hilferding war die erste Frau, die an der Zusammenkunft der
Freudianer teilnahm. Im Januar 1911 referierte sie über „Grund-
lagen der Mutterliebe" und versuchte nachzuweisen, dass diese
nicht angeboren sei, sondern im Umgang zwischen Mutter und
Säugling entstehe. 1911 war auch die junge russische Psychiaterin
Tatiana Rosenthal dabei, die sich für feministische und kommu-
nistische Ideen, das Werk Dostojewskis sowie die Kinderpsychoanalyse stark machte. Zu den ersten Beiträgerinnen bei
Sitzungen der Wiener Psychoanalytischen Vereinigung gehörte
die Russin Sabina Spielrein, die nach einer überwundenen
Psychose Medizin studiert und sich der Psychiatrie zugewandt
hatte. Spielrein war 1911 die erste Frau, die mit einem psychoanalytischen Thema, einer Arbeit über Schizophrenie, promo-
vierte.

Die Pionierin Hermine Hug-Hellmuth referierte eine Untersuchung über Puppen, die als Inspiration für die Entwicklung ihrer
Spieltherapie gedient haben könnte. Freud beauftragte sie 1913
damit, die Rubrik über Kinderpsychoanalyse in der Zeitschrift

„Imago" zu betreuen, sie indes warf einen unrühmlichen Schatten auf ihn und seine Lehre, indem sie sich nicht unterstand, eine Arbeit, das *Tagebuch eines halbwüchsigen Mädchens,* das sie 1919 als authentischen Fallbericht vorstellte, zu fälschen. Freud war voll des Lobes für diesen „Edelstein", in dem er seine Theorien vortrefflich bestätigt sah. In Wahrheit war das Tagebuch Hermines eigene, zurechtgebogene Geschichte. Der Vorfall ist einer der Makel in den Annalen der psychoanalytischen Bewegung, den man am liebsten ausradiert hätte, desgleichen den tragischen Schlussakt: Hug-Hellmuth wurde 1924 von ihrem delinquenten Neffen Rolf Hug erwürgt. Der Mord erschütterte ganz Wien und fügte dem Ruf der Psychoanalyse-Zunft schweren Schaden zu, zumal Rolf nach Verbüßen seiner Freiheitsstrafe 1930 von der Wiener Psychoanalytischen Vereinigung eine Entschädigung verlangte – dafür, dass er seiner Tante als Versuchskaninchen gedient habe.

PSYCHOANALYSE ALS IMPULS

Rätsel Frau

Was will das Weib? So lautete eine der großen, letztlich unbeantworteten Fragen des Psychoanalytikers. Genomforscher haben inzwischen die DNA-Sequenz des weiblichen Geschlechtschromosoms X entschlüsselt, aber für Freud war die Frau, die feminine Psyche zumindest, zeitlebens „der dunkle Kontinent". Dem er zutiefst verbunden war: Was es mit dem Ödipuskomplex auf sich habe, dechiffrierte er aus Gefühlen seiner Mutter gegenüber. Zu den biografisch frühen Einflusspersonen und Introjekten gehörten seine Schwestern und das katholische Kinderfräulein, bevor Martha die emotionale und dramatische Hauptrolle in seinem Leben übernahm. In allen Lebensphasen aber waren die Frauen von besonderer Bedeutung für Freud, als Tochter, Schülerin, Mitstreiterin oder Patientin. In einer Zeit, in der das weibliche Geschlecht es als Beschränkung zu empfinden begann, das enge Korsett zu tragen, und sich nach einem anderen Leben zu sehnen anfing, gab Freud den Frauen im Gefolge der ersten Frauenrechtlerinnen Rückenwind für die Emanzipation.

Die Nähe zu den Frauen, die ihn an ihren Geheimnissen teilnehmen ließen, umgab ihn mit einer gewissen Aura von Zweideutigkeit. Was mochte das für ein Mann sein, der all diese heiklen Bücher geschrieben hatte? Bis heute ranken sich diesbezüglich Gerüchte um seine Person – von einer fraglichen Affäre über verheimlichte außereheliche Kinder bis zu der wohl abwegigsten Sorge, einer seiner sechs Sprösslinge sei in Wirklichkeit nicht sein leibliches Kind. Freud selbst gestand, von den Freiheiten, über die er schrieb, nur wenig Gebrauch gemacht zu haben, und gab sich konservativ. Distinguiert gekleidet, aufrechte Haltung, eindringlicher Blick, höflich-distanzierte Diktion, angenehme Umgangsformen alter Schule – was sollte daran anstößig sein? Seine Korrektheit wollte er aber nicht mit Spießbürgerlichkeit der *Petit Bourgeoisie* verwechselt wissen. In einem Brief an Stefan Zweig vom 7. Februar 1931 erklärte Freud, sein Leben sei von zu vielen Kämpfen mit inneren und äußeren Gegnern geprägt, von zu vielen Opfern gepflastert und vor allem das Ergebnis zu vieler Sublimierungen, um als Paradebeispiel unbekümmert-genügsamer Kleinbürgerexistenz zu gelten. Der Hauch von Biederkeit desillusionierte manche Erwartung. Die französische Dichterin Anna Elisabeth Comtesse de Noailles soll ein wenig enttäuscht von ihm gewesen sein, als sie Freud begegnete, als habe sie ein Minimum an schwüler Extravaganz erwartet. Lag es, erörtert Senyener, an der Couch (Freud pflegte von Diwan oder Liegebett zu sprechen)? Bis Anno Freud assoziierte man mit der Ottomane keine komfortable Krankenliege, an deren Kopfseite sich ein Gelehrter mit seinem Notizblock niederlässt, sondern ein morgenländisches Lotterbett, auf dem sich ein Gebieter mit seinem Harem umgibt; eine Szene, die auf zahlreichen orientalischen Gemälden zu sehen ist.

Die Frauen um Freud symbolisieren auch die oftmals diffizilen Beziehungsgeflechte unter den Psychoanalytikern, die sich in den offiziellen Zirkeln und privat, etwa während der Ferienzeit, durchmischten. Wie Zugvögel schwärmten manche aus, um in sommerlichen Gefilden Zeit mit Freud zu verbringen und sich poetischer Sinnsuche und mehr noch analytischer Forschung zu widmen. Teils Künstlerkolonie, teils Freundeskreis, vor allem aber Wissenschaftlergemeinde, schuf die geistige Produktionsgemeinschaft nolens volens eine eigene sich auch auf die Theorien auswirkende Versuchsanordnung, freilich ohne diese Gruppendynamik selbst zum Gegenstand metapsychologischer Betrachtung zu erheben. Mitunter verstrickten sich Freuds erste Adepten in ein heilloses Gefühlschaos mit Kolleginnen oder Patientinnen. C. G. Jung beispielsweise versuchte sich der Anziehungskraft zwischen ihm und seiner Analysandin, der späteren Frau Doktor Sabina Spielrein, zu erwehren, und Sándor Ferenczi behandelte seine eigene Frau und deren Tochter, in die er sich verliebte.

Bereits diese Fälle zeigen: Freuds im Alleingang initiierte Psychoanalyse war ein „exquisit geselliges Unternehmen" geworden, wie
er es, allerdings in einem anderen Zusammenhang, am 21.
Dezember 1929 ausdrückte.

Das Frauenbild der Psychoanalyse

Freuds Frauenbild war „gespalten", wie Lisa Appignanesi und
John Forrester ausführen. Einerseits schenkte er als progressiver
Psychoanalytiker den Frauen Gehör und nahm ihre Nöte und
(Befreiungs-)Gelüste ernst, in einer Zeit, in der es weder üblich
war, intime Bekenntnisse zum Gegenstand wissenschaftlicher
Überlegungen zu machen noch sie zum Thema eines öffentli-
chen Diskurses zu erheben. Andererseits war er traditionell in der
Lebensführung und Gesinnung, erlag aber einem gewissen Zauber nonkonformistischer Frauen wie Lou Andreas-Salomé. Sein
psychoanalytisches Frauenbild um den „Penisneid" stieß oft auf
Unverständnis oder wurde als extrem frauenfeindlich verstanden: Dem schwachen Geschlecht fehle es an dem, was ein Sub-
jekt konstituiert, dem Penis, und als Folge davon gebricht es den
Frauen an Intellekt, Fähigkeit zu kulturellem Wirken und letztlich auch an Über-Ich-Qualitäten. Frauen galten in Wissenschaft
und Gesellschaft noch Anfang des 20. Jahrhunderts als Mangel-
wesen, deren *defectus naturae* sie zu einer unterlegenen Version
des Mannes mache. Ob tiefes Denken, Vernunft und Fantasie
oder lediglich der Gebrauch der Sinne und Hände – per se könnten Männer mehr erreichen, als Frauen es vermögen. Warum
aber sollte die Hälfte der Menschheit mit ihrem biologischen
Geschlecht hadern, fragte die Psychoanalytikerin Karen Horney
1922 auf dem Berliner Kongress.

Frauen um Freud · Von Minna bis Marie

Wer waren die wichtigsten Frauen um Freud, die nach Martha
als erster Muse die frühe Psychoanalyse beeinflussten? Da wären
die ersten Teilnehmerinnen der – immer so genannten – Mitt-

woch-Gesellschaft. Die unkonventionelle Helene Deutsch, etwa so alt wie Freuds älteste Tochter, gilt als eine von Freuds Lieblingsschülerinnen und neben Anna Freud, Melanie Klein sowie Karen Horney, die beiden Letzteren allerdings als Antipoden und ohne persönliche Verbindung zum Gründervater, als eine der „Mütter" der Psychoanalyse. Eine weitere Vertreterin der „Töchter"-Generation war die amerikanische Juristentochter Ruth Mack-Brunswick, die 1922 nach Wien kam, um sich analysieren zu lassen, und eine der treuesten Anhängerinnen der Psychoanalyse wie der Freud-Familie wurde – und Freud bat, ihr Trauzeuge zu sein. Als zu den wichtigsten Frauen der psychoanalytischen Geschichte gehörend wären vor allem auch seine Schwägerin Minna, Dorothy, die Gefährtin seiner Tochter Anna, sowie Lou und Marie zu nennen.

Minna Bernays kannte Freud seit Jugendzeiten, wie eine Brücke schien sie verschiedene Lebensphasen und Sphären zu verbinden. Minna, Marthas vier Jahre jüngere Schwester, war eine enge Vertraute ihres Schwagers. – Wie vertraut? Diese Frage schürte bis in die jüngere Zeit Gerüchte. Sicher ist, Freud fühlte sich von Minnas Intelligenz und Scharfzüngigkeit angezogen. Minna blieb unverheiratet, nachdem ihr Verlobter Ignaz Schönberg, Freuds Freund, an Tuberkulose erkrankte und verstarb. In den folgenden Jahren kümmerte Minna sich um ihre Mutter in Hamburg und arbeitete als Gesellschaftsdame in verschiedenen Familien, bevor sie sich in Wien niederließ, um das Leben ihrer Schwester und deren Familie zu teilen. Ab etwa 1896 lebte sie mit den Freuds in der Wohnung in der Berggasse. Ein Arrangement, von dem alle profitierten: Minna fand eine Familie, die Kinder in ihrer patenten „Tante Minna" eine weitere Bezugsperson. Martha, mit ihrer aufopferungsvollen Fürsorge der biblischen Martha nicht unähnlich, wurde durch ihre Schwester entlastet und fühlte sich im Verein mit der selbstbewussten Minna ihrer Schwiegermutter Amalia gegenüber besser gewappnet. Sigmund versprach sich von der freigeistigen Minna eine Verbündete im Haus, die etwa weiterhin den Einzug religiöser Praktiken verhindern würde. Er schätzte seine Schwägerin als eine Art Lobbyistin seiner Interessen, als eine an der Psychoanalyse und anderen intellektuellen Themen viel stärker als Martha interessierte Gesprächspartnerin und als Gefährtin beim Kartenspiel und auf Reisen. Ihre enge Beziehung und die Tatsache, dass Minna sich am Telefon gelegentlich als „Frau Professor Freud" zu melden beliebte, beschwor maliziöses Gerede herauf: War Minna, die mit dem Mann ihrer Schwester in mondänen Kurorten, etwa im Sommer 1919 in Bad Gastein, abstieg, Freuds heimliche Geliebte? War sie sogar schwanger und ließ das Kind im Einvernehmen mit dem verheirateten, sechsfachen Vater im September 1900 in Meran abtreiben? Diese Ondits verführten zu Recherchen und lieferten Stoff nicht nur für folgenreiche weit reichende Kontroversen unter Historikern und Freudianern, die Janet Malcolm in den achtziger Jahren nachvollzogen hat, sondern inspirierte Kathleen Daniels 1992 zu dem fiktionalen Buch *Minna's Story. The Secret Love of Dr. Sigmund Freud*. Der jüngst erschienene Roman *Martha F.* aus der Feder der französischen Psychoanalytikerin Nicolle Rosen indes erhebt die Frage, warum Freud sich mit der als nicht allzu anziehend geltenden, zunehmend virileren Minna, als die Peter Gay sie beschreibt, eingelassen haben sollte, wenn ihm so viele junge, schöne Frauen zu Füßen gelegen sind.

Lou Andreas-Salomé, gleichen Alters wie Martha, ist nicht nur eine der ungewöhnlichsten Frauen des vergangenen Jahrhunderts, sondern, obwohl nicht zum Gründerkreis gehörend, auch eine der bedeutendsten Figuren der psychoanalytischen Geschichte. Louise von Salomé, geboren in Sankt Petersburg als Tochter eines deutsch-russischen Aristokratenpaares, rebellierte früh gegen gesellschaftliche Konventionen. Mit ihrer Mutter ließ sie sich in Zürich nieder und versprach sich von der Theologie und der Kunst den Zugang zur jener intellektuellen Welt, für die sie sich bestimmt sah, und wurde Schriftstellerin. Als solche suchte sie Umgang mit „Männern von Geist", um ihr Denken befeuern zu lassen und um ihrerseits zu befeuern. Um 1882 führt sie eine *Menage à trois* mit Paul Ree und Friedrich Nietzsche – die drei ließen sich vor einer Wagenattrappe fotografieren: Lou hält die Zügel, ein ungeheurer Affront. Seit 1887 war sie mit dem Göttinger Orientalisten Friedrich Carl Andreas verheiratet und führte mit ihm über viele Jahre eine von räumlicher Distanz und Freiheiten gezeichnete Ehe, die ihr den Umgang mit platonischen Männerfreunden und Liebhabern erlaubte, etwa mit Rainer Maria Rilke. Die Wiener Literatenszene um Arthur Schnitzler hatte durch ihre Eskapaden und ihre Arbeit bereits von Lou gehört, aber Freud begegnete der Autorin erst 1911 auf dem Kongress der Internationalen Psychoanalytischen Vereinigung (IPV) in Weimar. Eine illustre Gesellschaft aus dem In- und Ausland logierte im „Erbprinz" und im „Elephant". Es waren schon acht Damen mit von der Partie, die, keineswegs nur als ein Ornament, für das legendäre Lichtbild in der ersten Reihe Platz genommen hatten. Lou Andreas-Salomé, den Pelzkragen um die Schultern gelegt, war eine von ihnen. Lou glaubte, mit der Psychoanalyse ein Organon entdeckt zu haben, das es ihr endlich gestattete, ihren reichen Schatz an Beobachtungen und Erfahrungen theoretisch zu verarbeiten. Die attraktive Fünfzigjährige bat Freud darum, in die Psychoanalyse eingeführt zu werden. Sie zog nach Wien, um sich ab Oktober 1912, vorbereitet durch ein autodidaktisches Propädeutikum, als Novizin in die Psychoanalyse einführen zu lassen. Lou machte Aufzeichnungen über ihr Studienjahr: *In der Schule bei Freud* wurde später veröffentlicht. In Wien zeigte sie sich schon bald von ihrer leidenschaftlichen Seite, etwa indem sie eine Affäre mit Viktor Tausk begann. Freud aber bewunderte an ihr den Ernst an der Sache, ihre Empathie, Begeisterungsfähigkeit und ihren Gleichmut. Doch gleich nach ihrem besiegelten Beitritt zur Zunft brachte sie ihren Lehrmeister in Verlegenheit, indem sie ihm eröffnete, parallel auch mit Adler arbeiten zu wollen, mit dem Freud sich mittlerweile überworfen hatte – er nahm es hin. „Frau Lou" schlug neue Saiten in Freud an und wuchs ihm als Teilnehmerin der Psychoanalytischen Vereinigung sehr ans Herz. Er vermisste sie, wenn sie einmal verhindert war zu kommen. Lou, die zu Freuds Tochter „Annerl" eine enge Beziehung unterhielt und deren zweite Analytikerin wurde, repräsentierte für Freud „die Frau" schlechthin. Lou war ihm ebenbürtige Freundin und die Verkörperung von Freiheit, Schönheit, Intelligenz und Kreativität, meinen Roudinesco und Plon. Ihr literarisches Werk allerdings geriet in den Hintergrund, noch bevor sie 1937 in ihrem Göttinger Haus starb; ein musikalisches hingegen wurde ihr gewidmet: *Lou Salomé*, die 1981 uraufgeführte Oper von Giuseppe Sinopoli, der sowohl Psychiater als auch Komponist und Dirigent war – und sein vor seinem frühen Tod abgeschlossenes Studium der Archäologie mit einer ägyptologischen Doktorarbeit krönte.

Mit Marie Bonaparte, Förderin, Freundin und Retterin, trat 1925, rund fünfzehn Jahre nachdem er die aus dem zaristischen Adel stammende Lou kennen gelernt hatte, eine andere Grande Dame in Freuds Leben. Die Französin wurde als Tochter Roland Bonapartes, Enkel des Kaiserbruders Lucien, 1882 in Saint Cloud in Paris geboren. Episoden ihres ungewöhnlichen Lebens fanden Eingang in Prousts *Auf der Suche nach der verlorenen Zeit*. Die Urgroßnichte des von Freud bewunderten Napoleon verlebte eine privilegierte, aber einsame und traurige Kindheit, wie Célia Bertin beschrieb. Marie heiratete Prinz Georg von Griechenland. Möglicherweise eine arrangierte, aber freundschaftlich fundierte Ehe mit einem latent homosexuellen Mann. Marie, intelligent, reich, unkonventionell, wurde zwar Mutter von Prinzessin Eugenie und Prinz Peter und eine hofierte Königliche Hoheit. Glücklich aber wurde sie nicht, und das war nicht nur den nicht eben unkomplizierten Aspekten ihres Ehelebens geschuldet. Im Kampf gegen ihre Frigidität legte sie sich unters Skalpell und pries, unter Pseudonym, den – erfolglosen – chirurgischen Eingriff in einem Artikel. Gelangweilt vom leeren

Zeremoniell des Hochadels und unzufrieden mit ihren Liebhabern, suchte die Leidgeprüfte nach einer erfüllenden Aufgabe.
Als sie auf Anraten von René Laforgue 1925 Freud in Wien aufsuchte, war sie mehr oder weniger selbstmordgefährdet. Ihre
Analyse wurde zum Wendepunkt; „Freud-a-dit", „Freud hat
gesagt", zu ihrem Spitznamen. Zwar fand ihre Analyse kein rech-
tes Ende, denn Maries Zustand bot über die Jahre genug psychologischen Sprengstoff: Maries *Cahiers,* ihre kummervollen Kind-
heitserinnerungen, wurden zu einem Fokus in ihrer Analyse.
Zudem hielt Freud sie offenbar davon ab, eine inzestuöse Beziehung mit ihrem Sohn einzugehen, und setzte ihren chirurgischen
Selbstverstümmelungsexperimenten gewisse Grenzen. In die
Domäne der Psychoanalyse eingetreten, bewegte Marie sich in
einem Spagat zwischen Analysen bei Freud und Empfängen bei
Hofe und weihte ihr Leben der Psychoanalyse und deren Doy-
en. Als Übersetzerin, Organisatorin und Mäzenin trieb die Kos-
mopolitin die Methode in Frankreich voran, wo die Psychoanalyse als „deutsche" Wissenschaft des Erzfeindes lange abgelehnt
wurde. Sie hatte erheblichen Anteil an der Rettung Freuds und
seiner Familie vor den Nationalsozialisten und knüpfte Kontakte, einer der letzten war der zu Königin Elisabeth von Belgien,
einer Förderin der Künste und Wissenschaften, mit der Freud am
19. Oktober 1937 zusammentraf. Marie ist zudem eine kleine
Filmdokumentation zu verdanken. Freuds notorische Kamera-
scheu konnte Hoheit nicht davon abhalten, ihre surrende Appa-
ratur mitzubringen. „Prinzessin Kinovorstellung", kommentier-
te Freud den Tag, an dem Marie ihm ihre Aufnahmen vorführ-
te. Im Sommer 1937 hielt sie in Grinzing den Besuch von Arnold
Zweig und Max Eitingon fest. Im Dezember desselben Jahres
filmte sie in Wien, als sie im Wartezimmer nervös ihrer Analyse-
sitzung harrte. Ein letztes Mal schwenkte die Kamera über all die
Antiquitäten, Bilder, Urkunden und Fotografien; Aufnahmen,
die heute im Freud-Museum zu sehen sind. Freud verlieh Marie,
wie auch Lou, als Dank für ihre Dienste und ihre Treue einen der

berühmten Ringe, die den ausgewählten Mitgliedern des Komitees vorbehalten waren und sie sozusagen zu „Rittern der Tafelrunde" erhoben. War Lou eine Art Idealbild von Frau für Freud, war Marie die perfekte Schülerin, eine ebenso loyale wie eifrige Botschafterin seiner Ideen.

Dorothy Burlingham wurde eine enge Freundin der Familie, Partnerin von Freuds Nachfolgerin und Mäzenin größerer psychoanalytischer Projekte. Geboren wurde sie als Tochter des berühmten Juweliers Charles Tiffany in New York. Sie verließ ihren manisch-depressiven Mann und ging 1925 mit ihren vier Kindern nach Wien. Dort begann sie ihre Analyse zunächst bei Theodor Reik. Anna Freud, vier Jahre jünger als die Amerikanerin, behandelte Dorothys Kinder, denen mehr oder minder ausgeprägte psychische Probleme zusetzten. Man freundete sich an und bald gingen Mrs. Burlingham und ihre Kinder in der Berggasse ein und aus. Schließlich bezog die Familie die Wohnung über den Freuds und lebte mit ihnen in, wie Freud sagte, „Symbiose". Dorothy legte sich bei Freud, der von ihr sehr eingenommen war, auf die Couch und wurde von ihm darin unterstützt, selbst Analytikerin zu werden. Anna, die gelernte Lehrerin, erteilte Dorothys Kindern Privatunterricht und dies war ein entscheidender Anstoß für das Kooperationsprojekt einer eigenen Schule, der Burlingham-Rosenfeld-Schule, die unter anderem die Erkenntnisse Maria Montessoris umzusetzen bestrebt war und für Kinder gedacht war, deren Eltern in Analyse waren. Dorothy emigrierte wie die Freuds nach London. Dort verschrieb sie sich mit Anna Freud ab 1940 der Planung, Realisierung und Führung ihres Projekts der „Hampstead War Nursery" für Kriegskinder. 1952 ging das Kriegskinderprojekt in die nun gegründete „Hampstead Child Therapy Clinic" über.

Künstlertum und Psychoanalyse als Verbündete

Die Künstler, vor allem die des Wortes, waren Freuds Komplizen auf seinem Weg zur Psychoanalyse, wenngleich sie, wie Hermann

Hesse am 9. September 1918 an Freud schrieb, es – noch – nicht wussten. Die *Entente cordiale* geht auf deren literarische Verankerung zurück. Weil in den künstlerischen Konstrukten Verdrängtes und Abgewehrtes zur Darstellung gelangt, war und ist die Psychoanalyse daran interessiert. Umgekehrt traf vor allem *Die Traumdeutung* den Nerv der Künstler, die, wie der Psychoanalytiker, aus dem Unbewussten schöpften – und nun in Worte gefasst fanden, wessen sie sich bereits wie selbstverständlich bedient hatten. Beide, Kunst und Analyse verlassen sich auf ihr Gespür für psychische Dynamik. War nicht seit Jahrhunderten die Schilderung menschlichen Seelenlebens Domäne der Dichter? War es nicht die gleiche Atmosphäre, aus der die einen literarische Gestalten destillierten, die anderen Patienten bezogen? Die „Dora" aus den *Studien über Hysterie* könnte eine der Feder Ibsens oder Schnitzlers entsprungene Kunstfigur sein. Besonders Schnitzler, wie Freud ein Arzt und Schriftsteller, und so sein „Doppelgänger" im Geiste, verkörperte die Spannung zwischen den Polen wissenschaftlich – ästhetisch, bürgerlich – künstlerisch, prüde – triebhaft. Nach Freud ist jedes Kunstwerk, sei es gemalt, gestaltet, gedruckt oder in Noten gesetzt, eine materialisierte Darstellung einer Idee, ein in ästhetische Formensprache gebrachter Wunsch, ein auf kreative Weise kommunizierter Tagtraum, ein Gefühl, Konflikt, eine Fantasie – und Kunstgenuss bedeutet Lustgewinn. Freud nennt *Ars poetica,* das rätselhafte Vermögen der Künstler, ihre Wunscherfüllung zu einem solchen Genuss zu machen, die „Prämie". Die Avantgarde war offen für solch innovative Provokation, und Freud fand die Mannigfaltigkeit menschlichen Seins vorgeführt: Psychoanalyse und Kunst erwiesen einander einen Dienst. Dennoch – oder gerade deswegen – bewies Freud eine „erstaunlich ambivalente Einstellung gegenüber Kunst und Künstlern", befand Anthony Storr. Und Ernest Jones schreibt in seiner Biografie, Freuds Sohn Ernst habe ihm abgeraten, der Kunst ein großes Kapitel zu widmen: Sein Vater habe nicht allzu viel von Kunst verstanden. Obwohl Freud

Zeitgenosse und Augenzeuge eines künstlerischen Aufbruchs war, mischte er sich nicht unter die Akteure, machte sich nicht zum Teil des Ensembles, sondern blieb hinter den Kulissen. Die Künstler kamen zu ihm. Darunter Hilda Doolittle, genannt H. D., die Dichterin, die sich 1933 im Hotel Regina einmietete, um bei Freud Analysestunden zu nehme, und um 1956, zwanzig Jahre nach Beendigung ihrer Behandlung, ein Buch darüber zu veröffentlichen. Die Surrealisten etwa fühlten sich wie Freud aufgerufen, den Finger auf neuralgische Punkte zu legen, das Leben in seiner Ganzheit zu begreifen, einschließlich Amoral, Tabus und Exaltationen – und das Begehren als der zentralen Antriebskraft des Menschen. Mit Thomas Mann war Freud einverstanden. Ein anderer literarischer Zeitgenosse, Thornton Wilder, gehörte zu denen, die sich der Psychoanalyse in ihren Romanen auf eine Weise befleißigten, die Freud weniger zusagte – zumal Thornton Wilder eine der Figuren in seinem 1926 veröffentlichten Roman *Die Cabala* eine abschätzige Anspielung auf Freud machen lässt. Den literarischen Jüngern aus Freuds erster Ruhmesphase folgten weitere Bohemiens aller Couleur. Vor allem Hippies und Psychedelics entdeckten Freud posthum als einen ihrer Gurus – auch mit diesen Anhängern wäre er vermutlich nicht immer konform gegangen.

Literaten

Thomas Mann soll stellvertretend für die unzähligen Schriftsteller stehen, die sich durch die Psychoanalyse befruchtet fühlten, denn Mann gehörte zu den ersten großen Künstlern und Zeitgenossen überhaupt, die deren Impuls aufnahmen und die Bedeutung des Freud'schen Werkes erkannten. Freud wiederum erklärte sich zum Thomas-Mann-Leser der ersten Stunde, wie er dem Schriftsteller am 6. Juni 1936 schrieb. Der 1875 geborene Sohn einer Lübecker Patrizierfamilie konnte 1901 mit dem weitgehend auf Autobiografischem beruhenden Roman *Die Buddenbrooks* einen großen Erfolg feiern. Thomas Mann öffnete sich spätestens Mitte der zwanziger Jahre für die Auseinandersetzung mit Freuds Werk. Ein Schlüssel zu Manns Faszination für die Psychoanalyse liegt in seiner Vorliebe für Fantasiegestalten und wahnsinnig gewordene Gelehrte, für Krankheit, Tod und Sexualität. Begonnen 1913, entstanden weite Teile des 1924 abgeschlossenen Buches *Der Zauberberg* während des Ersten Weltkrieges. Thomas Mann beschreibt darin eine verzauberte Welt, weil die reale nicht erträglich ist. Die Geschichte, angesiedelt in der luxuriösen wie makabren Atmosphäre eines Davoser Nobelsanatoriums für Schwindsüchtige, ist gespickt mit morbiden und todessüchtigen Figuren – viele kommen, die meisten werden fortgetragen. Die Lungenklinik wird jahrelang die Heimat des Romanhelden, eines Hamburger Bürgerssohnes. Siechtum, Langeweile und geistig-moralische Abenteuer liegen nah beieinander in dessen Genesungsprozess. Der Held wird von einer schönen Frau ebenso behindert wie von verführerischen Mächten in einen Strudel gezogen und von einem unerklärlichen Bann belegt. Thomas Mann, Nobelpreisträger von 1929, machte, wenn er solche literarischen Figuren und Plots konzipierte, Anleihen bei Freud, um schließlich die Psychoanalyse als einen der wichtigsten Bausteine für das Fundament der Zukunft einer befreiten und wissenden Menschheit zu bezeichnen. Die Hochachtung war eine gegenseitige. Freud dankte Mann als „einem der berufensten Wortführer des deutschen Volkes" für die Wertschätzung. Er sollte noch einmal Gelegenheit dazu bekommen. Am 14. Juni 1936, die Nationalsozialisten machten keinen Hehl mehr aus ihren Absichten, besuchte der bei diesem Treffen bescheiden und fast ehrfürchtig auftretende große Deutsche den Wiener Gelehrten an dessen Ferienort in Grinzing, um ihm seinen Geburtstagstext „Freud und die Zukunft" vorzulesen. Es handelte sich um das Redemanuskript der von Mann im Mai des Jahres im Konzerthaus in Wien gehaltenen Ansprache, zu der Freud verhindert war zu erscheinen. Freud war überaus gerührt und erfreut, „und die Meinigen, die anwesend waren" ebenfalls.

Unter den Zuhörern war Freuds Ehefrau, eine begeisterte Mann-Leserin. Bei Eiscreme auf der Terrasse plauderte sie, als Leserin, mit ihm über seine Bücher und, als Hanseatin, über beider norddeutsche Heimat. Auch über Travemünde, das „Kindheitsparadies" Thomas Manns – und Hochzeitsreiseziel der Freuds.

Es waren der Literaten viele, die sich wie Thomas Mann zu Freudianern im Geiste erklärten und persönlichen Kontakt zum Begründer der Psychoanalyse suchten. Oft beruhte auch hier die Wertschätzung auf Gegenseitigkeit. So im Falle Rainer Maria Rilke, der am 8. September 1913 im Rahmen des IV. Kongress der Internationalen Psychoanalytischen Vereinigung in München durch Lou Andreas-Salomé mit Freud bekannt gemacht wurde. Besonders die junge Anna Freud verehrte den sensiblen Poeten, der auch für seine Schriftstellerkollegin und Geliebte, die Freud-Schülerin Lov, Erkenntnisgewinn brachte. „Dichtung ist etwas zwischen dem Traum und seiner Deutung", notierte sie im November 1912 an den Rand ihrer Mitschrift zu Freuds Kolleg über die Deutung von Traum und Dichtung. Diese Lektion ermöglichte ihr beispielsweise, Rainers wirre Träume als „phallische Hymen" zu interpretieren, wenn darin die „Rosenpflückerin die volle Knospe seines Lebensgliedes" fasst, wie Rilke es in seine Kladde mit den *Sieben Gedichten* eintrug, oder wenn es hieß: „Doch nun sollst du einen Turm gewahren mit dem wunderbaren Raum in dir." Romain Rolland schließlich, dem Freud 1924 in Wien begegnete, gehörte zu denjenigen Autoren, die im Gefolge der Surrealisten und durch ihre literarische Arbeit dem Freudianismus in Frankreich den Boden bereitet hatten, und bildete damit eine Brücke zu den gleich gesinnten Malern.

Maler

Ist Thomas Mann der Obmann der durch Freud beeinflussten Schriftsteller, steht Salvador Dalí an der Spitze der ersten Maler, deren Idol Freud war. Als einer der sich nach Entgrenzung des Ich sehnenden Surrealisten fühlte Dalí sich früh von der Psychoanalyse durchdrungen. So machte er Zeichnungen von der „Gradi-va", nachdem er Freuds Abhandlung über Jensens *Gradiva* gele-sen hatte, und nannte später seine einflussreiche Gefährtin und Muse Gala ebenfalls Gradiva – die Vorschreitende. Als junger Maler besuchte Dalí die Exilanten Sigmund und Martha Freud im Juli 1938 in London. Der österreichische Schriftsteller Stefan Zweig, der Dalí kannte, hatte Freud gefragt, ob er den Spanier bei einem Besuch mitbringen dürfe. Er durfte. Obwohl Person und geniales Werk des Spaniers zu jener Zeit noch nicht nahtlos im Gesamtkunstwerk Dalí aufgegangen waren, war sein Talent zur Selbstdarstellung unverkennbar. Zwar erschien er pomadisiert und im konventionellen Anzug und nicht perlenbehängt in schil-lernder Seide wie in späteren Schaffensperioden – er hätte etwa ein argentinischer Tangotänzer sein können –, aber Dalí hatte einen Hang zu leichten Grimassen und kam, mit seinen gezwir-belten Bartspitzen, der muskatbraunen Haut, den sardonisch gespitzten Lippen und staunenden runden Augen, seinen Gast-gebern ein wenig skurril vor. In der bürgerlichen Umgebung von Maresfield Gardens dürfte er auf die älteren Herrschaften wie ein Einmannzirkus gewirkt haben. Während des Besuchs skizzierte Dalí seinen Gastgeber, dessen Schädel ihm vorkam wie eine Wein-bergschnecke. Keiner wagte, Freud die fertigen Bilder vorzulegen, denn Dalí zeigte den Krebskranken darauf gradheraus als vom Tod gezeichnet. Freud fällte nach dem Besuch ein gnädiges Urteil über seinen Gast und dessen unverkennbare Meisterschaft. Dalí wiederum erwähnte in seiner Autobiografie, es sei leider wenig gesprochen worden an jenem Nachmittag. Dafür habe man sich mit Blicken verschlungen, und er, Dalí, habe sich wie ein Dandy von universellem Intellektualismus geben wollen. Später erfuhr er, dass er genau das Gegenteil davon bewirkt hatte. Nicht nur die Londoner Begegnung, sondern auch einschlägige Fallgeschichten der Psychoanalyse hatte Dalí im Folgejahr im Sinn, als er *Freuds polymorph Perverser* malte, das auch unter dem Titel *Bulgarisches Kind beim Verschlingen einer Ratte* bekannt ist.

Die Amerika-Reise · Freud erobert die USA

1909 trat Freud in Begleitung von C. G. Jung und Sándor Ferenczi eine Vortragsreise in die USA an – die weiteste Reise seines Lebens. Zunächst zögerte Freud mit seiner Zusage, weil er den Verdienstausfall fürchtete, als aber der ins Auge gefasste Termin in die Ferienzeit fiel und sein Honorar aufgestockt wurde, sprach mehr für als gegen die Reise über den großen Teich. Nach dem erfolgreichen Salzburger Kongress im Vorjahr war Freud bereit für den Schritt auf außereuropäisches Parkett. Er sollte an der renommierten Clark University von Worcester in Massachusetts, der Stanley Hall vorstand, aus Anlass des zwanzigsten Jahrestages des Bestehens der Hochschule eine Reihe von Vorlesungen halten. Die *lectures* waren aber nicht der einzige Anlass für die große Reise in die neue Welt. „Was Garderobe betrifft, so nehme ich außer den Reiseanzügen Frack und Salonrock mit", ließ er seinen Reisebegleiter Ferenczi im Brief vom 4. Juli 1909 wissen. Wohlweislich, denn Professor Stanley Hall, der 1883 an der Johns Hopkins University eines der weltweit ersten psychologischen Institute überhaupt eingerichtet hatte, ließ verlauten, man wolle Freud ein Ehrendoktorat verleihen – mit allem Drum und Dran, ein „Mummenschanz mit allen möglichen roten und schwarzen Roben und viereckigen Troddelhüten", wie C. G. Jung seiner Frau Emma schrieb.

Am 20. August trafen sich Freud, Jung und Ferenczi in Bremen. Beim Mittagessen im Ratsweinkeller erzählte Jung lang und breit von den prähistorischen Moorleichen, die man in Norddeutschland um 1900 gefunden hatte. Freud deutete das Tischgespräch über die Leichenfunde, die Archäologenkreise allerorts entzückt hatten, das Gerede über mumifizierte Verblichene, als verborgenen Todeswunsch gegen ihn. Er wurde ohnmächtig – vielleicht haben zu dem Schwächeanfall ja auch Reisestrapazen und ein Gläschen Rebensaft, das man sich genehmigt hatte, beigetragen, schließlich befand man sich im Ratsweinkeller. Wieder bei Sinnen, stand der geplanten Abreise nichts mehr entgegen. Am darauf folgenden Tag bestiegen sie den Ozeandampfer „George Washington", um die etwa achttägige Fahrt über den Atlantik anzutreten. Die Zeit an Bord vertrieb sich das Trio mit kleinen Spielchen: Jeder deutete die Träume des anderen. Freud war zudem hellauf erfreut, als er feststellte, dass sein Kabinensteward sein Buch *Zur Psychopathologie des Alltagslebens* las – seine Texte erreichten also tatsächlich auch ein Laienpublikum!

Am Abend des 27. August lief das Schiff in die New York Bay ein und Freud, der Columbus-Bewunderer, ging in der Neuen Welt von Bord. Abraham Arden Brill – man kannte sich aus Salzburg – erwartete das Trio an Land. Brill, der Mitarbeiter Eugen Bleulers in Zürich gewesen war, ist ein Beispiel für die oft so schillernden und fast unglaublichen Lebensläufe der ersten Freud-Anhänger. Brill hatte in der Neuen Welt sozusagen eine Tellerwäscher-karriere gemacht: In Galizien geboren, verließ Brill nach einem Zerwürfnis mit seinem Vater seine Familie, um als Fünfzehnjähriger und, so die Legende, ganz allein, mit nur drei Dollar Start-kapital, aus Österreich-Ungarn in die Neue Welt auszuwandern, wo er sich, um das Medizinstudium zu finanzieren, als Sprach- und Mandolinenlehrer durchschlug. Er kam dann nach Europa zurück, arbeitete bei Bleuler, um 1908 erneut in die Staaten zu gehen und in *Big Apple* als erster hauptberuflicher Analytiker eine Praxis zu eröffnen. Mit Brill – der Manhattan kannte wie seine Westentasche – als Führer genoss die Reisegesellschaft im Verlauf der Woche die Sehenswürdigkeiten; das Metropolitan Museum of Art, Kinos, Restaurants. Prompt fand Freud ein Haar in der Suppe: das Essen. Eiswasser, schwere Speisen, all das bekomme seiner Verdauung gar nicht, klagte er. Freud durchstreifte das Metropolitan Museum of Art und konnte nicht umhin, etwas bei Tiffany's zu erstehen. Nach einer Woche fuhr Freud per Schiff über Fall River und weiter auf dem Landweg über Boston nach Worcester.

Am Abend des 10. September stand ein stolzer Freud in der Uni-versitätsturnhalle, um die Ehrung – promoviert zum Doktor der

Rechte – honoris causa zu empfangen. Von der akademischen Welt Mitteleuropas geächtet und ignoriert wie der Prophet, der zu Hause nichts gilt, widerfuhr ihm hier uneingeschränkte Huldigung. Seine Methode war kein Hirngespinst, sondern akademische Realität. Viele führende amerikanische Psychologen waren eigens nach Worcester gekommen, um das Highlight des Jubiläumsreigens, Freud, zu hören. Unter ihnen auch William James, der Bruder des Schriftstellers Henry James. Die Begegnung zwischen Freud und dem Kollegen James war nachhaltig. Die Art, wie der Herzkranke mit einem plötzlichen Anfall von Angina pectoris umging, beeindruckte Freud tief: Freud wünschte sich, wie er später bekannte, eine ähnliche Furchtlosigkeit angesichts des nahenden Lebensendes.

Nach dem offiziellen Teil der Reise verbrachten Freud, Jung und Ferenczi noch ein paar entspannte Tage. James Jackson Putnam, Neuropathologe an der Harvard Universität, der einer der Pioniere der Psychoanalyse auf dem amerikanischen Kontinent werden sollte, hatte auf seine Ranch geladen. Diese Tage in der Wildnis gaben Freud mit seinem gespannten Verhältnis zum American way of life den Rest. Das Anwesen lag in Keene Valley, einer herben Landschaft, in der man sich mit wenig Komfort zu begnügen hatte. Freud schrieb von „Camping", das damals noch nahezu unbekannt war, und erwähnte ein totes Stachelschwein, einen Vertreter ebenjener Spezies, die in Amerika leibhaftig zu sehen er sich ausdrücklich vorgenommen hatte. Und das war dann auch wie ein Zeichen. Er sei „froh, dass ich heraus bin und noch mehr, dass ich nicht dort leben muss", schrieb er seiner Tochter Mathilde am 23. September 1909. Mit Mitbringseln von Tiffany's im Gepäck und einem fulminanten Erfolg in der Tasche trat Freud die Rückreise an. Am 21. September lichtete das Schiff „Kaiser Wilhelm der Große" die Anker und nahm Kurs auf Nordeuropa. Acht Tage und einige Stürme später kamen sie wohlbehalten zurück. Überlagert von seinem Hochgefühl geriet etwas in den Hintergrund, das Freud wenige Jahre später aufging:

Spannungen zwischen ihm und C. G. Jung. Ein Wortkrieg lag in der Luft. Zeitgleich mit der Fanfare, die ihn im Hafen von New York empfangen hatte, hatte die Totenglocke der Freundschaft zwischen Freud und Jung begonnen zu schlagen.

C. G. Jung und andere Dissidenten

Die ersten Jahre des neuen Jahrhunderts brachten die Bewegung entscheidend nach vorn. Zu Freuds fünfzigstem Geburtstag 1906 setzten seine Anhänger ihm ein erstes Denkmal: eine vom Wiener Bildhauer K. M. Schwerdtner entworfene Porträt-Medaille; auf der Vorderseite der Münze prangte Freuds Profil, auf der Rückseite ein Vers und eine Abbildung von Sphinx und Ödipus – für den Mann, der das Rätsel gelöst hatte. Danach nahmen ihn neue Entwicklungen gefangen: neue Schüler, Kongresse, Vorträge in Amerika. Mit all diesen Höhepunkten hatte C. G. Jung zu tun, der 1907 in Freuds Leben getreten war, um nur rund sechs Jahre später wieder daraus zu verschwinden. Nachdem 1911 Alfred Adler die erste Sezession verursacht hatte und aus der Mittwoch-Gesellschaft ausgetreten war und nachdem im Oktober 1912 Wilhelm Stekel seinen Hut genommen hatte, zeichnete sich nun ein noch tieferer Dolchstoß ab: Jung komplettierte die Troika der Dissidenten. Dieser Schüler, nach der Adler-Havarie mit hohen Erwartungen besetzt und auserkoren zu dem, an den Freud den Stab übergeben wollte, wurde zu aufmüpfig. Ausgerechnet Jung, der für die Psychoanalyse unterm Strich von unschätzbarem Wert war. Erstens hatte Jung gemeinsam mit seinem Chef Eugen Bleuler das neue Verfahren ins Behandlungsspektrum am Klinikum Burghölzli bei Zürich eingeführt und damit die Tür in die deutschsprachige Schweiz, also das Ausland geöffnet. Zweitens war das Verfahren durch Jung in die psychiatrischen Kreise gesintert, denn Bleuler hatte begonnen, Freuds Verfahren bei der Behandlung seiner an „Schizophrenie" Erkrankten auszuprobieren. Drittens stand C. G. Jung, und das war der vielleicht größte Dienst, den er Freud erwies, für ein neues Image der Psychoanalyse. Dieser eidgenössische Eleve war weder Österreicher noch Jude und befreite die Psychoanalyse von ihrem Stempel, bloß ein jüdischer Club einer umschriebenen Region zu sein, ein Wiener Spezifikum und Trostpflaster für das Großbürgertum. Kurzum: Jung verkörperte den von Freud erhobenen Anspruch darauf, Wissenschaft zu betreiben, etwas Globales zu verhandeln. Jemanden wie Jung abzustreichen, musste schmerzen.

Im März 1907 hatte alles so gut begonnen, als Jung, der Assistent des Burghölzli-Chefarztes Eugen Bleuler, sich in Begleitung auf den Weg nach Wien gemacht hatte. Jung stand bereits seit April 1906 in Briefkontakt mit Freud, den er jetzt treffen wollte, in der Hoffnung, einen Menschen seinesgleichen zu finden, den Kopf, mit dem er sich messen konnte. Als nach einem gleich mehrstündigen Gespräch der eine seinen neuen *Spiritus rector* und der andere einen neuen Adjunkten gewonnen zu haben begriff. Ausgerechnet Jung, dem in die Steigbügel zu helfen Freud so erzweckte, dass er über potenzielle Streitpunkte in Jungs Charakter und Werdegang hinwegzusehen geneigt war, ausgerechnet der schlug quer.

C. G. Jung, geboren 1875, stammte aus einer Schweizer Pastorenfamilie. Sein Großvater soll Gerüchten zufolge möglicherweise ein unehelicher Sohn Johann Wolfgang von Goethes gewesen sein, schreiben Roudinesco und Plon – vielleicht nur eine Art „Familienroman". Jung, der sich früh für Spiritismus interessierte und sich etwa in Kants Schriften vertieft hatte, studierte ab 1895 in Basel Medizin. Seine medizinische Doktorarbeit schrieb er über den Fall eines „Mediums", wobei es sich, wie später herauskam, um seine Cousine Helene Preiswerk handelte. Ende 1900 trat er ins Burghölzli, das Psychiatrische Lehrkrankenhaus der Universität Zürich, ein. Mit immer noch deutlichem Hang zum Okkulten las er Aufsätze über das Unbewusste und studierte die Arbeiten von Pierre Janet. Dem französischen Psychiater Janet kam es zu, als Erster den „Rapport" zwischen Patient und

Arzt thematisiert zu haben – Freuds Arbeit lehnte er ab. So verfügte Jung, als er Freud begegnete, über Vorwissen und eigene Vorstellungen von der Psyche und war zu Widerspruch aufgelegt. Unbeirrt kultivierte er sein Andersdenken und Anderssein. Wo Freud zurückhaltend und ätherisch war, gab Jung sich kontaktfreudig und extrovertiert sowie Individualisten und Exzentrikern zugetan. Er sympathisierte weiterhin mit Mystik und spiritualistischen Spielchen wie Tischerücken. Einmal demonstrierte er als Poltergeist magische Kräfte, als er zu Freuds Verblüffung den Gegenständen auf den Möbeln in der Berggasse irgendwie Klänge zu entlocken vermochte – Freud versuchte es ihm nachzutun und scheiterte kläglich.

Immer wieder rieben Jung und Freud wie tektonische Platten aneinander – bis das an den Faltungszonen zu großen Problemen führte. 1908 baten Freud und „Dr. C. G. Jung, Privatdozent für Psychiatrie" noch gemeinsam zum Kongress Ende April. In Salzburg, bequem zwischen Wien und Zürich gelegen. Zum Erfahrungsaustausch und um zu diskutieren, so Jung im Einladungsschreiben, das sich nur an die „sehr geehrten Herren" wandte, denn noch waren Frauen in der psychoanalytischen Bewegung eine zu vernachlässigende Größe. Thema war, wie „durch die Analyse freigewordene Libido in therapeutisch günstige Bahnen" gelenkt werden könne, der „Rattenmann"-Fall oder „welche praktischen Winke" sich aus Freuds Theorie für die Kindererziehung ergeben. 1910 in Nürnberg wurde die Internationale Psychoanalytische Vereinigung, die International Psychoanalytic Association, gegründet und Freud berichtete den Teilnehmern im Saal des Grandhotels „über Amerika". Im Gefolge dieser beiden konstituierenden Kongresse von 1908 und 1910 keimten zunehmend Meinungsverschiedenheiten auf. Wie bei der Buntheit der Analytiker-Szene kaum anders zu erwarten, spielten sowohl Sachfragen als auch Zwist eine Rolle. Verletzte Eitelkeiten vermengten sich mit Differenzen um die psychoanalytische Kernkompetenz: Wie lange dauert eine optimale Behandlung?

Welchen Stellenwert hat die Sexualität? Wie definieren wir die Begriffe Unbewusstes, Übertragung, Gegenübertragung? Es war schwierig, ungleiche Meinungen zu amalgamieren und diejenigen bei der Stange zu halten, die sich nicht länger für die von Freud vorformulierte Lehrmeinung einspannen lassen wollten. Der symbolische Schulterschluss der auf dem berühmten Kongressfoto von Weimar 1911 Abgebildeten ließ gewissermaßen zu wünschen übrig. Schon seit einem Jahr waren die Misstöne im Orchester nicht mehr zu überhören. Nun posaunte auch Jung eigene Meinungen immer lauter heraus. Er gelangte dahin, die infantilen Fixierungen als ätiologischen Faktor für weit weniger wichtig zu halten als früher, und legte zunehmend Gewicht auf das „kollektive Unbewusste". Außerdem warf er Freud vor, seine Schüler durch die Bank wie Analyse-Patienten zu behandeln, zu beschämten Symptomträgern sowie zu Söhnen und Töchtern des Übervaters zu degradieren. Ein Affront sondergleichen; Funktionär Jung, Präsident der Internationalen Vereinigung, hatte zu stark am Barte des Propheten gezupft. Freud legte die privaten Kontakte auf Eis. 1913 war der Bruch abzusehen und bis 1914 – C. G. Jung begann, seine „Analytische Psychologie" mit dem Modell der Archetypen zu propagieren – vollzogen. Vollständig: Wer aus dem Boot ausstieg, zu dem wurden alle Verbindungen gekappt. So wie es sich 1909 in New York beim Auslaufen des Schiffes angekündigt hatte.

Das Geheime Komitee

Freud zog aus dem Fall des Kronprinzen zum Störenfried eine Lehre für die Zukunft: Er würde sich mehr vorsehen. Und über die Untreuen das Scherbengericht halten. In *Zur Geschichte der psychoanalytischen Bewegung* prangerte Freud 1914 Adler und Jung per Pamphlet als schäbige Verräter an. Eine umso pikantere Abrechnung, wenn man bedenkt, dass Jung ein gut gehütetes Geheimnis gelüftet haben soll. Er habe expliziert, alles über Freuds angebliche oder reale Liebesaffäre mit seiner Schwägerin

Ein Kreis handverlesener Gefolgsleute formierte sich zum Geheimen Komitee:
Sigmund Freud, Sándor Ferenczi, Hanns Sachs (sitzend von links), Otto Rank,
Karl Abraham, Max Eitingon ... Ernest Jones (stehend von links), 1922.

zu wissen, schreibt Janet Malcolm. Minna höchstpersönlich habe ihm in einem schwachen Moment und unter dem Siegel der Verschwiegenheit die Romanze anvertraut – und Jung hätte sich demnach nicht an das Schweigeabkommen gehalten. Ob gut erfunden oder nicht, Jungs Indiskretion würde belegen, wie wenig er sich scheute, Freud zu kompromittieren.

Eine spezielle Reaktion auf die Turbulenzen und Vertrauensbrüche der Umstürzler war die Gründung des „Geheimen Komitees" 1912. Sándor Ferenczi und Ernest Jones besprachen die Möglichkeit, durch strategische Platzierung von vom Meister analysierten, zuverlässigen Freud-Schülern in verschiedenen Städten und Ländern weitere Unterhöhlungen zu vermeiden. Realistischer schien aber, dass sich eine alte Garde um Freud scharen könnte, die den Gründer unterstützen und so der Sache dienen würde. So formierte sich das Geheimkomitee als handverlesener Kreis engster Gefolgsleute. Karl Abraham, Hanns Sachs, Otto Rank, Sándor Ferenczi sowie Anton von Freund und später Max Eitingon waren angetreten, um das von ihrem Gründervater errichtete Bollwerk gegen weitere Zersetzung zu schützen. Dazu wurde nach Art der antiken Mysterien- und Philosophenschulen ein esoterischer, also nach innen wirksamer Kreis Getreuer gebildet, an die Freud Symbole der Beständigkeit, Treue und Verlässlichkeit verteilte: Ringe. Dazu beitragen, die Psychoanalyse vor potenziellen Meuchlern und Misshandlungen zu schützen, sollten ebenso die auf die Lehrmeinung einschwörenden „Rundbriefe". So erfreulich die wachsende Zahl an der Psychoanalyse Interessierter war, so unerfreulich war die Tatsache, dass der quantitative Auftrieb auf Kosten der Integration ging. Weitere sich keinem Ehrenkodex verpflichtet fühlende oder zu anderen Überzeugungen gelangende Abweichler in den eigenen Reihen waren zu befürchten. Die Hoffnung aber, mit dem Komitee als geistige Erbengemeinschaft und vereinspolitisches Steuerinstrument möge Ruhe einkehren, trog. Da nur wenige als Tempelwächter mit dem Ring ausgezeichnet wurden, fühlten sich aus dem Machtzentrum Ausgegrenzte übergangen. Neue Querelen folgten, als sei zersetzendes Gift allenfalls verdünnt, aber immer noch wirksam. Sich als Sackgasse erweisend und die gesetzten Erwartungen nicht erfüllend, wurde das Komitee 1927 aufgelöst.

Passionen · Raucher, Reisender und Sammler
Freud hatte drei große Leidenschaften: Antiquitäten, Reisen und Rauchen. Und drei große Neurosen: Sammeln, Rom-Phobie und Zigarrensucht. Mit 24 Jahren zunächst als Zigarettenkonsument eingestiegen, rauchte er bald Zigarren. Dies mit Genuss und ohne Reue. „Mein Junge, Rauchen ist eine der größten und billigsten Vergnügungen im menschlichen Leben, und wenn du von vornherein beschließt, nicht zu rauchen, so kann ich dich nur bedauern." Mit diesen Worten habe Freud seinem siebzehnjährigen Neffen einst die erste Zigarre angeboten, wie Peter Gay aus einem im Mai 1956 erschienenen Zeitungsinterview mit Harry Freud zitiert.Wein etwa, den man just um die Zeit neu zu entdecken begann, als die Psychoanalyse entstand – ein von Mihaela Gavrila betrachteter und kulturgeschichtlich interessanter Zusammenhang –, Wein genoss er nur in Maßen. Sein Produktionsmittel war sein – klarer – Verstand. Tabak aber war Agens seiner Leistungsfähigkeit, Havannas die schweigenden Zeugen seiner inneren Zustände. Um seinen Alltag zu bewältigen, brauchte er zwanzig entspannende oder animierende Zigarren pro Tag. Nicht ausgeschlossen sei, dass Freuds Zigarrensucht mit einer abgewehrten homosexuellen Neigung stehe, meint Schmidbauer, denn Freuds „liebster Wilhelm" Fließ war der Einzige, der ihn über längere Zeit vom Rauchen abbringen konnte. Auch gesundheitliche Probleme verhalfen ihm nicht zu dauerhafter Abstinenz, nicht einmal jene Läsion im Mundraum, die sich zum Krebs auswachsen sollte. Er machte dem Tod weiterhin Avancen. „Fünfzig Jahre lang haben die Zigarren mir als Schutz und Waffe im Kampf des Lebens gedient." Über Freuds „Suchtmotiv" kann, abgesehen vom pharmakologisch-chemischen Sti-

mulus, nur spekuliert werden. Orale Bedürfnisse? Der Wunsch nach einem Ventil als Vermittler zwischen Innen und Außen? Nach einem sklavischen Objekt, immer verfügbar? Eines lässt sich festhalten: Weil die emotionale Zufuhr die Gefahren überwiegt, bedeutet Rauchverzicht nicht Triumph über das „Böse", sondern Verlust des „Guten". Freud hat sich gegen diesen Verlust entschieden.

Reiselust und Reiseangst

Reisen, wie die Psychoanalyse eine Form des Entdeckens und Eroberns, der Traum, aufzubrechen und in eine andere Umgebung einzutauchen, übte auf Freud einen großen Reiz aus. Die bescheidenen Verhältnisse hatten ihm als Kind und Jugendlichen keine großen Exkursionen erlaubt, dafür seine Sehnsucht genährt. Später bot sich dem Wien in Hassliebe verbundenen Freud die Möglichkeit, der Stadt und ihren spitzen Zungen zu entfliehen – um zurückzukommen. Seine großen Sommerreisen führten ihn in die Mittelmeerländer, bis zur Diagnose seiner Krebserkrankung 1923, als er zum siebenten und letzten Mal nach Rom fuhr. Oft machte er sich in Begleitung seines Bruders Alexander auf den Weg, mit dem Kollegen Ferenczi oder seiner Schwägerin Minna. Martha war bei seinen Kulturreisen nur selten mit von der Partie, sie blieb bei den Kindern. In die Sommerfrische ließ er die Seinen zu Beginn der Ferienzeit aufbrechen. Martha trug erst dafür Sorge, dass der Strohwitwer nicht Einsamkeit und Trunksucht verfiel, um Selbstvergessen zu finden: Sie zählte die vorrätigen Flaschen. Alsdann oblag ihr die Abwicklung der aufreibenden Bahnreise. Zu viel Bagage für zu viele Leute in einem zu engen Abteil mit Holzbank. Sie managte das Gepäck, dirigierte das Dienstmädchen, verstaute Wäschebündel, Hausgerät und Bücherstapel, spannte Hängematten, verteilte Kissen und duldete bei alldem weder Kompromisse noch Schlamperei. Freud kam in aller Ruhe nach. Seine Auszeit deckte sich nicht ganz mit der der Familie, zudem sollte ihm eine angenehme

Anreise ermöglicht werden, denn sein Reiseverhalten war nicht unproblematisch. Ihn packte in letzter Minute große Unruhe, er fürchtete, sein Gepäck zu verlieren oder die Eisenbahn zu verpassen. Ab Ende der achtziger Jahre litt er unter einer regelrechten Eisenbahnphobie, gegen die er anfuhr und von der er sich 1899 durch Selbstanalyse befreien konnte, indem er sie in Zusammenhang mit Verlust der Heimat – der mütterlichen Brust – und also Angst vor dem Verhungern als Reaktion auf infantile Gier stellte, wie Ernest Jones zusammenfasste.

Der Selbstanalyse zum Trotz blieb eine leicht übertriebene Ängstlichkeit vor dem Reisen und dem Verpassen bestehen, der er Herr zu werden versuchte, indem er stets eine Stunde vor der planmäßigen Abfahrt des Zuges auf dem Bahnhof eintraf. Im ersten Teil der Ferien gehörte er den Kindern, mit denen er angelte, ruderte, schwamm, kegelte – und Streifzüge durchs Gelände unternahm, um Pilze zu suchen. Als kleiner Junge war Freud selbst mit seinem Vater in den Freiberger Wäldern am Fuße der Karpaten unterwegs gewesen und wenn immer er im Geiste durch die Landschaften seines Lebens ging, tauchte Freiberg vor seinem Auge auf. Als Erwachsener war die Begeisterung für das Bergwandern dazugekommen. In Wanderstiefeln und Kniebundhose, Kompass und Jagdmesser im Gepäck, erklomm Freud die Berge und kam nicht ohne ein Edelweiß wieder herunter. Seine Liebe zur alpenländischen Natur und zum Wandern übertrug er auf seine Kinder. Genau wie er liebten sie das Weggehen und Ankommen, die Widerstände und Abweichungen auf dem Weg zum Ziel, das Aufbrechen von gewohnten Bildströmen.

Die Wanderungen in den Wäldern wurden mit Schwammerlnsammeln verbunden. Auf der Suche nach Steinpilzen und Pfifferlingen hatten die Kinder ihren Vater für sich, so dass die Ankündigung „Wir gehen in die Pilze" ein Familienritual besonderer Art war. Freud hatte einen scharfen Blick für die besten Stücke und kam den Kindern oft zuvor. Ob giftig oder nicht, hatte er einen Pilz entdeckt, den er wollte, warf er mit dem Hut nach seiner Trophäe. Noch nach Jahrzehnten erzählten Freuds Kinder und Enkel davon – und Dissens über die einzig wahre Kunst der Herrenpilzzubereitung soll zwischen Sigmund und Martha in all den Jahren der einzige Grund für Streit gewesen sein.

Nach ein paar Wochen *en famille* packte Freud wieder die Koffer, um ein mehrwöchiges Kulturprogramm zu absolvieren, das zu anstrengend, zu teuer und zu strapaziös war, um es mit Familienanhang zu unternehmen. Freud, dessen Ideale in Wien blieben, zog sommers wie ein Zigeuner von Ort zu Ort, wanderte bis zum Umfallen, hätte in den Museen am liebsten übernachtet und ließ sich seine Pläne am liebsten vom Wetter und der Laune diktieren: Solch strapaziöse und unberechenbare Unternehmungen waren nichts für Frau und Kinder. Martha fand Freuds Extremtouren zu anstrengend. Sie war erschöpft und brauchte Entspannung. Ihre Jugend war nach sechs Geburten in rascher Folge schnell dahin, das „Prinzesschen", in das Freud sich als eiserner Ritter verliebt hatte, war seine „liebe Alte" geworden, so seine Anrede in Briefen und Karten, die er den Zurückgelassenen zuhauf schickte, um sie auf dem Laufenden zu halten.

Alle Reisen boten Stoff für seine Arbeit. Die *Terra incognita*, die er eroberte, war die dunkle menschliche Psyche. Ein Exempel dafür ist die „Erinnerungsstörung auf der Akropolis", eine Episode, die sich 1904 während einer Athen-Reise mit seinem Bruder Alexander zutrug. Freud fühlte sich während dieses Aufenthaltes befremdet, als er realisierte, dass das antike Bauwerk, das er sah, wirklich existierte. Als Schüler habe er sich geweigert zu glauben, dass es die historische Akropolis tatsächlich gab. Nun, überwältigt angesichts des greifbaren Gesteins, habe er etwas begriffen: das Phänomen „Verdrängung". Er begriff, dass er an der Existenz Athens gezweifelt hatte, weil er befürchtete, sie niemals wirklich zu sehen. Aus Angst vor dieser Enttäuschung hatte er sich eine innere Blindheit gestattet – und seinen heftigen Wunsch verdrängt. Er verstand, dass die Erfüllung eines Wunsches eine Heimsuchung sein kann. Indem er von dem Vorfall berichtete, offenbarte er mit seinem Vaterbild verquickte – ödipale – Gefühle: Sigmund Freud erlebte mit Triumph wie mit Schuld, wie ein Sohn seinen Vater übertreffen kann. Sigmund hatte seinen Vater überflügelt. Während der Sohn erhobenen Hauptes über Athen blickte und europäische Hochkultur sah, hatte der Vater den Kopf gebeugt und die Mütze aus dem Rinnstein geholt. Jakob hatte seinem Sohn gegönnt, sich seine Träume zu erfüllen, nachdem sich seine nicht ganz erfüllt hatten. Der Sohn, gewandet in sein schönstes Hemd, hatte sein hoch gestecktes Ziel für sich erreicht, und wohl auch für Jakob. Obgleich ihm der Aufstieg aus der Wiener Leopoldstadt geglückt war, blieb Freud zerrissen zwischen zwei Welten: mit einem Fuß im Ostjudentum des Vaters, mit dem anderen als Kosmopolit auf der Akropolis.

Italien, Freuds Traumziel, war von ähnlich ambivalenten Gefühlen begleitet wie Athen: Für die dort gewonnene Erkenntnis musste die Zeit erst reif sein. Insbesondere die Ewige Stadt war für Freud mit komplizierten Vorbehalten behaftet. „Meine Romsehnsucht ist übrigens tief neurotisch", schrieb Freud am 3. Dezember 1897 an Wilhelm Fließ. Die Stadt der Römer war der goldene Glanz in der Ferne, zu dem es ihn zog und dem sich zu nähern er sich zugleich fürchtete. So sorgte er ein ums andere Mal dafür, dass er gerade dort nicht hingelangte. Mal kam etwas dazwischen, mal machte er kurz vor dem Ziel kehrt. Freud bemächtigte sich des Bildes vom historischen Titan, um diesen Konflikt auszutragen: Hannibal. Der Karthager war auf dem Weg nach Rom genauso ins Stocken gekommen wie Freud auf dem seinen – mochte auch Hannibal logistisch-praktische und Freud neurotische Gründe dafür gehabt haben. Hannibal und Rom symbolisierten den Konflikt zwischen Judentum und katholischer Kirche, zwischen Außenseitertum und Establishment, zwischen Freuds Lebenszielen und der Realität. Freud graute davor, gewöhnlich zu sein, aber er hatte Angst, dass die Realität seinen Ansprüchen nicht standhalten würde. Als Freud im September 1901 in Begleitung seines Bruders das erste Mal nach Rom kam, in die *Citta eterna,* Symbol dessen, was er sich erträumte, empfand er diese Mannestat als einen „Höhepunkt" seines Lebens und als Überwindung einer depressiven Phase.

Psychoanalyse und Archäologie

In einem Brief an Stefan Zweig vom 7. Februar 1931 eröffnete Freud, dessen Arbeitsraum seit langem einem Museum ähnlicher war als einer Schreibstube, mehr über Archäologie gelesen zu haben als über Psychologie. Sein Freund Emanuel Löwy, Professor für Archäologie in Rom und in Wien, fand in Freud jedenfalls stets einen gut unterrichteten Gesprächspartner. Kein Geheimnis war, dass Freud die Archäologen als Ausgräber versunkener Schätze bewunderte und sich ihrem Arbeitsethos verbunden fühlte: ihrem Entdeckergeist. Ob Heinrich Schliemanns Ausgrabungen in Troja, die Kalksteinbüste der Königin Nofretete oder die Präparation des minoischen Knossos-Palastes auf Kreta durch Sir Arthur Evans 1901 – ihn faszinierte nicht nur der Fund als solcher. Nicht minder nahm ihn die Tatsache gefangen, dass Schliemann beispielsweise seit seiner Kindheit daran geglaubt hatte, eines Tages die untergegangene Stadt zu finden, und es geschafft hatte. Daraus zog Freud für sich persönlich und für die Konstruktion der Psychoanalyse den Schluss: Glück gibt es nur in der Erfüllung eines Wunsches, den man schon als Kind gehegt hat. Doch Freuds bemerkenswertes Faible für die Archäologie ging weit darüber hinaus. Die Liebe zu antiken Kulturschätzen als ein Leitmotiv seines Lebens half ihm immer wieder, seine Lehre zu entwickeln. Weil er als Psychoanalytiker von einer Schicht zur nächsttieferen dringe wie das Messer beim Anschneiden einer aufgetürmten Dobos-Torte oder wie die Spitzhacke des grabenden Archäologen. So wie der in einem Steinbruch eine fossile Schicht nach der anderen abträgt, legt der Analytiker die beerdigte und vergessene Vergangenheit frei, um den Hintergrund der Symptome und Schwierigkeiten des Patienten im

Kontext ebendieser Vergangenheit einzuordnen. Freud fühlte, dass Antiquitäten ihm die Tür zu einer Welt öffneten, die er nie würde besuchen können und von der er doch mit seltsamer Demut dachte, dass sie auf geheimnisvolle Weise die seine sei. Zu wissen, dass die Mythologie die menschliche Seele personifiziert, unterstützte dieses Gefühl. Erscheint die Seele in der griechischen Kunst als geflügelte oder ungeflügelte jugendliche weibliche Gestalt, wird sie in der römischen Kunst häufig mit ihrem Geliebten Eros dargestellt. Freud kannte die römische Marmorskulpturengruppe „Amor und Psyche" und „Psyche", die Heldin einer Erzählung aus Apuleius' *Metamorphosen.*

Als Sammler hinterließ Freud nicht nur Bücher, Witze und Träume, sondern vor allem auch tausende von antiken Objekten und damit eine der bedeutendsten Privatkollektionen dieser Art in England. Schon als Jugendlicher hatte er sich bei seinem Besuch in Freiberg nachhaltig von einem Gipsabguss der Kameliendame beeindruckt gezeigt, und sich eine Phalanx von Plastiken zuzulegen war, abgesehen vom Hang zu edlen Zigarren, von jeher sein einziger materieller Luxus. Zu den wertvollsten Stücken gehörten zwei Elfenbein-Buddhas aus dem 16. Jahrhundert. Ägyptische Mumienmasken zierten die Bücherregale, chinesische Löwendrachen aus Jade wachten in Vitrinen, Statuetten aus Marmor und Alabaster standen auf Kommoden. Alles zusammen wirkte wie ein Bühnenbild, ein Wald von Prähistorika, wohin sein Blick auch schweifte. Oft nahm er sie in die Hand, seine „alten, schmutzigen Götter", üble Staubfänger in den Augen des Hausmädchens, allweise, von menschlichem Makel und Tugend zeugende Relikte in seinen. Die vom Künstler Max Pollack 1914 angefertigte Radierung zeigt Freud, wie er sich am liebsten sah: auf ein imaginäres Gegenüber fixiert, den Füller in der Hand, auf der Schreibplatte vor sich aufgereiht die Plastiken wie ein Magazin, hinter sich die Bücher als Insignien der Gelehrtheit. Vielleicht verwandelte sich eine Patientin in Athene mit dem Speer, wurde ein Patient zu Eros oder Ödipus. Als Analytiker und Theoretiker pendelte er ständig zwischen Stoff und Wort, zwischen Verstehen und Nichtverstehen und Artefakte halfen seiner Fantasie auf die Sprünge. Als kulturanthroposophisches Phänomen verstanden, entspricht die Sammelei prinzipiell einer gleichsam sublimierten Form von Jagdlust, Rivalität, Besitzerstolz, Neid, Übervorteilung und Verlustangst. Sie ist somit abermals als ein Ausdruck gelungener Weltbewältigung, der Überhöhung aufzufassen: Tiere sammeln Vorräte, um zu überleben, der Mensch sammelt, um eine soziale Welt zu schaffen und sich seiner selbst darin zu versichern. Freud machte daraus Eckpfeiler seiner Theorie.

Film und Psychoanalyse · Traumdeutung und Traumfabrik

Die Verbindung zwischen Freuds Traumdeutung und Hollywoods Traumfabrik ist so alt wie die beiden Verfahren selbst. Um 1895, als Freud seine *Studien über Hysterie* vorlegte, experimentierten die Brüder Lumière mit ihren laufenden Bildern. Seither beeinflussen sich Psychoanalyse und Film wechselseitig, ist ihre Verwandtschaft eine enge und mehrfache. Beide fungieren als Projektoren, indem sie Bilder und Fantasien wiedergeben, und beide nutznießen jeweils eine supernationale Sprache: die der Träume beziehungsweise die der Mimik und Gebärden.

Die Filmzunft gehörte außerdem zu jenen Künstlerkreisen, die Regisseure und Schauspieler zu jenen Avantgardisten, die Freud anhingen, bevor er breitere Akzeptanz gewann. Dazu war die Leidenschaft der Künstler für die neue Weltsicht oft eine zweifache. Sensible Seelen fanden Halt, findige Macher Inspiration. Die meisten Filmschaffenden schienen die Psychoanalyse in ihre Arbeitstechnik einzupassen wie eine zusätzliche Linse in die Kamera. Manchmal verflochten Kino und Psychoanalyse sich im Leben ein und derselben Person. So war der 1904 im Ungarn der Monarchie geborene Lazlo Löwenstein in der Überlegung, Analytiker zu werden, einer der Wiener Anhänger von Sigmund Freud. Doch Lazlo Löwenstein sattelte um. In Wien sammelte er erste Bühnenerfahrung, wirkte dann von Berlin aus in mehreren deutschen Filmen

mit, bevor er nach Hollywood ging und unter dem Namen Peter
Lorre als Ugarte in *Casablanca* seinen größten Erfolg feierte.

Freuds erste eigene Begegnung mit den Lichtspielen datiert auf
die Tage in New York im Jahre 1909. In der Zeit, als die Bilder
gerade laufen konnten, besuchte er eines Abends mit seinen Rei-
sebegleitern ein Kino in Manhattan. In jenen Spätsommerwo-
chen sollen, wie Lynn Gamwell herausfand, rund 150 kurze
Stummfilme, oft Traumdarstellungen, im Programm gewesen
sein. Einer davon behandelte den Mythos „Psyche": Das könnte
Freud interessiert haben. Denkbar ist, dass ihn diese kinemato-
grafische Urszene, das legt seine später sich offenbarende Einstellung nahe, nicht unberührt ließ von jenem Dünkel, den man den
neuen Flimmerstuben gegenüber hatte: Die Vorführsalons, Wan-
derkinos und Hinterzimmer mit ihren verwackelten, unscharfen
Bildern waren sicher eine aufregende Sache, boten aber wohl
mehr seichte Unterschichtenunterhaltung als hehre Kunst.
Jedenfalls wurde aus Freud kein reger Kinogänger.

Nachdem professionelle Studios wie Pilze aus den kalifornischen
Hügeln geschossen waren, schaute man auf der Suche nach Stoff
auch Richtung Wien. Bald umgarnten die Filmleute den weltbe-
kannten Freud und seine Anhänger. Zelluloid-Mogul Samuel
Goldwyn reiste aus Hollywood an, um Freuds Unterstützung für
ein Projekt zu gewinnen. Dem Filmboss schwebte ein Liebesdra-
ma à la Kleopatra vor und für Beratungstätigkeiten bot er Freud
sage und schreibe 100.000 Dollar. Dieser weigerte sich, den
mächtigen Produzenten zu empfangen: „Freud weist Goldwyn
ab", staunte die „New York Times" am 24. Januar 1925. Zugäng-
licher gaben sich, zu Freuds Verärgerung, seine Adepten Hanns
Sachs und Karl Abraham, die zur Klärung der *Rätsel des Unbewussten* angefragt wurden. Zusammen mit Georg Wilhelm Pabst
verfasste Hanns Sachs das Drehbuch zu dem Streifen *Geheimnisse der Seele,* der 1926 im Berliner Gloria-Palast Premiere hatte.
Im Plot ist ein Professor von einer Messerphobie und von Mord-
gelüsten besessen und wird dank Psychoanalyse von diesem

Drang geheilt. Die Hauptrolle bekam der Schauspieler Werner Krauss, der schon 1919 im berühmtesten deutschen Stummfilm *Das Kabinett des Dr. Caligari* den Titelpart übernommen hatte. In diesem expressionistischen Paradestück geht es um den Schausteller Caligari, der auf einem norddeutschen Jahrmarkt auftritt und ein hypnotisiertes Medium Fragen des Publikums nach der Zukunft beantworten lässt. Bei Kritik und Publikum kam der Film gut an, bei Freud nicht. Dass er im Hinblick auf das Image der Psychoanalyse nichts von solchen Machwerken hielt, ist keine Überraschung. Ungeachtet der Gemeinsamkeiten zwischen Film und Psychoanalyse glaubte er durchaus nicht, dass die Leinwand ein adäquates Medium für seine Zwecke sein und die plastische Darstellung psychoanalytischer Abstraktion möglich sein könnte. Er schloss deswegen aus, jemals einen Film persönlich zu unterstützen, wie er am 14. August 1925 in einem Brief an Sándor Ferenczi ausdrücklich erklärte. Sich Freuds Reaktion vorzustellen, wäre ihm zu Ohren gekommen, was Jahrzehnte später ein amerikanischer Regisseur in Angriff nehmen würde, fällt nicht allzu schwer: John Huston plante, die Frühgeschichte der Psychoanalyse, einschließlich der Verführungstheorie, zu verfilmen, und bot der Hollywood-Diva Marilyn Monroe an, in seinem Film *Freud, geheime Leidenschaften* die Rolle der „Anna O." zu spielen. Das Drehbuch zu dem 1962 gedrehten Streifen ging recht frei mit dem Thema um und stammte von keinem Geringeren als dem Philosophen Jean-Paul Sartre. Das beeindruckte Anna Freud, von Huston um Kooperation gebeten, mitnichten. Sie erteilte dem Mann vom Film eine Abfuhr – und Monroes Analytikerin Marianne Kris, Annas Freundin, hielt ihre prominente Patientin davon ab, Hustons Angebot anzunehmen.

Freud, der Marilyn Monroe nicht kennen gelernt hat und Goldwyn einen Korb gab, begegnete trotzdem einem der berühmtesten Filmemacher des zwanzigsten Jahrhunderts – allerdings ohne es zu wissen. Freud traf 1924 den damals noch völlig unbekannten Mann: Samuel „Billy" Wilder. Der spätere

Star-Regisseur und sechsfache „Oscar"-Preisträger schilderte die Zusammenkunft in seinen Lebenserinnerungen. Wilder erzählte, er habe damals gerade sein Studium an der Wiener Universität abgebrochen und als Reporter für die Zeitung „Die Stunde" angefangen, einem Blatt, das im Ruf stand, Klatschgeschichten und Sensationsberichten nicht gänzlich abgeneigt zu sein. Wilder sei beauftragt gewesen, den berühmten Professor Freud in der Berggasse aufzusuchen, um ihn zum Thema Faschismus und Kriegsgefahr zu interviewen; Fragen, die die Redaktion auch Thomas Mann, Albert Einstein und anderen zu stellen gedachte. Ohne Anmeldung klingelte der Wilder eines Tages an der Tür. Das Hausmädchen habe geöffnet seine Karte in Empfang genommen und ihn gebeten, im Wartezimmer Platz zu nehmen. Von dort habe er Essensdüfte – Familie Freud speiste zu Mittag – und das Klappern von Geschirr – jemand machte den Abwasch – wahrgenommen. Plötzlich habe der Professor in der Tür gestanden, die Serviette unter dem Kinn, Wilders Visitenkarte in der Hand. Er sei also Reporter von „Die Stunde", habe Freud gefragt, als ob er in dem ungebetenen Gast einen Boulevard-Journalisten witterte. Wilder bejahte tapfer – worauf Freud ihm augenblicklich hinauswarf. Es heißt, die Unterredung sei noch knapper ausgefallen: „Reporter?" „Ja, ich habe ein paar Fragen." „Die Stunde?" „Ja." „Dort ist die Tür!" „Danke!"
Vermutlich trug die Schmach des geknickten Berichterstatters zu dessen späterer Karriere bei. Denn aus der Feder von Wilder – der von Wien nach Berlin ging, dort für Zeitungen sowie als Eintänzer arbeitete und erste Drehbücher zu Papier brachte, bevor er 1933 in die USA emigrierte – stammen Skripten zu Filmen, die der schreibenden Zunft gegenüber wenig Milde walten und noch öfter herrlich neurotisch überzeichneten Figuren Raum ließen. Letzteres gilt nicht nur für Billy Wilder. Ernst Lubitschs Komödien etwa greifen in den dreißiger Jahren das Thema Neurose auf – und die Therapeuten sind im Film oft die Geliebten. Für die auf der Leinwand unmittelbar abzulesende Hochkon-

junktur der Psychoanalyse in den USA, die viele filmische Glanz-
lichter bescherte, wurde *Spellbound* ein Symbol, und bekanntlich
wird kaum irgendwo die komplexe Beziehung zwischen Film
und Psychoanalyse so deutlich wie im Werk von Woody Allen.
Die komischsten und manchmal tragischsten Rollen sind sehr oft
die der Leute hinter der Couch.

Derzeit bildet sich ein verändertes Bild der Psychoanalyse ab.
Nachdem im Film *1919,* entstanden in den achtziger Jahren, Paul
Scofield und Maria Schell zwei alte Patienten von Sigmund Freud
spielten und damit einen nostalgischen Blick vermittelten und
seitdem die westliche Kultur sich an die Freud'sche Perspektive
gewöhnt hat, ist Ehrfurcht vor der Psychoanalyse und ihrem
Begründer einer gewissen Routine und Resignation gewichen –
und mehr oder minder sarkastischem Humor. „Was brauchst du
einen Seelenklempner?", heißt es da in einem Film und die Antwort kommt prompt: Man kaufe sich besser ein Gewehr. Einerseits hat sich mittlerweile als ein Segment des Angebots eine
„Motion Picture Prescription"-Therapy etabliert, in deren Rahmen der Therapeut bestimmte Filme „verschreibt", um seinen
Patienten dazu Fantasien entwickeln und diese Gedanken sodann
zum Gegenstand der Analysestunde machen zu lassen. Zugleich
aber ist in den USA, wo Freud seinen internationalen Durchbruch
feierte und die Psychoanalyse Fuß fasste wie kaum anderswo, der
„Shrink" im Film zur buchstäblich hinkenden Gestalt verkom-
men. Und in der derzeit beliebtesten amerikanischen Fernsehse-
rie, *Desperate Housewives,* einer das Vorstadtleben in der Straße
„Listeria Lane" – Hysteria Lane? – intelligent aufs Korn nehmen-
den „Dramedy", schickt ein Mann, dessen Frau Selbstmord
begangen hat und alles Geschehen mit nun wortwörtlich himm-
lischem Überblick aus dem Wolken-Off kommentiert, seinen
adoleszenten Sohn in die Psychiatrie und sagt dem Arzt unmiss-
verständlich: „Vergessen Sie Freud, ich will nur Arznei." Und in
der Hollywood-Komödie „Couchgeflüster" ist es die Analytikerin, die der Situation zunehmend weniger Herr wird.

FREUDS WISSENSCHAFTLICHES WERK

Die Sexualität, das Ich und die Kultur

Was ist Psychoanalyse? Im weiteren Sinne versteht man darunter erstens eine Gedankenrichtung, die sich mit der methodischen Erforschung seelischer Vorgänge befasst, mit der Rolle unbewusster Vorgänge und den verschiedenen Formen, in denen sich diese Vorgänge ausdrücken. Zweitens ist Psychoanalyse eine spezifische psychotherapeutische Behandlung, die diese seelischen Prozesse wie ein Echolot ins Bewusstsein bringt, und zwar mittels einer aus Sprechakt, Zuhören und Deuten zusammengesetzten Arbeitshandlung. Hauptziel einer solchen psychoanalytischen Operation ist der Versuch, Verdrängtes zu befreien, das in einem Symptom einen Kompromiss gefunden hat, und es zu bearbeiten.

Im engsten Sinne ist Psychoanalyse die Summe der von Freud verkündeten Theorien. Als Meister der Verknüpfung zwischen individueller und kollektiver Geschichte und selbst sein erstes psychoanalytisches Objekt stand er als Wissenschaftler zu seinem Werk in ebenso tiefer persönlicher Wechselbeziehung wie ein Belletrist mit dem seinen. Träger seiner Ideen waren seine vielen Analyse-Schüler, seine Vorträge und Schriften. Freuds Gesamtwerk umfasst etliche Bücher, rund zehn Dutzend Aufsätze sowie zahlreiche kleinere Schriften, Vorworte, Nachrufe, Kongressbeiträge. Selbst Kritzeleien auf Notizpapier, Gesichtsprofile und Labyrinthe, entstanden während einer Sitzung der Mittwoch-Gesellschaft, wurden von den Teilnehmern aufbewahrt wie Reliquien. Dass er auch ein immenses Text- und Ideenvolumen in Form von Briefen hervorbrachte, ist nicht zuletzt seiner Telefonphobie geschuldet. Freud mied den ihm verhassten Fernsprechapparat, der für ihn kein praktisches Kommunikationsmittel war, sondern ein böses Omen. Bedrängt von Sterbefantasien, las er etwa aus der Telefonnummer sein vermeintliches

Sterbedatum heraus. Er griff lieber zur Feder als zum Hörer. Es heißt, er könnte bis zu 15.000 Briefe geschrieben haben, die bislang veröffentlichten aus den bekannten Archiven sind ohnehin nur ein Bruchteil des Vorhandenen. Könnte es darüber hinaus fast siebzig Jahre nach Freuds Tod noch unerschlossene „Schatzkammern" geben, Trouvaillen, die Freuds Weg ein weiteres Mosaiksteinchen hinzufügen?

Auf dem Weg zur Psychoanalyse · Die frühen Schriften

Der große Umfang des Freud'schen Werkes ist die beschränkende Prämisse, will man dessen Entwicklung verketten. Als Wissenschaftler hat Freud sich lange mit Grundlagenforschung beschäftigt, etwa mit Petromyzon-Nervenzellen und der Geschlechtlichkeit der Aale. Zu Beginn der neunziger Jahre begann sich die psychoanalytische Lebensarbeit abzuzeichnen – im Dezennium allgemeinen neurowissenschaftlichen Fortschritts: vom Nachweis zellulärer Einheit der Nervenzellen bis zur Isolierung des Adrenalins 1897 als dem Beginn der Hirnstoffwechselforschung. *Psychische Behandlung (Seelenbehandlung)* lautete der Titel eines Beitrags von 1890, in dem Freud sein Verständnis von bestimmten „funktionellen Störungen" definierte. Krankheitsbilder ohne nachweisbare Ursache würden oft durch einen veränderten Einfluss des Seelenlebens auf den Körper hervorgerufen, etwa ausgeprägte Affektzustände, die förderlich als auch abträglich sein können, schrieb er.

Den Übergang zu seiner endgültigen Bestimmung markierte die gemeinsame Arbeit mit Josef Breuer, der die „kathartische Methode" entwickelt hatte. Erstes Ergebnis dieser Kooperation war 1893 eine „Vorläufige Mitteilung", und zwar *Über den psychischen Mechanismus hysterischer Phänomene*. Diese Ansage war ein Vorgeschmack auf die folgenden *Studien über Hysterie* (1895), das Urbuch mit den berühmten Krankengeschichten um „Anna O." Dieses Werk enthält bereits alle Ansätze der späteren Theorie: Infantilismus, die Bedeutung von Träumen, von psychosexuellen Einflüssen, unbewussten Symbolisierungen und Abwehr als Angelpunkt der neurotischen Funktionsweise. Breuer und Freud lieferten nicht weniger als eine Neudefinition der Hysterie als eine Krankheit, die durch unverarbeitete traumatische Erinnerungen verursacht wird und durch kathartisches „Abreagieren" mittels Verbalisieren behoben werden kann. Dieser neuen Beweisführung wegen werden, obwohl Freud das Wort „Psychoanalyse" erst ab 1896 in seinen Schriften verwendet, die *Studien über Hysterie* als die eigentliche Geburtsstunde der Psychoanalyse angesehen.

Freud hatte sich dennoch Mitte der neunziger Jahre von der bewährten Nervenheilkunde nicht abgewandt. Er selbst war einer der ersten Verfechter der Ansicht, das Gehirn bestehe aus untereinander verknüpften und vernetzten Nervenzellen, und versuchte, in seinem *Entwurf einer Psychologie* (1895) seine neuen Theorien in die Sprache der Neurophysiologie und Neuroanatomie zu übertragen. Hatte er im Labor mit der Hirnmasse das, was den Menschen ausmacht, Gefühle, Seele, Verstand, unter dem Messer? Sein Problem war, dass sich mit Gewebeschnitt und Mikroskop die biochemischen und sonstigen Korrelate der von ihm beschriebenen seelischen Prozesse nicht nachweisen ließen. Enttäuscht – und ahnend, dass dereinst der Tag kommen werde, an dem die organische Begründung seiner Thesen möglich sein werde – wendete er sich verstärkt psychologischen Phänomenen zu.

1897 entdeckte Freud den Ödipuskomplex, ein Thema, das sich fortan wie ein roter Faden durch sein Werk zieht. Freud definierte den Ödipuskomplex als unbewusste Vorstellung, durch welche sich der auf den gegengeschlechtlichen Elternteil gerichtete Liebeswunsch des Kindes wie auch die dem gleichgeschlechtlichen Elternteil entgegengebrachte Feindseligkeit ausdrückt. Der Ödipustheorie gingen rückblickende Eigenwahrnehmung voraus und ein Traum, und wie so oft begriff er erst nachträglich, auf was er gestoßen war. Er sei um die drei Jahre alt gewesen, als ihm das Mysterium der Sexualität begegnete, und zwar in Gestalt seiner schönen Mutter. Damals sei seine „libido gegen matrem" erwacht, und zwar auf einer nächtlichen Bahnfahrt, bei der er Amalia „nudam" zu sehen bekam, wie er sich, ein wenig genant, am 3. Oktober 1897 in einem Brief an Wilhelm Fließ ausdrückte. Fortan hielt Freud die Verliebtheit in die Mutter und die Eifersucht gegen den Vater für ein allgemeines Ereignis früher Kindheit. Bemerkenswert ist, dass Freud nach der Regel *pars pro toto* verfuhr: Nicht nur dieses Mal erhob er anhand eigener Träume aufgestellte Thesen in den Rang einer universalen Wahrheit – eines Naturgesetzes.

Die Entdeckung des Traumes

Als Folge der durch den Tod seines Vaters angestoßenen *Selbstanalyse,* in der er sein eigenes Seelenleben zum Kompass für den psychoanalytischen Erkenntnisgewinn machte, trieb Freud Ende der neunziger Jahre sein Konzept von der Macht der Fantasie voran. Damit war der Boden für das Verständnis vom Unbewussten bereitet: Nicht exogene Götter oder Musen als Gesandte des Schicksals, sondern endogene Kräfte aus den Tiefen seines Selbst determinieren den Menschen: Es gibt keinen anderen, der ihn wie eine Marionette beherrscht, er selbst ist der andere; der, der die Fäden zieht. Je mehr Freud, den die Erkenntnis, vieles von klein auf in sich zu tragen, überwältigte, in seiner Selbstanalyse voranschritt und seine Verdrängungen sich aufhoben, desto stärker bedrängte ihn die Macht des inneren Bildersturms. Dies veranlasste ihn, sich stärker mit dem Phänomen des Traums zu befassen, zumal auch seine Patienten häufig Traummaterial lieferten, das mit ihren Beschwerden zusammenzuhängen schien. Als Konsequenz eröffnete sich Freud die Traumanalyse als Königsweg ins Unbewusste – in jenes weite Feld, für das noch keiner vor ihm den Atlas kartiert hatte. Zwar war Freud nicht der Einzige, der sich mit dem Thema befasste – der niederländische Arzt und Schriftsteller Frederik van Eeden etwa, der bereits Hypnoseexperimente angestellt hatte, sammelte Träume und destillierte aus ihnen seine Ideen vom „luziden" Traum. Freud aber zeigte, dass der Traum, dass das Unbewusste, kein sinnlos-amorphes Abfallprodukt ist, kein unübersichtlich brodelnder Topf, sondern ein Fundus eigentümlicher, strukturierter Bildsymbolik, der mit dem Seelenleben verknüpft ist. Freud konnte dazu auf antikes Schriftgut etwa von Heraklit zurückgreifen. Symbole und Metaphern, die in Träumen auftauchen können, finden sich zuhauf auch in alten Märchen und Sagen, Mythen, Malerei und Dichtung. Freud aber holte dieses traditionelle Wissen aus dem Dornröschenschlaf, indem er sich dessen völlig neu zu bedienen wusste: Er behandelte den Traum wie ein Symptom, das er verstehen wollte. Der Wert der Trauminterpretation liegt nach Freud aber nicht in der wortgetreuen, minutiösen Zerpflückung des Traums, sondern darin, ihn als eine zu übersetzende Symbolsprache – wie ein Gedicht oder ein Gemälde – aufzufassen. In dem Maße, wie ihm dies gelang, entwickelte er eine Art Alphabet der Rhetorik des Unbewussten. Ergebnis war 1899 sein Hauptwerk *Die Traumdeutung*. Der Titel allein war eine kleine Provokation. Erinnerte er nicht an jene esoterischen Heftchen, die man unter das Volk brachte, um abergläubischen Menschen, die sich auch die Karten legen lassen oder in die Kristallkugel schauen würden, Voraussagen über Glück und Unglück zu ermöglichen? *Traumdeutung* – eine wissenschaftliche Abhandlung? Der Verlag Franz Deuticke hatte zudem die symbolträchtige Zahl 1900 auf die Titelseite des Werkes setzen lassen, vordatiert auf das neue Jahrhundert, das es zu besetzen hoffte. Doch: Freuds Vorstoß nahm man nicht als Flügelschlag der Geschichte auf, sondern nur mit leichter Verwirrung zur Kenntnis. Er hatte den Schlaf der Menschheit stören wollen wie vor ihm Kopernikus oder Darwin. Nur: Sein Weckruf wurde nicht überall vernommen, am wenigsten von denjenigen Wissenschaftlern, auf die es ihm ankam. Allerdings war Freuds Klage, sein Buch stoße auf wenig Resonanz, übertrieben. Rezensionen seines Werkes

ÜBER COCA.

Von

DR. SIGM. FREUD

Secundararzt im k. k. Allgemeinen Krankenhause
in Wien.

durchgesehener und vermehrter Separat-Abdruck aus
„Centralblatt für die gesammte Thera...

TOTEM UND TABU

Einige Übereinstimmungen im
Seelenleben der Wilden und der Neurotiker

Von

Prof. Dr. Sigm. Freud.

885.

RITZ PER

t Nr. 11.

JMAGO

ZEITSCHRIFT FÜR ANWENDUNG
DER PSYCHOANALYSE AUF DIE
GEISTESWISSENSCHAFTEN

LEIPZIG

HERAUSGEGEBEN VON
PROF. DR SIGM. FREUD

REDIGIERT VON
DR OTTO RANK u. DR HANNS SACHS

IV. JAHRGANG / 1915
HEFT 1

1915
HUGO HELLER & CIE
LEIPZIG u. WIEN · I · BAUERNMARKT 3

STUDIEN

ÜBER

HYSTERIE

VON

Dr. JOS. BREUER und Dr. SIGM. FREUD

IN WI

EUTUNG

FREUD.

SUPEROS, ACHERONTA MOVEBO.»

LEIPZIG UN
NZ DE
1895.

ND WIEN.
EUTICKE.

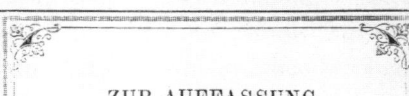

ZUR AUFFASSUNG

DER

APHASIEN.

EINE KRITISCHE STUDIE

VON

DR. SIGM. FREUD

PRIVATDOCENT FÜR NEUROPATHOLOGIE AN DER UNIVERSITÄT WIEN.

MIT 10 HOLZSCHNITTEN IM TEXTE.

LEIPZIG UND WIEN.
FRANZ DEUTICKE.
1891.

waren so selten nicht, wie Marina Tichy und Sylvia Zwettler-Otte eruierten. Eingedenk der Seltenheit, mit der das Buch anfangs über den Ladentisch ging, bei weitem seltener als vierzig Jahre zuvor Darwins *Über die Entstehung der Arten durch natürliche Zuchtwahl,* war sein Einfluss auf das Geistes- und Kulturleben immens: Es inspirierte zu Bildern und Romanen und wurde mehrfach vertont, wohl zuletzt 1989 unter dem Titel *Freud deutet Träume* von Otto Brussatti. Das Jahr 1900 geriet tatsächlich zum *Annus mirabilis,* zum Wunderjahr in der Entwicklung der Psychoanalyse, und das Buch zum Symbol der Krise der europäischen Intelligenz: Der Mensch ist nach Freud eine irrationale, weil von unbewussten Wünschen angetriebene Kreatur und nicht länger ein der reinen Vernunft unterworfenes Wesen. Ein Wendepunkt auf dem Weg hierhin war sein „Traum von Irmas Injektion", den er Jahre vorher, in der Nacht vom 23. auf den 24. Juli 1895, hatte, als er sich mit seiner Familie im „Bellevue", einem kleinen Schloss am bei Ausflüglern beliebten Rande Wiens, aufhielt. Dieser Traum, dessen Schilderung in seinen Schriften breiten Raum einnimmt, eröffnete ihm endgültig, dass der Trauminhalt keine magische Wahrsagung, sondern eine „Wunscherfüllung, sein Motiv ein Wunsch" ist. Erst fünf Jahre später, sein *Opus magnum* war erschienen, wurde er sich dieses Moments der Erkenntnis bewusst: „Glaubst Du eigentlich, dass an dem Haus dereinst auf einer Marmortafel zu lesen sein wird: ‚Hier enthüllte sich am 24. Juli 1895 dem Dr. Sigm. Freud das Geheimnis des Traumes'? Die Aussichten sind bis jetzt hierfür gering", meinte er in einem Brief an Wilhelm Fließ vom 12. Juni 1900. Freud irrte sich: Eine Gedenktafel mit ebenjenem Wortlaut befindet sich seit 1977 auf dem Cobenzl bei Wien, auf der Anhöhe vor dem einstigen „Bellevue".

Neue Ufer · Die wissenschaftliche Expansion der Psychoanalyse
In den Jahren nach Erscheinen der *Traumdeutung* veröffentlichte Freud Arbeiten, die neue Themenkomplexe markieren. So *Zur*

Psychopathologie des Alltagslebens (1904), die humorvoll das Thema Fehlleistungen behandelt, also unbeabsichtigte Handlungen und Schnitzer, wie sie jedem unterlaufen: vergessen, verhaspeln, verlesen und dergleichen. Freud legt scheinbar belanglose Versprecher auf die Goldwaage und erklärt, dass ein solcher Lapsus eine (verdrängte) Absicht offenbare, indem die Person ein ursprünglich angestrebtes Ziel durch ein anderes ersetzt, also ausspricht, was sie wirklich meint, das Unbewusste breche sich Bahn in Form einer Kompromissbildung zwischen der ursprünglichen Absicht und dem Verdrängten. Auf Anregung von Wilhelm Fließ hatte Freud sich eingehender für Witze interessiert. Fließ, der seinen Sinn für – jüdischen – Humor teilte, lehrte ihn, „dass hinter allem Volkswahnwitz ein Stück Wahrheit lauert". In *Der Witz und seine Beziehungen zum Unbewussten* (1905), inspiriert auch durch Lektüre von Molière bis Heinrich Heine, beleuchtet Freud die Techniken – Verschiebung, Widersinn, Denkfehler – und Wirkungen des Witzes: Komik und Humor stehen in Verbindung mit dem Unbewussten. Ziel des Witzes sei Lustgewinn: Man lacht. Witz erfülle eine soziale Funktion: Man braucht einen Rezipienten. Und Witz diene der Abgrenzung: Man lacht über Dritte.

Um die gleiche Zeit kristallisierte sich ein neuer Gravitationspunkt seiner Theorie heraus. Freud gelangte zu der Erkenntnis, dass Neurose auf eine gestörte kindliche Entwicklung zurückzuführen sei: In seinen *Drei Abhandlungen zur Sexualtheorie* (1905) formuliert er die psychosexuellen Phasen – oral, anal, ödipal. Diesem Phasen-Modell liegt die Ansicht zugrunde, dass die seelische Reifungsentwicklung über mehrere Organisationsstufen, die fließend ineinander übergehen, verläuft. Jede Phase erhält durch den vorherrschenden Trieb ihr besonderes Gepräge. In der „oralen Phase" des Säuglings kreist das Luststreben um Mund und Haut als führende erogene Zone; gestillt, gewiegt und umsorgt zu werden, bedeutet für das Kind erste Lustgefühle und Wohlbefinden. In der folgenden „analen" bzw. anal-sadistischen

Phase der kleinkindlichen Entwicklung werden After und End-
darm zur Hauptquelle des Lustempfindens. In dieser Phase werden körperliche Fähigkeiten wie die erlernte Beherrschung des
Schließmuskels, damit die Kontrolle über Blasen- und Darment-
leerung, zur neuen Möglichkeit für Lustgewinn. In der „phal-
lisch-narzisstischen" oder genitalen Phase, etwa im dritten
Lebensjahr, wird die Ausscheidungsfunktion als führende Quelle von Lustgewinn durch den genitalen Trieb abgelöst, der in die
Aufgabe mündet, den „Ödipuskomplex" zu meistern. Im vier-
ten, fünften Lebensjahr kommt die Entwicklung der Trieborga-
nisation bis zur Pubertät zum Stillstand: Die „Latenzzeit" setzt
ein. Entwicklungsstörungen während dieser Phasen haben Auswirkungen auf das gesamte weitere Leben und können zu Neurosen führen, und je früher eine Störung auftrete, desto stärker
sei die Beeinträchtigung.

Im Folgejahr kamen *Meine Ansichten über die Rolle der Sexualität in der Ätiologie der Neurosen* (1906) heraus. Einmal mehr
postulierte Freud, dass die kindliche Sexualität dem späteren
(Sexual-)Leben des Erwachsenen seinen Stempel aufdrücke.
Determinierend für diese Prägung sei, mehr noch als das real vom
Kind Erlebte, die Verarbeitung dieser Erfahrung, die Fantasie –
vor allem die Frage, ob und welche Vorfälle verdrängt wurden
oder nicht.

Die Psychologische Mittwoch-Gesellschaft bereitete ein Periodikum vor und 1909 erschien das erste *Jahrbuch für psychoanalytische und psychopathologische Forschungen,* von dem insgesamt, bis
zum Ausbruch des Ersten Weltkrieges, fünf Ausgaben erschienen. Ein Hauptanliegen Freuds war stets, die psychoanalytische
Denkweise für andere Disziplinen nutzbar zu machen. Konnte
sein Konstrukt einen Beitrag zur Kulturstiftung leisten? Die zentrale Aussage in seiner diesbezüglich vielleicht wichtigsten
Abhandlung *Der Wahn und die Träume in W. Jensens ,Gradiva'*
(1907) lautet, dass fiktive, von Schriftstellern erfundene Träume
wie nicht-fiktive gedeutet werden können. *Gradiva* ist die

Geschichte eines jungen Archäologen, der in Rom in einem Museum zwischen anderen antiken Funden ein Relief mit dem Bildnis eines Mädchens entdeckt und sich davon sehr angezogen fühlt. Von dem anmutigen *Gradiva*-Mädchen war Freud beinahe so besessen wie Jensen, und als sei er selbst der junge Archäologe, hing am Fußende der Couch in der Berggasse unter anderem ein Gipsabdruck des Reliefs aus dem Vatikanischen Museum. In der Schrift *Charakter und Analerotik* (1908) vertieft Freud die Theorie der psychosexuellen Phasen. Er behauptet, dass Fixierungen und Probleme in den definierten Abschnitten der psychosexuellen Entwicklung zu bestimmten Persönlichkeitsstrukturen führen. So seien Kinder mit Schwierigkeiten in der Zeit der Sauberkeitserziehung, der „analen Phase", später oft zwanghaft ordentlich oder geizig. In *Die kulturelle Sexualmoral und die moderne Nervosität* (1908) heißt es, die Tendenz zur Unterdrückung der Triebe habe schädigende Auswirkungen sowohl auf die Gesellschaft als auch auf deren Individuen. Vielen gelinge die Sublimierung sexueller Triebe auf kulturelle Leistungen, etwa in Form künstlerischer Betätigung, gelinge erfolgreiche Ersatzbefriedigung jedoch nicht, sei der Preis für die Anpassung an die sozialen Normen die „Nervosität".

Zwischen 1909, dem Jahr seines Triumphzuges durch die USA, und 1913 veröffentlichte Freud, auf dem ersten Höhepunkt seiner jetzt internationalen Karriere, kulturbezogene Arbeiten. Darunter der erste Beitrag zur psychoanalytischen Biografik: *Eine Kindheitserinnerung des Leonardo da Vinci* (1910), „das einzig Schöne, das ich je geschrieben" habe, wie Freud im Februar 1919 in einem Brief an Lou Andreas-Salomé rückschauend erklärte. Es folgte der ungewöhnliche Aufsatz *Totem und Tabu. Einige Übereinstimmungen im Seelenleben der Wilden und der Neurotiker* (1912/1913). Er befasst sich mit Gemeinsamkeiten zwischen Zwangshandlungen und Religionsausübung beziehungsweise dem Brauchtum primitiver Völker. In der Abhandlung *Totem und Tabu* (1913), in der Freud die auf dem Urmord beruhende Geschichte des Menschen zu rekonstruieren sucht, beschreibt und beschwört er zugleich sein eigenes Schicksal. Das Schicksal desjenigen, der selbst eine Urgeschichte, die Psychoanalyse, gestiftet hat. Freud bezeichnete seine stilistisch herausragende *Totem*-Schrift untertreibend und in Anspielung auf einen gleichnamigen Erzählband von Rudyard Kipling zwar als „just so story", nur so eine Geschichte, dennoch hielt er sie für sein bestes Produkt seit der *Traumdeutung*, was seine Schüler wiederum veranlasste, am 13. Juni 1913 auf dem Konstantinhügel im Prater ein Ehrendiner, das „Totemfest", zu geben.

Die Anwendbarkeit seiner Methode nicht vergessend, erteilte Freud *Ratschläge für den Arzt bei der psychischen Behandlung* (1912), so der Titel eines Artikels aus einer Reihe von vier Schriften zur Behandlungstechnik. Diese Handreichungen warnen vor Fallgruben in der Anwendung der Methode. Freud empfiehlt „gleichschwebende Aufmerksamkeit" und rät davon ab, während der Behandlung Notizen zu machen, weil dies den Patienten irritiere und für den abgelenkten Therapeuten die Gefahr bestehe, etwas zu verpassen. Der Analytiker müsse eigene Gefühlsregungen und Erwartungen wegschieben – und eine befähigende und vorbereitende Lehranalyse durchlaufen haben. Zurückhaltend und „abstinent" habe er zu sein und dem Patienten und seinem Problem gegenüber tolerant. Der Patient wiederum müsse erkennen, dass Intellektualität seine Neurose nicht zu heilen vermag, helfen könne er sich durch kooperatives Einlassen auf den psychoanalytischen Prozess.

Um diese Zeit etablierte die Bewegung neue Kommunikationsorgane. So das nach dem Nürnberger Kongress 1910 herausgegebene „Correspondenzblatt", ein Bulletin, das die Zentrale besser mit den wachsenden Ortsgruppen vernetzen sollte. Das von Adler und Stekel gepflegte „Zentralblatt für Psychoanalyse. Medizinische Monatszeitschrift für Seelenkunde" hatte es sich zur Aufgabe gemacht, Kasuistiken, Referate, Buchkritiken und dergleichen zu versammeln. Konflikte veranlassten Freud, Stekel von seinen Diensten in der Redaktion zu entbinden, und nachdem dieser 1912 aus der Wiener Psychoanalytischen Vereinigung ausgetreten war, erschien das Blatt nicht mehr. Das Heft „Imago. Zeitschrift für Anwendung der Psychoanalyse auf die Geisteswissenschaften" wurde 1912 von Freud gegründet und von ihm und Otto Rank sowie Hanns Sachs geführt. Es fusionierte später mit einem anderen Periodikum. Der Zweck von „Imago" war, interdisziplinäre Erforschungen der Psychoanalyse anzukurbeln. Der Name „Imago" spielt daher nicht nur auf unbewusste innere Bilder und Repräsentanzen als das täglich Brot der Analytiker an, sondern auch auf den Titel eines 1906 erschienenen und in psychoanalytischen Kreisen äußerst beliebten Romans von Carl Spitteler.

Die Entmachtung der Libido · Revision der Theorie

1917, unter dem Eindruck des Krieges, nahm Freud Stellung zum Thema *Trauer und Melancholie*. In der gleichnamigen Schrift erklärt er den Selbstmord eines Menschen als Form der Selbstbestrafung, als gegen den eigenen Körper gerichtete Aggression und als die Umkehrung des Wunsches, jemand anderen umzubringen – man tötet sich, um nicht den anderen zu töten. Freud unterstrich die Ansicht, beim Suizid gehe es um drei Motive: den Wunsch zu sterben, den Wunsch zu töten und den Wunsch, getötet zu werden. In den Jahren nach dem Ersten Weltkrieg liefen mehrere Fäden eines mehrjährigen Denkprozesses zusammen. Nachdem er bisher vorwiegend diejenigen Kräfte untersucht hatte, die als den Willen des „Ich" unterlaufende Phänomene in Erscheinung treten, nachdem er gezeigt hatte, wie das „Ich" vor Kräften aus dem Unbewussten kapitulieren kann, fragte Freud nun nach dem „Ich" als solches. Der Prozess des Überdenkens hatte bereits um 1914 eingesetzt, zu der Zeit, als Freud sich in einem Aufsatz mit dem Problem des Narzissmus befasst hatte. Auch hier wurde das „Ich" bereits differenziert, war vom „Ich-Ideal" als einer seiner Teilfunktionen die Rede. Nun deklarierte Freud diese Ich-Ideal-Funktion zu einer aus Reaktionsbildungen erwachsenden, regelhaften Einrichtung namens „Über-Ich". Dieses kämpfe mit dem „Es". Das heißt, bei dem, was er will und tut, oszilliert der Mensch quasi zwischen „niederem" und „höherem" Begehr. Er bediene sich eines Arsenals von Abwehrmechanismen, um Unerwünschtes und Unverträgliches auszublenden und zu Kompromissen zwischen diesen Polen zu finden, zwischen dem, was er will, und dem, was er glaubt zu sollen – und zu verdienen meint. 1915 goss Freud diese Ideen in einer mehrteiligen „Metapsychologie" zusammen. Freud hatte damit aus seiner Psychoanalyse, ursprünglich eine Krankenbehandlung für Hysteriker, einen umfassenden Masterplan der menschlichen Persönlichkeit gemacht, in dem normale Psychologie und Psychopathologie ihren Platz hatten, als sei „Wo Es war, soll Ich werden" das kumulative Motto seiner Betrachtungen.

Ab 1920 war diese Revisionsphase abgeschlossen. Hinzu kam, dass Freud vermehrt Aufgaben delegierte, wodurch die Psychoanalyse Ansätze zu einer von ihrem Begründer unabhängigen Eigendynamik entwickelte. Das erlaubte Freud, sich auf Phänomene zu konzentrieren, die bislang von der medizinischen Wissenschaft links liegen gelassen worden waren. Während man das Elektroenzephalogramm erfand und die Isolierung des Botenstoffes Acetylcholin die moderne Neuroendokrinologie einzuläuten begann, trieb Freud seine Theorie von der Psyche voran. Unter dem Eindruck des Krieges und persönlicher Verluste vollendete er drei Abhandlungen, in denen er etwa seine Theorie des Unbewussten und des Triebdualismus – Libido versus Todestrieb oder Eros versus Thanatos – überarbeitete und neu definierte: Erstens: *Jenseits des Lustprinzips* (1920). Die Begriffe Lustprinzip und Realitätsprinzip hatte Freud 1911 eingeführt. Seiner Ansicht nach beherrschen diese beiden Strebungen das psychische Geschehen, als ob es dem Menschen nicht bestimmt sei, glücklich zu werden. Während das Lustprinzip versuche, dem Menschen Lust zu verschaffen und Unlust zu vermeiden, vertrete das Realitätsprinzip die Wirklichkeit, die dem Individuum sich anzupassen abverlangt. Zweitens: *Massenpsychologie und Ich-Analyse* (1921). Es geht darin unter anderem um die Beziehungen, die die Mitglieder einer Masse aneinander binden und die Frage, wie die Analyse des Individuums zum Verständnis der Gesellschaft beitragen kann. Drittens: *Das Ich und das Es* (1923). Sein überarbeiteter Bauplan der Psyche unterschied nun drei neue Elemente. Neben die „erste Topik", eine Einteilung des Seelenlebens in Unbewusstes, Vorbewusstes und Bewusstsein, trat nun die „zweite Topik", das bekannte Modell der drei Instanzen von „Ich", „Es" und „Über-Ich": Freud erläutert mit diesem Organigramm, dass das Ich in seinen Bestrebungen mit dem Es, dem Vertreter des Triebhaften, Irrationalen und sogar Bösen des Menschen, rivalisiere und beide sich zudem mit der Instanz des Über-Ich auseinander setzen müssen. Auf dem Instanzen-Modell fußt etwa die Arbeit *Neurose und Psychose* (1924). Neurose sei die Folge eines verdrängten psychischen Konflikts zwischen Ich und Es. Die Psychose resultiere aus einem Konflikt zwischen Ich und Außenwelt und lasse die Grenzen zwischen der Person und der Welt um sie herum verschwimmen.

Nachdem er 1925, auf dem Höhepunkt der jetzt in Berlin organisierten Psychoanalyse und auf dem Höheunkt seiner Karriere, die *Selbstdarstellung,* eine Zwischenbilanz seiner Arbeit, publiziert hatte, folgte 1926 *Die Frage der Laienanalyse.* Ein Anstoß dazu war ein Vorfall aus dem Jahr 1924, als Freud von Seiten des Wiener Gesundheitsamtes um eine Stellungnahme gebeten worden war. Zwar kam er der Bitte nach – Tenor: Laie ist der, der über keine ausreichende Ausbildung in der Psychoanalyse verfügt, unabhängig vom Besitz eines ärztlichen Diploms –, aber die Sache war damit nicht vom Tisch. Im Frühling 1926 wurde Theodor Reik von einem ehemaligen Patienten wegen unerlaubten Ausübens der medizinischen Heilkunde angezeigt. Gemäß Gesetz drohte dem Unglücklichen, seines Zeichens studierter

Literaturwissenschaftler, ein Prozess wegen Kurpfuscherei. Freud drehte den Spieß um, indem er sagte, Kurpfuscherei sei es, wenn ein Arzt ohne Ausbildung Psychoanalyse praktiziere. Ebenfalls in das Jahr 1926 fiel eine völlig andere Arbeit: *Hemmung, Symptom und Angst,* die sich mit Störungen von Körperfunktionen wie Nahrungsaufnahme, Sexualität, Fortbewegung und Arbeit befasst. Wieder einen Bogen schlagend, schrieb er 1927 über *Fetischismus,* aber auch über *Die Zukunft einer Illusion,* in der der Atheist Freud auf Gott, Glaube und Kulturerwerb zu sprechen kommt und seine Methode vor religiöser Vereinnahmung zu schützen versucht. Sich Heine anschließend sagte er einmal, er wolle den Himmel den Spatzen und den Engeln überlassen.

Psychoanalyse und Kulturkritik

Eine große Veränderung prägte Freuds letzte Schaffensperiode ab 1930. In seinen Anfängen, als Pionier auf sich gestellt, nur sich selbst verantwortlich und scheinbar unendliche Jahre vor sich, konnte er Vorhaben reifen lassen, eine neue Idee für eine noch neuere verwerfen. Nun, als Mittsiebziger spürte er das Ticken der Zeit zu eindringlich, um sich in Dienst von Oberflächlichkeiten zu stellen: Was jetzt kam, musste aus der Tiefe schöpfen. Er überprüfte abermals sein Strukturkonzept von „Es", „Ich" und „Über-Ich" und beschritt neue Wege, indem er sich den zivilisatorischen Problemen von Individuum und Gesellschaft zuwandte. Aus dem Jahr 1930 stammt *Das Unbehagen in der Kultur,* ein im Vergleich zu seinen Vorgängern soziologisch anmutender Text, in dem Freud eingangs auf das Verhältnis zwischen Mensch und Universum eingeht. Dann leitet er unter anderem her, dass der Mensch dank Wissenschaft und Technik Wünsche realisieren kann, die als unerfüllbar galten, und also auch Fortschritt eine Form der Wunscherfüllung sei. Nach *Die Frage der Laienanalyse* und *Die Zukunft einer Illusion* bildet das *Unbehagen in der Kultur* den Schluss einer Trilogie. Geschrieben in einer Zeit der wirtschaftlichen Depression im Vorfeld des „Schwarzen Freitags", geht es um die Kluft zwischen den menschlichen Trieben einerseits und den dem Individuum von der Kultur auferlegten Einschränkungen bei deren Verwirklichung andererseits. Für Freud stand fest: „ohne Askese keine Kultur". „Das Gesindel lebt sich aus, und wir entbehren", hatte er Martha bereits im August 1883 geschrieben. „Wir heben uns für etwas auf, und wissen selbst nicht, für was." Im *Unbehagen in der Kultur* präzisiert er, ein halbes Jahrhundert später, diese Grundidee. Die Gewohnheit der beständigen Unterdrückung der Triebe, der Selbstbeherrschung, gebe dem Menschen den Charakter der Verfeinerung, meinte Freud, wissend, dass Menschen, sobald die zivilisatorische Kontrolle erlischt, sich von übelster Seite zu zeigen geneigt sind. Mit diesem Fehdebrief gegen die Wonnen der Gewöhnlichkeit vertrat Freud ein nahezu aristokratisches Kulturideal. Lässt die Zivilisation alles Triebhafte zu, zerstört sie sich selbst. Unterbindet sie es, treten als Folge dieser Restriktionen Neurosen auf, die ihrerseits die Gestaltungs- und Entfaltungsmöglichkeiten des Menschen beeinträchtigen: Vielen Menschen bringe die Zivilisation somit mehr Belastung als Beglückung.

Freuds Statement zur Frage „Warum Krieg?" entstand 1932 und brachte ihn in die Position einer Kassandra, eines Skeptikers, der vom Schlimmsten ausgeht. Das Internationale Institut für Geistige Zusammenarbeit, eine Einrichtung des Völkerbundes, trat mit der Bitte an ihn heran, in einem Briefwechsel mit Albert Einstein ebendieses Thema zu erörtern. Zwischen Einstein und Freud bestand nach einer ersten Begegnung 1926 in Berlin gutes Einvernehmen. Den Physiker und den Psychoanalytiker einte ein Grundproblem: Beide waren angelangt vom Mangel an empirischen Belegen für ihre Aussagen, beide forschten jenseits des Messbaren – nun sollten sie erörtern, wie der Mensch von dem Verhängnis des Krieges zu befreien wäre. Einstein plädierte für die Einrichtung einer Art Weltbehörde zur Schlichtung zwischenstaatlicher Konflikte, deren Entscheidungen für alle Länder bindend zu sein hätten. Jedoch war ihm nur allzu bewusst, dass Verletzungen von Hoheitsrechten, aber auch Machthunger, Kriegsgewinn und andere (psychologische) Bedürfnisse pazifistische Absichten unterlaufen. Warum lassen Menschenmassen sich für den Krieg und all das Leid, das er bringt, einspannen und manipulieren? Sind dem Menschen ein in Friedenszeiten bloß unterdrückter und leicht mobilisierbarer Vernichtungsdrang und Hass eigen? Kann der Mensch psychisch befähigt werden, solchen Tendenzen zu widerstehen? In seiner Replik bezog Freud Stellung zum Verhältnis von Herrschaft und der aus ihr erwachsenen Macht – und der Rachsucht auf Seiten der Besiegten. Auch er sah eine „Zentralgewalt", deren Richtspruch Interessenkonflikte bescheidet, als „sichere Verhütung der Kriege" an, nicht ohne die bittere Einschränkung, wie „unrealistisch" ein solches Unterfangen wäre, da kein Staat ausreichend eigene Souveränität an diese Institution abzutreten bereit sei. Er unterstrich, dem Menschen wohne ein „Destruktionstrieb" inne und fuhr nebenbei bolschewistischen Idealisten in die Parade: Auch unter paradiesischen Bedingungen des materiellen Wohlstands und der Gleichheit sei ein Verschwinden menschlicher Aggression illusorisch. Es müsse vielmehr darum gehen, die vorhandenen aggressiven Neigungen so umzulenken, dass sie sich nicht in Kriegen entladen. Dabei sei *Eros* hilfreich, alles, was Gefühlsbindungen und Identifizierungen durch Gemeinschaft fördere, sowie höhere Kultur, deren ethische Prinzipien der Gewalt entgegenstehen. Dieser emotionale Aspekt müsse durch einen intellektuellen ergänzt werden: Man bräuchte eine Elite selbständig denkender, unabhängiger und der Wahrheit verpflichteter Führer – leider, so Freud, wohl eine ebenso utopische Hoffnung.

1938 überreichte Freud, unheilbar krank, Paul Federn einen Packen Papier, ein Vermächtnis: die Protokolle der Psychologischen Mittwoch-Gesellschaft, die 1962 als *Schriften zur angewandten Seelenkunde* veröffentlicht wurden. Gegen Ende seines Lebens verschrieb Freud sich der Aufgabe, die Beziehung zwi-

schen Psychoanalyse und Judentum zu ergründen. In der im
August nach der Emigration veröffentlichten Arbeit *Der Mann
Moses und die monotheistische Religion,* die er im Sommer 1934
zu schreiben begonnen hatte, lieferte er ein Gleichnis für die
damals aktuelle Situation, ein Modell für das Zusammenspiel
zwischen einem charismatischen Führer und seiner Gefolgschaft.
Kurz vor Ausbruch des Zweiten Weltkrieges zu Papier gebracht,
versuchte er zu verstehen, warum die Juden immer wieder in der
Opferrolle gewesen und so viel Hass auf sich gezogen haben.
Freud brannte für die alttestamentarische Figur des einsamen
Moses – der auf dem Berg Sinai von Gott die Tafeln mit den
Geboten empfangen hatte und berufen war, das Volk aus Ägyp-
ten ins Gelobte Land und zu einer neuen Gesinnung zu führen.
Bei seinen Rom-Reisen hatte Freud, der selbst einsam begonnen
hatte, registriert, dass kein Bildnis stärker auf ihn gewirkt habe
als die Moses-Statue, die Michelangelo für ein Papst-Grab in
Angriff genommen hatte, als Sinnbild des Pontifikats. Freud verstand auch sich als einen Pontifex, als einen Brückenbauer. Er
hoffte, seine Arbeit könne dabei helfen, jene unbewussten Prozesse zu analysieren, die den Lauf der Geschichte beeinflussen.
Würde es eines Tages möglich sein, die Kontrolle über irrationa-
les und destruktives Verhalten nationaler Gruppen zu gewinnen?

TEIL III: Wendezeit

Foto: Im Londoner Exil, 1938.

JAHRE DES RUHMS

Der Erste Weltkrieg

Im Sommer 1914 war die psychoanalytische Bewegung in konkurrierende Lager gespalten. Zwar hatten Adler und Jung jeweils Oberhirten einer eigenen Anhängerschaft werden können, aber Freud stand nach wie vor an der Spitze der tonangebenden Richtung. Kongresse erfreuten sich regen Zuspruchs von Teilnehmern aus vielen Ländern Europas und aus Amerika. Analysanden kamen von weit her, um sich in Wien behandeln zu lassen, neue Projekte steckten in den Startlöchern. Aber Freuds Vorhaben wurden abermals durchkreuzt. Die Ermordung des Thronfolgers Erzherzog Franz Ferdinand in Sarajevo am 28. Juni 1914 fungierte als Auslöser für einen Krieg, der als Möglichkeit schon lange in den Köpfen der (deutschen) Militärs gespukt hatte, einen Krieg, den die politisch Verantwortlichen erahnt und in Kauf genommen hatten; diesen Krieg, der den Kontinent in den Abgrund stürzen würde, empfanden weite Teile der den ausrückenden Truppen zujubelnden Bevölkerung als Befreiungsschlag. Auch Freud begrüßte den Gewaltausbruch vom August 1914 mit patriotischer – nicht nationalistischer – Begeisterung: „Meine ganze Libido gehört Österreich-Ungarn!"

Eine Euphorie, die die Erinnerung an die Verbandmaterial-Kampagne des zehnjährigen Freud oder den Fähnchen steckenden Jungen von 1870 wachruft. Jetzt aber verflog jede Illusion. Schon 1915 kritisierte Freud in seinem „Imago"-Essay *Zeitgemäßes über Krieg und Tod* die kriegsführenden Staaten scharf. Die Katastrophe machte vor seiner Haustür nicht Halt. Die Freud-Söhne standen im Feld, Martin wurde verwundet und geriet in Gefangenschaft. Mehrere Monate lang waren seine Eltern ohne Nachricht von ihm – und mussten permanent mit dem Tod der Söhne rechnen.

Wien veränderte im Verlauf des Massensterbens auf den Feldern dramatisch das Gesicht. Streiks, Deserteure, Nahrungsmittel rationiert, wenn überhaupt zu haben. Die Zeitungen, die sich anfangs in die Kriegsmaschinerie hatten einspannen lassen, forderten zum Ungehorsam auf, während die politische Führung kraftlos dabei zusah, wie das Verhängnis seinen Lauf nahm. Parolen und Heereskapellen vermochten die Kampfmoral nicht mehr zu heben. Ein desillusionierter Freud war mehr und mehr überzeugt davon, dass der Mensch von irrationalen Energien durchs Leben und durch die Geschichte getrieben werde. Der *Homo sapiens* – konnte man es anders sehen? – verfüge offenbar über einen angeborenen „Todestrieb", der jederzeit sein zerstörerisches Potenzial entfalten könne. Ein Konzept, das umso überzeugender klingen mochte, als sich schon bald nach dem Untergang Österreich-Ungarns die nächste Kriegskatastrophe zusammenbraute. Denn in einem Lazarett in Pommern fasste ein durch Giftgas vorübergehend erblindeter Gefreiter, etwa so alt wie Freuds Söhne, den Entschluss, „Politiker zu werden", wie es in *Mein Kampf* heißt. Der Gefreite hieß Adolf Hitler.

Nachkriegszeit · „Weltsperre" und Neuanfang

Die Versorgungslage im in die Knie gegangenen Teil Europas war katastrophal. Einfachste Dinge blieben ein lange schier unüberwindliches Problem: Papiervorrat, Essen, Heizen. Engpässe und Inflation zwangen Freud zu einer neuen Art von unternehmerischem Denken. Als er einen Artikel für eine ungarische Zeitschrift verfasste, bat er darum, nicht mit Geld, wertlosem Papier, sondern mit Kartoffeln, kaum zu haben, vergütet zu werden. „Wie sieht es mit der Beheizungs- und Beleuchtungsfrage bei Ihnen aus, Herr Professor?", fragte Max Eitingon am 1. November 1919, in einem Spätherbst, dessen trübgrauer Abglanz die Stimmung der Menschen reflektierte. Klamme Kälte war aber nur eines der Probleme, die Freud zu schaffen machten. Vorlesungen an der Universität hielt er seit 1917 nicht mehr, der Krieg hatte ihn erneut isoliert, gerade erst geschmiedete Achsen ins

Ausland brüchig werden lassen, hatte seine Mitarbeiter an die Front geschickt und Reisepläne durchkreuzt. Die „Weltsperre" und die schlichte Aussicht auf Zugang zu Nahrungsmitteln hatten ihn einen kühlen Sommer 1917 in der Tatra zubringen lassen, wie er Lou Andreas-Salomé im Juli von dort schrieb.

Gegen Kriegsende lief der Wiederaufbau der Psychoanalyse stockend an. Die Diskussion über den traumatischen Charakter psychischer Affektionen durch das Kriegsgeschehen, kurz: über die Kriegsneurose, rückte in den Mittelpunkt und bisherige Weisheiten an ihre Grenzen. Die Soldaten, in den Augen der Militärs Kriegsmaterial und „Kanonenfutter", waren wertvolle Ressource. Nicht nur durch Zwangsexerzieren versuchte man, traumatisierte Frontsoldaten, die Zeichen von Depression, Hypochondrie, Angst, Wahn oder Delirium zeigten, wieder einsatzfähig zu machen. Dem Arzt kam die Aufgabe zu, zur Erhöhung der militärischen Schlagkraft beizutragen und etwa als Psychiater, von den Militärbehörden zu Stellungnahmen aufgefordert, vermeintliche Simulanten auszumachen. Es galt, im Granatenfeuer erlittene Schocks und Traumata der Soldaten zu therapieren und die Betroffenen oft innerhalb einer Woche wieder auf die Beine zu bringen, um sie zurück an die Front zu schikken. In dieser Situation genossen Freuds Beiträge plötzlich nie gekannte öffentliche Aufmerksamkeit. Unversehens nahm man ihn als eine seriöse Zelebrität wahr, deren Rat von Regierungsvertretern gefragt war. Freud wurde dabei mit Julius Wagner Ritter von Jauregg konfrontiert, der für seine durch Impfmalaria herbeigeführte Fiebertherapie als Heilmethode bei progressiver Paralyse 1927 den Nobelpreis bekommen sollte, dem aber jetzt seine Elektrobehandlungen simulierender Kriegsneurotiker vorgeworfen wurde. Freud, als Experte vor eine Untersuchungskommission geladen, kritisierte die Methode als „Maschinengewehre hinter der Front" und erklärte, alle Neurotiker seien Simulanten, aber sie simulierten, ohne es zu wissen, und eben das sei ihre Krankheit. Ein Großteil der Arbeiten, die sich im 20. Jahrhundert mit den spezifischen Formen des posttraumatischen Belastungssyndroms bei Krieg, Folter, Gefangenschaft, Ausnahmezuständen und Katastrophen befassten, fußt auf Freuds Ansichten.

Der zweite Durchbruch

Während ein Teil Europas nach 1918 in Ruinen lag, machte sich unter den Freudianern eine Aufbruchstimmung breit, die sich auf dem Budapester Kongress im September 1918 widerspiegelte. In einer Zeit von Versorgungsengpässen, erschwertem Reiseverkehr und Wechselkursturbulenzen rollten die ungarischen Gastgeber ihren Gästen gleichsam den roten Teppich aus, organisierten opulente Galas und Bankette für die kriegsgebeutelten Ausländer. Eine zweite Generation stand in den Startlöchern. Diese Nachfolger, obwohl von Freud oder den Wiener Pionieren ausgebildet, definierten sich anders als die Veteranen nicht über den gemeinsamen Nenner Stadt oder Lehrmeister, sondern verstanden sich als auf etwas darüber Hinausgehendes bezogen. In seiner Ansprache schlug auch Freud neue Töne an. Er hochschätzte etwa die menschliche Fähigkeit, Versagungen auszuhalten, ohne sich in Ersatzbefriedigungen zu flüchten. Er forderte, Patienten zur Lebensbewältigung zu befähigen und ihnen dazu als Behandler gerade jene Befriedigungen und Wunscherfüllungen zu versagen, die der Analysand am stärksten zu verlangen scheint. Überdies sprach er sich für eine psychoanalytische Grundversorgung mit Hilfe privaten Engagements aus. Dies könne Platz greifen, indem Kliniken eingerichtet würden, in denen gut situierte psychoanalytisch ausgebildete Mediziner mittellose Patienten ohne Honorar behandeln würden. In Gestalt des Stifters Anton von Freund trat sodann tatsächlich ein Wohltäter auf den Plan: Der Brauereibesitzer stellte der Stadt Budapest einen stattlichen Fonds zur Verfügung, um ein psychoanalytisches Institut zu gründen, in dem die Analyse gepflegt, gelehrt und dem Volke zugänglich gemacht werden sollte. Der Mäzen sponserte auch die im Folgejahr realisierte Verlagsgründung, ein

Unternehmen, das avisiert wurde, um Zeitschriften und Bücher herauszubringen und Freuds Ideen zu verbreiten, und das Freud so angelegentlich werden sollte, dass er wiederholt private Mittel hineinpumpte. Alles in allem konnte Freud in Budapest 1918 mit einiger Zuversicht nach vorn schauen. Der Krieg, der viele andere Organisationen unterhöhlt, wenn nicht den Todesstoß versetzt hatte, hatte seiner Psychoanalyse letztlich nichts anhaben können. Der Budapester Kongress, wie auch der folgende 1920 in Den Haag, bewiesen, dass die Methode sich als eine internationale Bewegung repositionieren und die Anhängerschaft sich abermals vervielfachen konnte. So mischte sich in Budapest eine gewisse Gelassenheit in Freuds innere Unrast, und da ihn 1918 weder die Todesfälle noch die Krebsdiagnose ereilt hatten, die in naher Zukunft auf ihn zukommen sollten, glaubte er, das Schlimmste hinter sich gebracht zu haben.

Annus horribilis · Verlust und Trauer
Nach der entbehrungsreichen und doch hoffnungsvollen Zeit nach dem Ersten Weltkrieg wurde das Jahr 1923 ein *Annus horribilis* für Freud, und es zog eine schwarze Kette von Ereignissen nach sich. Freud hatte nicht lange nach dem Budapester Kongress den Verlust seines Freundes und Förderers Anton von Freund zu verkraften, der, nur vierzig Jahre alt, seinem Krebsleiden erlegen war. Aber das Schicksal schlug auch in der eigenen Familie zu. Die Folgen einer Grippeerkrankung hatten seine Tochter Sophie, eine blühende junge Frau, 1920 innerhalb weniger Tage dahingerafft. Nun, im Juni 1923, starb Heinerle, Freuds Lieblingsenkel. Er war Sophies jüngerer Sohn, so dass der Schmerz über ihren Tod doppelt aufbrach. In seiner Trauer umgab Freud sich mit einem derart undurchdringlichen Panzer, dass sich sein ältester Enkel, der verwaiste Bruder von Heinerle, vor seinem Großvater ängstigte. Oder, wie es ein anderer Enkel, Martins Sohn Anton Walter, formulierte: Man wollte als Kind nicht auf des Großvaters Schoß sitzen. Freud erkannte, wie ver-

steinert, distanziert und gleichgültig er wirken musste. Seit Heinerles Tod „mag ich die Enkel nicht mehr, aber freue mich auch nicht am Leben", schrieb er im Oktober 1926 an Ludwig Binswanger. All die Ängste der vorangegangenen Kriegsjahre, die Gedanken an Sterben, Verlust und Trauer, waren zurückgekehrt und mit Brutalität in sein persönliches Leben eingedrungen, um ihm die Endlichkeit des Menschen einmal mehr vor Augen zu führen, einschließlich seiner eigenen Sterblichkeit. Als älterer Mensch, so drückte er sich aus, glaubte er den Schmerz nie überwinden, den Trauerprozess nie abschließen zu können, anders als ein jüngerer, für den das Leben noch Versprechungen und positive Aussichten bereithalte. Welche Aussicht blieb ihm? Dass nichts zu trösten, nichts die Lücke zu füllen vermag, sei die einzige Art, eine Liebe fortzusetzen, die man nicht aufgeben will, meinte Freud. Er versuchte, über den Dingen zu stehen, auch im übertragenen Sinne: In seinen Schriften widmete er sich von nun an metapsychologischen Problemen.

Die Krankheit · Letzte Jahre in Wien
Ebenfalls 1923 wurde Freuds Krebserkrankung diagnostiziert. Das Nachlassen seiner Belastbarkeit, die „Grillen des Alters", hatte der Endsechziger bislang mit trockenem Humor zu nehmen versucht, auch wenn er sich wegen Verdauungsbeschwerden und gelegentlichen Herzrhythmusstörungen sorgte. Er erwartete, dass auch die geschwollene Stelle im Mund, die ihm vor geraumer Zeit aufgefallen war, harmlos sei. Vielleicht sogar nur ein psychogenes Symptom, nicht der Rede wert? Seine Familie wusste nichts von dem kieferchirurgischen Eingriff, dem Freud sich unterzog. Die Läsion, die doch mulmige, aber beiseite geschobene Vorahnungen in ihm ausgelöst hatte, ließ er durch den Chirurgen Hajek ambulant entfernen. Es verlief nicht so glimpflich wie erhofft. Die Geschwulst infiltrierte das Gewebe tiefer als gedacht. Martha und Anna fielen aus allen Wolken, als der Anruf einer Sprechstundenhilfe kam, verbunden mit der dringenden

Bitte, jemand solle den Patienten bitte abholen: Freud saß blut-
überströmt auf einem Stuhl – die postoperative Komplikation
kostete ihn beinahe das Leben. Die zweite Operation war eine
radikale und Freud ließ sie von einem anderen Chirurgen
vornehmen, der ihm vertrauenswürdiger als Hajek erschien: Professor Hans Pichler. Die Diagnose, dass der Schleimhautfleck
bösartig sei, traf ihn dennoch völlig unvorbereitet. Immer noch
hatte niemand gewagt, ihm die grausame Wahrheit ins Gesicht
zu sagen: ein maligner Tumor. Freud wurde wütend, als er herausfand, dass man die Diagnose beschönigen, ihm das Ausmaß
des Befundes unterschlagen und ihn somit betrügen wollte.
Den ersten Eingriffen folgten über die Jahre rund dreißig weitere Operationen und außerdem Radiumbestrahlungen. Freud
verlor den größten Teil des rechten Oberkiefers, einen Teil des
Unterkiefers, des rechten Gaumens, der Wangenschleimhaut
sowie die entsprechenden Unterkieferdrüsen. Mund- und
Nasenhöhle waren nicht mehr vollständig voneinander getrennt.
Die ausgedehnten Resektionsflächen prothetisch zu versorgen,
war so gut wie unmöglich, zumal der Lokalherd immer wieder
aufflammte, ständig nachoperiert werden musste und die Wunde nicht heilte. Das Ergebnis war ein Leben chronischer Qual.
Das tägliche Herausnehmen der Prothese des Patienten, die in
einer eigens eingerichteten Hygiene-Ecke der Wohnung gepflegt
wurde, war eine peinvolle Prüfung. Essen, Sprechen und auch
Rauchen war, wie seine Ärzte Professor Pichler und Doktor
Schur notierten, nur mit äußerster Anstrengung und unter
großen Schmerzen möglich.
Diese Verfügbarkeit medizinischer Infrastruktur diktierte fortan
seine Pläne und seine ausgedehnten Expeditionen in den Süden
und zu internationalen Kongressen gehörten nach 1923 der Vergangenheit an. Nicht einmal zur Tagung in Bad Homburg 1925
konnte er anreisen, er schickte Anna. Der Krebs war der Kompass seines Lebens geworden und justierte sein Koordinaten-
system neu. Seiner Bewegungsfreiheit beraubt, grüßte er ehema-

Ein glückliches Paar der bürgerlichen Welt Wiens: Sigmund und Martha Freud feiern ihre Silberhochzeit, 1911.

lige Reisegefährten wie Sándor Ferenczi, die nun, wie er ihm am 12. Oktober 1928 schrieb, sein unbefriedigtes Fernweh auslebten. Ab 1924, in diesem Jahr eingemietet in die bahnhofsnahe „Villa Schüler", verbrachten die Freuds fünf Sommer am Semmering, 1929 mieteten sie in Berchtesgaden ein Haus, wo sich eine Reihe von Besuchern dazugesellte. Frühere Urlaubsziele waren mit einem Mal so entlegen wie eine andere Welt. Neue Musen bestimmten seine Tage. Er schrieb und las, umgab sich mit Freunden und Verwandten, großen und kleinen Enkeln, mit denen er Blumen pflückte. Immer noch wirkte nach, was er fast ein wenig überrascht registriert hatte: sich noch nie seiner tiefen Liebe zu einem Menschen, einem Kind zumal, so bewusst gewesen zu sein wie der Liebe zu Sophies verstorbenem Sohn Heinerle, schrieb er am 11. Juni 1923 an Kata und Lajos Levy.

Mitte der zwanziger Jahre, als Berlin schon die Nachfolge Wiens als Zentrum der Psychoanalyse angetreten hatte und es in der Berggasse stiller geworden war, war das Pendel umgeschlagen. Zwar war sein siebzigster Geburtstag ein Höhepunkt des Jahres 1926 – der Haushund Wolf, der ihm so erstaunlich unkompliziert ans Herz gewachsen war, überbrachte dem Jubilar ein Papier mit einem Gedicht und die jüdische „B'nai B'rith"-Loge feierte ihr langjähriges Mitglied, ohne Freud, mit einem gebührenden Festakt. Aber für vieles, was ihn einst gefesselt hatte, war der innere Resonanzboden abhanden gekommen, bekannte er am 10. Mai 1925 in einem Brief an Lou Andreas-Salomé. Er war ein abgeklärter Gelehrter, ein Grandseigneur, der Kämpfe hinter sich gelassen hatte und einen neuen hatte aufnehmen müssen. Ein Gelehrter, der mit weisem und wissendem, aber auch düsterem Blick in die Welt schaut: So wirkt er auf der Radierung von Ferdinand Schmutzer aus der Zeit um 1926, und so wollte er gesehen werden. Dass er der Kämpfe mehr und mehr überdrüssig war, drückte sich in seinem Umgang mit den Haushunden der Familie, Lün, Wolf und Jofi, aus, die ab Mitte der zwanziger Jahre nacheinander sein Leben teilten. Freud erlebte mit ihnen ein ungezwungenes Miteinander „ohne Ambivalenz". Anna und er kümmerten sich um die Tiere, fütterten sie bei Tisch – ungeachtet der Proteste Marthas. Freud genoss die schlichten Rituale und fühlte sich durch die Tiere vom „schier unerträglichen Konflikt mit der Kultur befreit". Der Kultur entledigt, erlebte er, das einstige Landkind, die Natur neu, der er in seinen letzten Jahren auf österreichischem Boden in der Umgebung von Wien begegnete. Die letzten Höhepunkte seines Lebens in Österreich ereigneten sich. Sein 75. Geburtstag etwa. Die Freud-Anhänger in Amerika organisierten sogar ein Festbankett im New Yorker Ritz-Carlton zu seinen Ehren, doch anzureisen, war ihm gesundheitlich unmöglich, der Krebs war mit einem Rezidiv zurückgekehrt. Im selben Jahr zelebrierte man von verschiedener Seite weitere Rituale des Nachruhms: Freud gab dem Wunsch des Bildhauers Némon nach, eine Büste von ihm anfertigen zu dürfen. Das Werk fand seine Gnade. „Der Kopf, den der hagere ziegenbärtige Künstler aus dem Dreck – wie der liebe Gott – geformt hat, ist sehr gut und einem Eindruck von mir überraschend ähnlich", urteilte er am 3. August 1931 in einem Brief an Max Eitingon. Im Herbst 1931 wurde in Freiberg eine Gedenktafel am Geburtshaus enthüllt und eine Straße – „Freudova" – nach ihm benannt. 1931 und 1932 verbrachte Freud den Sommer in Häusern in der Khevenhüllerstraße in Pötzleinsdorf, 1933 in Döbling auf der Hohen Warte und 1934 bis 1937 in der Strassergasse 47 in Grinzing. Zu Beginn der dreißiger Jahre hatten zudem Anna und Dorothy Burlingham ihr Sommerhäuschen in Hochrotherd eingerichtet. Mit Dorothys neuem Auto war es in nur einer Dreiviertelstunde erreichbar, damit nahe genug, um auch Freud ab und an Refugium zu sein. Er hatte es sich in der neuen, leiseren Lebensphase eingerichtet. Dazu passte, dass er um diese Zeit, ab 1932, in seiner Agenda den Wechsel in die Sommerquartiere nicht mehr sonderlich hervorhob. Die periodischen Unterschiede zwischen Ferien und Arbeitszeit verschwammen. Sein Leben schien ein langer, ruhiger Fluss geworden zu sein.

„Mir überraschend ähnlich" – Freud vor seiner Porträtbüste, angefertigt 1931 vom Bildhauer Oscar Némon während eines Sommeraufenthalts in Pötzleinsdorf.

EMIGRATION UND TOD

Von Wien nach Berlin · auf dem Zenit des Ruhms

Seit dem Niedergang der Habsburgermonarchie suchten viele
österreichische und ungarische Analytiker einen Neubeginn in
Deutschland. Freud liebäugelte um 1922, als er im September
am Psychoanalytiker-Kongress in Berlin teilnahm, selbst damit.
Hatte es ihn nicht schon als Student dorthin, „an die Quelle",
gezogen? Es gingen so viele Veränderungen vor sich, aber er fühlte sich zu alt, um noch auf den Zug zu springen. Im Vorkriegs-
Berlin an Boden zu gewinnen, war der Psychoanalyse bereits
erstaunlich gut gelungen. Obwohl in der preußisch-viktoriani-
schen Zeit, in der man darauf vertraute, dass der Geist den Körper an die Kandare nehme, Freud mit seinem Gerede über Bou-
doir-Dinge auch in Berlin auf viele nicht wie ein seriöser Arzt,
sondern mehr wie eine Art Gigolo wirkte, der sich im gesellschaftlichen Giftschrank vergriffen hatte. Seine Psychoanalyse
sah die breite Masse als eine gegen die guten Sitten verstoßende
Chose, höchstens fürs stille Kämmerlein, aber gewiss nichts fürs
öffentliche Parkett. Hier wie dort hielten viele ihn für einen
Wüstling und seine „Altweiberpsychiatrie" für „sexuelle Schwei-
nerei" oder, wie Peter Gay schreibt, für „pornografische
Geschichten über reine Jungfrauen". Dass Mordlust und Sex-
fantasien bei Kindern normale Erscheinungen sowie Witze und
Versprecher ernst zu nehmende Symptome seien – das waren
schwer zu akzeptierende Theorien und ihrerseits wohl eher einer
Wahnvorstellung entsprungen: der ihres Schöpfers. Weniger auf-
gebrachte Gemüter belächelten Freuds „Praxis des Schwätzens"
zumindest als eine Art literarisches Salongeflüster im Fahrwasser
der Romantik, mit nichts auf der Naht als süßlichen Geistreiche-
leien. Etwas fürs Feuilleton vielleicht, nichts fürs Sprechzimmer.
Nach dem Krieg aber hatte sich das Blatt in der vormaligen
Hauptstadt Preußens und des Wilhelminischen Kaiserreiches

vollends zum Vorteil für die Psychoanalyse gewendet. Ähnlich wie es im Schmelztiegel Wien um 1900 gewesen war, war es zu Beginn der Weimarer Republik in den „goldenen Jahren" in Berlin: Alle Zeichen standen auf Neuanfang. Die neue liberal-demokratische Gesellschaftsordnung hatte die bisherige ersetzt und begünstigte jene Kreativität und Experimentierfreudigkeit, die den Berliner Geist der zwanziger Jahre ausmachte. Offen für Fortschritt, brach das Publikum der Roaring Twenties mit Gewohnheiten. Die automobile Öffentlichkeit begrüßte Neuerungen in Wissenschaft, Kunst und Kultur, einschließlich des neuen Menschenbildes, für das die Psychoanalyse stand. Berlin war als Versuchung und Herausforderung für sich neu orientierende Menschen wie maßgeschneidert. In den *années folles,* als die Frauen ihre Röcke und Haare abschnitten, inszenierte Berlin sich als der Nabel des alten Kontinents. 1926 pries die Stadt sich in den Prospekten als das „New York Europas". Hier prallten Gegensätze und Rekorde aufeinander. Für Nachtschwärmer gab es Premieren, Clubs, Revuen, Kinopaläste. Dem Reichtum und dem Kunstglanz der über allem schwebenden Filmstars aus den Studios in Babelsberg standen jedoch zunehmende Arbeitslosigkeit, Kommunistenaufmärsche und Armut auf der Straße gegenüber. So war das flirrende Berlin bis um 1930 zugleich Spielwiese, schillernder Kosmos – und sinkendes Schiff, als seine Aufbruchstimmung in jene apokalyptische Heiterkeit kippte, die Christopher Isherwood in *Leb wohl, Berlin,* der Vorlage für den Film *Cabaret,* beschrieben hat. Doch nicht nur der erstaunliche Aufschwung der Psychoanalyse, sondern auch private Verbindungen zogen Freud nach Berlin. Seitdem seine Söhne Ernst und Oliver in der deutschen Hauptstadt lebten und ihre Familien gegründet hatten, war Berlin in den zwanziger Jahren die Drehscheibe der Freuds und ihrer Freunde aus der Analytiker-Szene, etwa der Abrahams. All das, leider auch traurige Anlässe wie medizinische Konsultationen, bewog ihn wiederholt, dorthin zu reisen. Ein Schnappschuss, der ihn 1930 beim Besteigen einer

Lufthansa-Maschine zeigt, die zu einem Rundflug – dem ersten und einzigen Flug seines Lebens – abheben sollte, wirkt im Nachhinein wie ein inszeniertes Symbol der Elevation, als solle das Foto ausdrücken, welche Erhebung das Berlin der Weimarer Republik für Freud und die Psychoanalyse bedeutete: Nach dem Zwischenspiel im Schweizer Burghölzli seit dem Krieg zum zentralen Entfaltungspunkt der Psychoanalyse avanciert, hatte Berlin 1930 die Gründerstadt Wien als Mittelpunkt der Bewegung abgehängt. Und ohne das Aufkommen des Nazi-Regimes, das Deutschland fast all seiner Intellektuellen und Wissenschaftler beraubte und seine exzellenten Köpfe ins Exil zwang, wäre es wohl dabei geblieben.

Modell Berlin

Zu den wichtigsten Wegbereitern der blühenden Berliner psychoanalytischen Szene gehörte Karl Abraham, der das Verfahren vor dem Ersten Weltkrieg am Züricher Klinikum Burghölzli kennen gelernt hatte und einen beruflichen Wechsel nach Berlin wollte. Es fügte sich, dass Freud nach dem Ende seiner Freundschaft mit dem Berliner Wilhelm Fließ mehr als offen für einen neuen Vertrauten in Deutschland war. Er machte dem jungen Arzt Mut und so führte Abraham die Technik der Psychoanalyse Ende 1907, nach einer Begegnung mit Freud, in seine Berliner nervenärztliche Praxis ein. Abraham war damit außerhalb von Wien und nach Freud der erste Berufsanalytiker der Welt überhaupt und bestritt seinen Lebensunterhalt ausschließlich aus psychoanalytischer Tätigkeit, ein Unterfangen, das nur in einer modernen Großstadt wie Berlin ausreichend nachgefragt und somit existenzsichernd sein konnte. Rasch wurde Abraham nicht nur der führende deutsche Analytiker, sondern überdies der erhoffte enge Vertraute für Freud. Vor Abraham traute er sich, etwa den ehemaligen Intimus Fließ als „harten, schlechten Menschen" oder den Kollegen Albert Moll als „kein Arzt, sondern Winkeladvokat" zu verunglimpfen, wie der von Ernst Falzeder editierte Briefwechsel der beiden zeigt. Freud konnte sicher sein, dass der Kollege damit umzugehen wusste. Doch Abraham tat noch mehr. Durch Rückmeldungen auf seine Arbeit ermutigt, versammelte er 1908 nach dem Wiener Vorbild einen Kreis interessierter Ärzte in seiner Wohnung, ein Kern, der ab 1910 in Berlin als Berliner Ortsgruppe der Internationalen Psychoanalytischen Vereinigung firmierte. Mit der Gründung des Berliner Psychoanalytischen Instituts (BPI) wurde der Grundstein für die Geschichte der deutschen psychoanalytischen Bewegung gelegt. Die Personen, die sodann die auf Deutschland ausstrahlende Berliner Psychoanalysegeschichte schreiben sollten, waren größenteils Analysanden von Abraham.

1920 gründeten Max Eitingon und der Berliner Ernst Simmel – er hatte während des Ersten Weltkrieges als Leiter eines Militärkrankenhauses Hypnose und Psychoanalyse kennen gelernt – das Berliner Psychoanalytische Institut (BPI) und dessen Poliklinik.

Als die erste Psychoanalytische Poliklinik ihrer Art überhaupt setzte sie Maßstäbe und wirkte wie ein Magnet. Die Räume der Poliklinik, zunächst in der Potsdamer Straße 29, gestaltet von Freuds Sohn Ernst, wurden am 14. Februar 1920 eröffnet – am selben Tag wie das kooperierende Berliner Psychoanalytische Institut. 1920 dazugestoßen, war auch Hanns Sachs daran beteiligt, die Berliner Szene zu institutionalisieren. Mit der Berliner Gründungsbewegung setzte die systematische Anwendung der Psychoanalyse in der Medizin ein – ein Programm, das auch in Regierungskreisen und der Intelligenzija der Stadt auf Zuspruch stieß. Das Berliner Curriculum mit den drei Säulen Lehranalyse, Theorie und Supervision gab Impulse für alle nachfolgenden, weltweit von der IPA gegründeten Institute – sogar für das 1922 ins Leben gerufene Wiener Pendant – und inaugurierte ein strenges Regelwerk, das nahezu unverändert noch heute „state of the art" ist. Zum hohen Lehrniveau an der Berliner Einrichtung trugen renommierte Analytiker aus Wien bei; Hauptaufgabe der

Institution waren die poliklinische Behandlung der Bevölkerung und die Ausbildung von Ärzten aus dem In- und Ausland. Ernst Simmel eröffnete 1926 ein Sanatorium im Schloss Tegel nach dem Modell von Bellevue und Burghölzli, den großen Sanatorien der Epoche, die Thomas Mann zum *Zauberberg* inspirierten. Die Einrichtung im Humboldt-Schlösschen am Nordufer des Tegeler Sees, deren Innenausstattung wiederum Freuds Sohn Ernst übernommen hatte, war ein wichtiger Ort für die Integration psychoanalytischer Ansätze bei der Behandlung etwa von Suchtkranken und Psychotikern. Auch Freud hielt sich in Tegel auf, als er sich in den Jahren 1928 bis 1930 in Berlin wegen seines Krebsleidens von Professor Schröder behandeln ließ. Als die Einrichtung in finanzielle Turbulenzen geriet, sprangen Marie Bonaparte, Dorothy Burlingham und Freud selbst ein; sie konnten die Schließung 1931 aber letztlich nicht abwenden. Noch bevor der Betrieb in Tegel eingestellt werden musste, fand die Geltung, die Freud in der deutschen Zwischenkriegszeit genoss, ihren Höhepunkt. Er war seit 1917 wiederholt für den Nobelpreis vorgeschlagen worden – für Literatur –, aber trotz Kampagnen zu seinen Gunsten blieb ihm diese Auszeichnung verwehrt. Das war ihm, bei aller Lakonie, nicht gleichgültig. Sein Tagebuch, die *Kürzeste Chronik*, in der er in den letzten zehn Jahren seines Lebens täglich das Wichtigste stichwortartig festhielt, legte er ausgerechnet am 31. Oktober 1929 an. „Im Nobelpreis übergangen", lautete der erste Eintrag seiner Agenda. Es war dann der Goethe-Preis, der 1930 den Zenit öffentlicher Wertschätzung markierte. Der Preis, erst 1927 gestiftet und dotiert, war die gewichtigste literarische Ehrung, die das Deutschland der Weimarer Republik zu vergeben hatte, und man würdigte Freud mit Fug und Recht als einen Meister der deutschen Prosa und großen Stilisten. Als ein Goethe-Bewunderer seit Schultagen fühlte Freud sich durch die Auszeichnung überaus geehrt. Aber er war gesundheitlich nicht in der Lage, sie persönlich entgegenzunehmen. So verlas Anna die Dankesworte ihres Vaters. Was keiner von ihnen wissen konnte, war, dass der für ihn an jenem Tag aufbrandende öffentliche Applaus in Deutschland der letzte bleiben würde.

Psychoanalyse im Nationalsozialismus

Als sich die politische Situation in Deutschland verdüsterte, indem sich jener Gefreite aus dem Lazarett in Pommern, der sich vorgenommen hatte, „Politiker zu werden", zum Reichskanzler ausrief, rutschten auch die Psychoanalytiker, vor allem die kommunistisch gesinnten unter ihnen, in die Opposition zum herrschenden Regime. Der Reichstagsbrand in der Nacht vom 27. Februar 1933 wurde als willkommener Anlass für eine Verhaftungswelle genutzt, und dafür, speziell gegen Juden und Linke vorzugehen. Im Mai 1933, zum Zeitpunkt der Bücherverbrennung, der auch Freuds jetzt verfemtes Werk zum Opfer fiel, hatte der Exodus bereits begonnen. Politisches Ziel der „Braunen" war die Vernichtung der Psychoanalyse als „jüdische Wissenschaft" – bereinigt von im arischen Sinne „falschen" Mitgliedern und „falschem" Vokabular. Verfolgt und vertrieben waren bereits 1935 nur noch rund ein Drittel der DGP-Mitglieder in Deutschland ansässig, unter ihnen neun Juden. Um die deutsche Psychoanalyse in ihrer Gesamtheit nicht auszuliefern, erklärten sich ihre Vertreter aus Not und Opportunismus zu weit reichenden Konzessionen mit den nationalsozialistischen Machthabern bereit. Die Freudianer sahen sich vor einer dramatischen Entscheidung: Sollten sie durch Agitation den totalen Untergang der Psychoanalyse hinnehmen, ja fördern? Oder kapitulieren? „Rettung der Psychoanalyse", lautete die Parole der Psychoanalytiker, die noch nicht ganz erstickt waren, aber deren Kehle so gut wie zugeschnürt worden war. Sie dachten, die Bestimmungen der Machthaber auszuführen, sprich: sich der jüdischen Kollegen zu entledigen, hieße, den Nazis keinen Vorwand für das komplette Verbot der Psychoanalyse in die Hand zu spielen. Jüdische Mitglieder wurden von den Kollegen gezwungen, ihren Hut zu nehmen – sozusagen im Interesse des Ganzen. Freud wusste wohl, wie Regine Lockot beschreibt, von diesen makabren Kompromissen – dieser „traurigen Situation" – und unterschätzte deren Brisanz. In Verkennung der Situation sorgte er sich zeitweise fast mehr um neue Widersacher aus den eigenen Reihen wie Wilhelm Reich als um die Feinde von außen. Eine Schlüsselrolle in der programmatischen „Arisierung" der Psychoanalyse in ihrer Schaltzentrale Berlin spielte Matthias Göring. Der deutsche Psychiater, Vetter des Reichsmarschalls Hermann Göring, nahm sich vor, den „jüdischen Geist" der Bewegung, den er für „zersetzend" hielt, zu eliminieren, und begann mit radikaler Nazifizierung.

Die Verantwortlichen der beschnittenen Gruppe ließen sich von Angeboten der nationalsozialistischen Führung ködern, um letztlich nur kurzfristig kleine Vorteile zu gewinnen. Obwohl sie sich dem Nazi-Regime gegenüber durch Erdulden kooperativ zeigte, gelang es der Rumpfgruppe nicht, unabhängig zu bleiben. Göring verwirklichte 1936 seinen Plan und erzwang den Schulen übergreifenden Zusammenschluss von Freudianern, Jungianern und anderen – unter seiner Leitung.

Das Ganze firmierte als das „Deutsche Institut für Psychologische Forschung und Psychotherapie", kurz „Göring-Institut". Im Status einer staatlichen Einrichtung befindlich, konnten die Verbliebenen sich nicht der ihnen erteilten Aufträge, etwa Fragestellungen von rassenpolitischem Interesse zu bearbeiten, erwehren. 1938, im gleichen Jahr, in dem Freud Wien verließ, wurde die Deutsche Psychoanalytische Gesellschaft aufgelöst. Ihre Verbindungen zur internationalen Szene blieben bis Kriegsende völlig unterbrochen. In den Nachkriegsjahren in der jungen Bundesrepublik konnte die aus ihrem Zentrum vertriebene Psychoanalyse im Westen langsam wieder Fuß fassen. Stand die Psychoanalyse immer auch im Ruf einer Befreiungsbewegung, indem sie mit Tabus aufräumte, schien sie nun geeignet, die schuldbeladene Nation bei der Aufarbeitung ihrer Vergangenheit zu unterstützen.

Aber es gelang nicht, an jene gesellschaftliche und akademische Bedeutung, die Berlin vor der Nazidiktatur hatte, anzuknüpfen.

New York · Das neue Zentrum der Psychoanalyse

Das Ausbluten der Psychoanalyse unter nationalsozialistischer Herrschaft trieb die Elite der europäischen Analytiker, wie die Spitze anderer Disziplinen, in den demokratischen Westen. Viele deutsche und österreichische Analytiker flohen in die Vereinigten Staaten von Amerika. Dort wurden die Freudianer, oft des Englischen kaum mächtig, mit offenen Armen aufgenommen, zu Vorträgen gebeten und mit Unterstützung vor allem jüdischer Sympathisanten schnell integriert. Indem sie zumeist überzeugte Amerikaner wurden, nahmen die vertriebenen Psychoanalytiker eine neue Identität an. Als Spiegelbild ihrer Aufnahme in das freie Land einerseits und ihrer Sehnsucht nach der alten Welt andererseits entwickelten die Emigranten neue Konzepte. Diese Konzepte wurden von der multikulturellen US-amerikanischen Gesellschaft, in der viele Bürger sich ebenso „amerikanisch" fühlten und ein Bedürfnis nach Verankerung spürten, rasch implementiert. Nach Wien um 1900 und Berlin in der Weimarer Republik war die amerikanische Gesellschaft gewissermaßen die dritte, die soziokulturell besonders geneigt und aufgeschlossen war, das Angebot des Freudianismus anzunehmen. Dass New York sich bereits damals als künstlerischer Mittelpunkt mit vielen Theatern, Medien- und Verlagshäusern etabliert hatte, war dem Aufschwung der Psychoanalyse sehr zuträglich – und bildete ihn, nicht nur in den Cartoons des „New Yorker", wiederum ab. Während in Europa der Krieg tobte, versuchten Moss Hart, Ira Gershwin und Kurt Weill den Prozess auf der Couch zu dramatisieren: Ihr Musical *Lady in the Dark* feierte im Januar 1941 am Broadway fulminante Premiere und wurde unter anderem von Igor Strawinsky bejubelt. 1946 wurde, ebenfalls in New York, die Oper *The Medium* von Gian Carlo Menotti uraufgeführt. Menotti, Amerikaner italienischer Herkunft, war aus Interesse für das dortige Kulturleben noch 1936 eigens nach Wien gereist; und dass die Psychoanalyse sich historisch aus der zeitweise vom Spiritismus einverleibten Hypnose ableitet, ging in sein Stück ein. In diesen Jahren trat New York, mit einem europäischen Standbein in London, die Nachfolge Berlins und Wiens als neue Welthauptstadt der Psychoanalyse an, denn bald bestimmten die angloamerikanischen Schulen den akademischen Diskurs. Während die Neurowissenschaft in den fünfziger Jahren potente Psychopharmaka entdeckte, besetzten Psychoanalytiker Lehrstühle und eroberten Schlüsselpositionen in den psychiatrischen Kliniken: Bedurfte es in Europa Mut, Psychoanalytiker zu sein, schien es in Amerika Mut zu erfordern, keiner zu sein.

Wien 1938 · Freud im Visier der Nazis

Die dramatischen politischen Ereignisse von 1933 schlugen sich mehrfach in Freuds *Kürzester Chronik* nieder. „Hitler Reichskanzler", notierte er am 29. Januar, einen Monat später stand das „Parlament Berlin in Brand". Freuds Werke, quasi aufrührerische und unbotmäßige Episteln eines Juden, standen auf der schwarzen Liste der Nazis. Freud störte die Mär vom „progressiven Verfall der Erbanlagen" – einer Schreckensvision, die nicht nur rassistische Reinheitsfanatiker auf den Plan rief, sondern in der Bevölkerung auch die Furcht vor dem sozialen Stigma des Verrücktseins, der „Degeneration" schürte, die sich in Begriffen wie „entartet" ausdrückte.

Freuds Bücher, so die Anordnung von Joseph Goebbels, fielen unter dem Jubel der fackeltragenden Menge der rituellen Bücherverbrennung auf dem Opernplatz am 10. Mai zum Opfer. „Was wir für Fortschritte machen! Im Mittelalter hätten sie mich verbrannt, heute begnügen sie sich damit, meine Bücher zu verbrennen", sagte Freud dazu, als spreche er eine zwar ärgerliche, aber doch irgendwie nicht unamüsante Tatsache aus. An Ausreise aber dachte er nicht. Und weil er blieb, blieben auch andere, während denen, die weg wollten, oft

Knüppel zwischen die Beine geworfen wurden. Sie hatten Schwierigkeiten mit Visumsanträgen oder damit, ausländische Bürgschaften beizubringen.

1934 spitzte sich die Bedrohungssituation für Österreich zu. Nach der Ermordung von Bundeskanzler Engelbert Dollfuß, der einen Arbeiteraufstand niedergeschlagen hatte und an dessen Beisetzung Freuds Sohn Martin in der Uniform eines österreichischen Offiziers der Reserve teilnahm, setzte Freud immer noch darauf, dass Kanzlernachfolger Kurt von Schuschnigg die Lage unter Kontrolle bringen und eine Annektierung durch die Deutschen verhindern würde, zumal auch der undurchsichtige Italiener Mussolini für die Selbständigkeit Österreichs eintrat. Freud irrte gewaltig. Er wollte immer noch nicht wahrhaben, dass eine Zeitbombe tickte. Dies vielleicht auch deswegen nicht, weil er sich aufgrund einflussreicher Freunde und Fürsprecher auf höchsten Ebenen lange Zeit tatsächlich als bestgeschützter Jude in Wien hatte fühlen können. Dass er 1936 runde Jahrestage wie die Praxisgründung fünfzig Jahre zuvor, seinen achtzigsten Geburtstag – die Glückwunschadresse wurde von fast zweihundert Persönlichkeiten unterzeichnet – und die goldene Hochzeit in seinem Tagebuch festhielt, all die Ereignisse, deren umjubelter Mittelpunkt er war, täuschten nicht mehr über die sich über seinem Kopf zusammenbrauende Katastrophe hinweg. Im März 1936 wurden Bücher aus einem Lager seines Internationalen Psychoanalytischen Verlages in Leipzig konfisziert: Freud war längst im Visier der obersten Nazis und auch seine Familie war in höchster Gefahr. Freunde beschworen ihn, endlich auszureisen. Doch Freud meinte, das wäre so, als ob ein Soldat desertiere. Die Geschichte des Ersten Offiziers der Titanic, die Jones ihm daraufhin erzählte, ließ ihn seine Position jedoch überdenken, schreibt Peter Gay: Als Überlebender des Titanic-Untergangs gefragt, wann er das Schiff verlassen habe, hatte Titanic-Offizier Lightoller die legendäre Antwort gegeben: „Nie. Ich habe das Schiff nicht verlassen. Das Schiff hat mich verlassen."

Österreich verließ Freud. „Finis Austriae", schrieb er am 12. März 1938 in seine Chronik. Nach dem „Anschluss" und dem Einmarsch der Nazis in Österreich hatten Wegschauen und Optimismus ein Ende. Die Hakenkreuzfahnen am Hauseingang Berggasse 19 belehrten ihn eines Besseren. Fast unmittelbar nach dem Einmarsch wurden am 15. März die Räume des Psychoanalytischen Verlages und die Wohnung in der Berggasse von der SA durchsucht. Mitte März verschafften sich die Männer Zugang zu den Privaträumen: Sie klingelten einfach und stürmten hinein. Löste der Überfall Schock und Panik bei der Hausangestellten Paula aus, wie diese später Detlef Berthesen erzählte, gab Martha sich kühl und gelassen. Alle Schränke und Schubladen indes wurden bei der Razzia durchwühlt. Als einer der Männer im Wäschefach zu stöbern begann, machte Martha ihrer Empörung Luft. Ungeachtet der darin liegenden Provokation echauffierte sie sich über solches Benehmen im Hause einer Dame – der verlegene junge Mann ließ flugs ab von seinem Tun und räumte alles wieder ein. Der Trupp suchte weiter, forderte Geld, Wertsachen. Martha, couragiert und mit der Attitüde der höflich-eisigen Gastgeberin, offerierte das Gewünschte. „Wollen die Herren sich nicht bedienen?", fragte sie ohne mit der Wimper zu zucken – und nicht ohne die Herren zuvor gebeten zu haben, doch Platz zu nehmen. Nachdem die Nazis sechstausend Schilling vom Haushaltsgeld beschlagnahmt hatten und abgezogen waren, bemerkte Freud sarkastisch, er habe nie so viel für einen Hausbesuch davongetragen.

Der nächste „Hausbesuch" war weniger „zwanglos". Am 22. März 1938, rund eine Woche nach dem Einmarsch, tauchte ein Durchsuchungskommando der Gestapo in der Wohnung auf. Aus unerfindlichen Gründen wurde Freuds Arbeitszimmer nicht betreten, dafür wurde Tochter Anna, vor den Augen ihrer fassungslosen Angehörigen, abgeführt. Anna war Freuds Sprachrohr. Zudem hatte sie 1937, mit Unterstützung der Gönnerin Edith Jackson, die, um sich von Freud analysieren zu lassen, nach

Wien gekommen war, ein Pädagogik-Projekt, eine Einrichtung
für Kinder, ins Leben gerufen: die „Jackson Nursery". Dessen
Konzept berief sich auch auf die Methode von Maria Montessori.
Montessoris Methode leitete die Kinder an, aus sich selbst heraus und ohne Zwang zu lernen – ein progressives Erziehungs-
experiment. War das der Grund für die Verhaftung? Während
ihre Eltern in quälender Ungewissheit Stunde um Stunde warteten, wurde Anna im Hotel Metropol am Morzinplatz über die
Aktivitäten der psychoanalytischen Bewegung verhört. Sie hatte
sich vorsorglich Veronal in die Tasche gesteckt, um durch Selbstmord Qualen zuvorzukommen, falls man sie foltern wollte. Nach
zähen Stunden ließ man sie frei. Wahrscheinlich hatte jemand an
oberster Stelle zu ihren Gunsten interveniert und auch das Weiße Haus soll ein Telegramm mit dem Stempel *Urgent* bekommen
haben. Die Todesgefahr, in der Anna sich befunden hatte, gab
noch am selben Abend in der Berggasse den Ausschlag zur Ausreise. Freud, der einstige in bescheidenen Verhältnissen aufge-
wachsene jüdische Junge aus Freiberg, war der Stadt, die ihn lange ignoriert und schon seinem Vater den Weg alles andere als
eben gemacht hatte, die ihre Versprechen nie ganz eingelöst zu
haben schien, immer in Hassliebe verbunden gewesen – aber er
war geblieben, fast ein Leben lang. Was aber hatten sie in Wien
fortan zu erwarten? Die Würfel waren gefallen. Es ging nicht
mehr nur um einen Mann, der sich in den Kopf gesetzt hatte,
nicht beizugeben. Das Damoklesschwert schwebte über ihrer
aller Köpfe. Und Freud hatte einen persönlichen Wunsch: *to die
in freedom*.

Ausreise · Rettende Freunde und diplomatische Intervention
Das größte Problem war die Ausreisegenehmigung. Während
seine Kinder und Freunde den Absprung zum Teil schon
geschafft hatten, musste Freud ausharren. Großbritannien war
bereit, Freud und seine Entourage aufzunehmen, zumal nicht
erst die Arbeit seiner Analysandin, der aus der *upper class* stam-

menden Joan Riviere, die dem Bloomsbury-Kreis angehörte, ihn
dort überaus bekannt gemacht hatte; seit 1912 war seine Arbeit
auch englischsprachigen Lesern zugänglich – und diese Rezeption konnte ein Vorgefühl vermitteln, was die Exilanten erwarten
könnte. Hinzu kam, dass diejenigen Hitler gefügigen Ideologen,
die Freuds Psychoanalyse als Ausgeburt der Dekadenz ausmerzen
wollten, nicht den gewünschten Erfolg hatten. Im Gegenteil –
die Verteufelung durch die Nazis adelte die Psychoanalyse in den
Augen der Intellektuellen des demokratischen Westens erst recht.
Nach drei Monaten des Hingehaltenwerdens gab es grünes Licht
für die Ausreise nach England. Dank etlicher Bemühungen von
hochadliger Stelle – von Prinzessin Marie und Prinz Georg –, von
Ernest Jones und dank diplomatischer Interventionen seitens des
amerikanischen Botschafters in Paris, William C. Bullitt, und
nach vielen Schikanen und einem zermürbenden Papierkrieg.
Nicht auszudenken, was hätte passieren können, wenn nicht
Dr. Sauerwald, von den Nazis als Kommissar zur Abwicklung
aller psychoanalytischen Einrichtungen eingesetzt, so von Freud
eingenommen gewesen und zwischenzeitlich einer der Protektoren
der Familie geworden wäre, geben Ernst Freud, Lucie Freud und
Ilse Grubrich-Simitis zu bedenken. Aber so lang die Arme der
Beteiligten auch gewesen sein mochten: Für Freuds Schwestern
konnte man keine Ausreiseerlaubnis erwirken. Freud, der einst
sich und seinen Bruder Alexander als diejenigen gesehen hatte,
die die Schwestern beschützen würden wie zwei Buchdeckel das
Papier – Freud war in diesem Falle selbst das Papier. Zu erfahren,
was seinen betagten Schwestern widerfuhr, blieb ihm erspart.
Knapp zwei Wochen vor der Abreise kontaktierte August Aichhorn den Fotografen Edmund Engelman. Aichhorn bat den jungen Mann, Freuds noch komplette Wohnung – die anschließend
noch jahrzehntelang als Mietwohnung genutzt wurde und in der
seit 1971 das „Sigmund Freud Museum Wien" eingerichtet ist –
abzulichten, bevor sie geräumt sein würde. Engelman schoss in
jenen Tagen auch bemerkenswerte Porträts des Hausherrn:

lächelnd und ohne Brille. Kaum war Engelmans Film voll, begann das Packen der Umzugskisten. Die Bibliothek, unzählige Briefe und Manuskripte sowie Möbel – darunter die berühmte Couch, die ihm Jahrzehnte zuvor, etwa 1890, eine dankbare Patientin, Madame Benvenisti, geschenkt hatte. Er tilgte Spuren eines Lebens. Ein Mensch, der sich mehr als fünfzig Jahre seines Lebens der Wissenschaft, der Kunst und Kultur verschrieben hatte, wovon sich siebenundvierzig Jahre in der Berggasse 19 vollzogen, zog einen Schlussstrich. Die destruktive Geste wiederholend – mit der er schon 1885 sowie im Zusammenhang mit Veränderungen innerhalb der Wohnung um den April 1908 seine Arbeiten vernichtet hatte –, warf Freud vieles in den Papierkorb, Ballast, den er für nicht wert befand, um die große Reise mit anzutreten. Stapelweise Material kramten Anna und Marie Bonaparte wieder hervor und retteten es vor dem Reißwolf. In der letzten Zeit vor der Abreise sorgte Marie Bonaparte höchstpersönlich für den Schutz der Familie. Ihre Nobilität und ihren Diplomatenstatus in die Waagschale werfend, postierte sie sich über Tage und Nächte vor der Tür zu Freuds Wohnung in der Berggasse. Ein seltsamer Zusammenfall auch für sie selbst: In den Monaten als Brautmutter – ihre Tochter Eugenie hatte sich im Februar 1938 mit Prinz Dominique Radziwill verlobt und die Hochzeit war für den 30. Mai 1938 in Paris angesetzt – schirmte die Prinzessin von Griechenland und Dänemark ihre Freunde ab, bereit, jedem Ungebetenen entgegenzutreten, der es wagen würde, einen Fuß über die Schwelle zu setzen, indem sie, eingehüllt in ihren Nerzmantel und von der Haushälterin Paula mit heißem Kakao versorgt, auf den zugigen Treppenstufen des Miethauses Präsenz zeigte. Die unkonventionelle Schildwache Ihrer Königlichen Hoheit hatte Erfolg. Nachdem auch die Reichsfluchtsteuer von ihr, Marie, beglichen worden war, da Freuds Barschaft konfisziert worden war, stand der Ausreise fast nichts mehr im Wege. Die letzten Formulare, die man ihm vorlegte, damit er attestiere, von den Nazis korrekt behandelt worden zu sein, unterschrieb Freud – mit dem gefährlich sarkastischen handschriftlichen Zusatz, er könne die Gestapo „jedermann aufs Beste empfehlen".

Im Exil in London · Der letzte Triumph

Am 4. Juni war es so weit. Vom Wiener Westbahnhof begab Freud sich in Begleitung seiner Karawane – Ehefrau Martha, Tochter Anna, Haushälterin Paula Fichtl, die seit 1929 den Freuds in Treue ergeben war, und der für Freud zuständigen Ärztin Josefine Stross – Minna, Martin, Ernst und Mathilde hatten Wien bereits verlassen – im Orientexpress auf die Reise. Mit nur wenig Handgepäck, alles andere war in Obhut des Spediteurs. Auch das war keineswegs gewiß: Würden sie völlig enteignet werden oder ihr Hab und Gut wiedersehen? Einige Anhänger gaben den Exilanten das Geleit. Der junge Arzt Heinz Kohut, später selbst bekannter Psychoanalytiker, fand sich eigens am Bahnhof ein, um seinem Idol zuzuwinken – und Freud grüßte freundlich zurück. Doch innerlich alles andere als gelassen, nach Stunden, in denen man sie jederzeit und überall noch hätte aufhalten können, entfuhr Freud erst dann ein Seufzer der Erleichterung, als sie den Rhein querten. Solange sie durch Österreich und Deutschland gefahren waren und noch keinen französischen Boden unter den Füßen hatten, war das Vorhaben ein Vabanquespiel gewesen, gültige Passierscheine hin oder her. Erst jetzt waren sie frei.

Die Gruppe wurde am 5. Juni morgens von Marie Bonaparte, Ernst Freud und Seiner Exzellenz, Botschafter William Bullitt, sowie einigen Presseleuten am Gare de L' Est in Paris empfangen. Marie gab am Abend Freud und seiner Familie zu Ehren einen Empfang in ihrem Stadtdomizil in der Rue Adolphe-Yvon. Per Fähre setzte Freud mit seiner Entourage den Weg über Calais und Dover nach London fort, wo die britische Regierung ihn am 6. Juni willkommen hieß. Freud hatte, und das wertete er als gutes Omen, in der Nacht der Überfahrt von Pevensey geträumt,

wo William der Eroberer angelandet war, um dann den englischen Thron zu besetzen. Nun dieser Empfang. Zum ersten Mal erlebte Freud, was es bedeutete, berühmt, ja: ein Star zu sein. Wie ein Staatsgast wurde die Flüchtlingsfamilie bei ihrer Ankunft in der Londoner Victoria Station empfangen. Ein paar Fotos wurden geschossen, doch um die wartende Menge in Schach zu halten und die Presse mit ihrem Blitzlichtgewitter auszutricksen, bahnte man den Ankömmlingen den Weg zu einem Nebenausgang und geleitete sie zu einer Limousine. Freud freute sich über die Willkommensgeste, aber der kranke alte Herr, dem die Strapazen ins Gesicht geschrieben standen, liebte den Rummel um seine Person nicht wirklich, zumindest nicht in diesem Moment. Übergangsweise mieteten sie das Haus Elsworthy Road 39 in der Nähe von Regent's Park und Primrose Hill. Im August trafen die Umpackkartons aus Wien ein. Dank Maries Intervention war die Einrichtung aus Wien nebst Bibliothek und archäologischer Sammlung tatsächlich fast komplett beisammen. Bald darauf konnten das Ehepaar Freud mit Tochter Anna und Haushälterin Paula im Stadtteil Hampstead eine rote Backsteinvilla mit weißen Sprossenfenstern ziehen – der Garten des Hauses mit einem schönen Mandelbaum war ihm fortan eine tägliche Freude. Er habe, bemerkte er beim Einzug ironisch, Hitler zu danken für das schöne Arbeitszimmer zur Gartenseite, das er nun zur Verfügung habe. Noch kurz vor diesem letzten Umzug im September 1938 war Freud vom eigens angereisten Professor Pichler erneut operiert worden, aber in den Ruhestand verabschiedete er sich auch in London nicht. Er nahm seine Arbeit baldmöglichst wieder auf, empfing Patienten – und schrieb.
London verneigte sich auch nach der unmittelbaren Ankunft vor den Neubürgern. Honoratioren überboten sich mit Gunstbezeugungen: Nachdem er im Mai 1935 zum Mitglied der British Royal Society of Medicine ernannt worden war, neben dem Nobelpreis eine der höchsten Trophäen für einen Arzt und Wissenschaftler, hatte ihn 1936 die exklusive Royal Society zum kor-

respondierenden und Ehrenmitglied erwählt. Nun, am 23. Juni 1938, schickte man zwei Abgesandte mit dem dicken *Charter Book* vorbei, damit Freud, ein paar Seiten nach Newton und Darwin, der Parade Epoche machender Persönlichkeiten und Signaturen die seine hinzufügen konnte. Dass man den Gewürdigten aufsuchte statt umgekehrt, war eine Geste, die bislang nur dem König erwiesen worden war. Die Freuds hatten in London über Nacht Starstatus. Taxifahrer kannten *Dr. Freud's place,* chauffierten Touristen und andere Neugierige in die stille Straße auf den Hügeln von Hampstead, Autogrammwünsche flatterten ins Haus, Blumen und Post mit der Aufschrift „Freud, London" kamen ohne Verzögerung an. Bankmanager und Dienstleister gaben sich zuvorkommend und informiert – „we know all about you" –, und Passanten tuschelten, wenn Martha auf die Straße ging, um einzukaufen. Sie schien die Publicity zu genießen, spürte die Aufmerksamkeit und die Achtung, die in Österreich zuletzt Demütigung und Bedrohung gewichen waren. Die tägliche Wertschätzung und das Gefühl von Sicherheit versetzten sie in die Lage, sich mit der Emigration zu versöhnen und das Leben in Wien hinter sich zu lassen – jedenfalls nach außen. Sie, Ende siebzig, war es, die sich in London am schnellsten einlebte und nach vorne schaute, was Freud mit Bewunderung und auch ein wenig überrascht zur Kenntnis nahm. Nicht nur die Aufmerksamkeit von Obrigkeit und Bürgern der Stadt wurde ihnen zuteil, auch die der Künstler. Der Kreis zwischen dem Psychoanalytiker und den Künstlern als seinen Komplizen schloss sich ein letztes Mal. Zu den illustren Besuchern in London gehörte der junge exzentrische Maler Salvador Dalí; H. G. Wells versuchte den Neu-Londonern das Einleben zu erleichtern und am 28. Januar 1939 kam das Ehepaar Leonard und Virginia Woolf zum Tee – insbesondere Virginia war beeindruckt von Freuds Aura von „Größe". Sie waren wichtige Multiplikatoren und Verleger für Freud. Leonard Woolf und seine Gattin, die depressive, zeitweise psychotische Schriftstellerin, die 1917 die renommierte „Hogarth Press" gegründet hatten, gehörten zum Kern der Anfang des 20. Jahrhunderts gegründeten Intellektuellengruppe von Bloomsbury. Dieser Kreis aus der Londoner „Fitzroy-Tavern" hatte etwas von einer literarisch-ästhetischen Protestkultur und war von der Idee beflügelt, den puritanischen Muff des viktorianischen Zeitgeistes zu vertreiben.

Bilanz eines Forscherlebens · Das letzte Jahr

In London schritt Freuds tödliche Krankheit schnell voran. Im Februar, nur Monate nach der letzten Operation im Spätsommer 1938 in London, flammte der Krebs erneut auf: Eine Operation war nun in Anbetracht der Gesamtsituation nicht mehr indiziert. Das Leiden schränkte seinen Alltag, Bewegungsradius und Lebensqualität immer mehr ein. Überdruss und Schmerzen nahmen überhand, das Sprechen fiel ihm außerordentlich schwer.

Doch Freud kehrte der Welt nicht den Rücken, fiel nicht aus der Zeit. Immer noch interessierte er sich für das Weltgeschehen, avisierte neue Ziele und Projekte, um diese „libidinös zu besetzen", also engagiert zu verfolgen. Nicht die Ideen des großen Forschers verebbten, die körperlichen Kräfte schwanden, obwohl er den Schmerzen und depressiven Verstimmungen, dem körperlichen Verfall, besessenes Arbeiten entgegensetzte, als ob der Geist doch über den Körper triumphieren könne. Es war auch diese Haltung, die seine Faszination ausmacht: selbst unter den schwierigsten Bedingungen nie, wirklich nie, aufgegeben zu haben.

Ab dem Sommer 1938 zog Freud in der Gewissheit seines nahenden Todes ein Fazit seines Schaffens. In ungeduldiger Eile begann er mit der Arbeit an seiner letzten Schrift, dem unvollendet gebliebenen Kompendium *Abriß der Psychoanalyse,* die 1940 posthum publiziert wurde. Er sprach von seinem zähen Ringen mit der kapriziösen Diva Psychoanalyse. „Die Psychoanalyse ist wie eine Frau, die erobert werden will, aber weiß, dass sie geringer geschätzt wird, wenn sie nicht Widerstand leistet", schrieb er im Juli 1938 an Stefan Zweig. Am 7. Dezember 1938 kamen Vertreter der BBC ins Haus in Maresfield Gardens, um Freud zu interviewen – das einzige Tondokument überhaupt. Er sprach Englisch, als er einen kurzen Bogen schlug von seiner Tätigkeit als Neurologe, der ein paar neue, wichtige Entdeckungen über das Unbewusste gemacht und so eine neue Wissenschaft begründet habe. Nachdem er von den Widerständen auf diesem Weg und dem künftigen erzählt hatte, beendete er sein kurzes Statement mit einem Satz auf Deutsch. „Im Alter von 82 Jahren verließ ich in Folge der deutschen Invasion mein Heim in Wien und kam nach England, wo ich mein Leben in Freiheit zu enden hoffe." Er schloss mit den Worten, sein Name sei Sigmund Freud; aber durch die kloßige Artikulation aufgrund des Kieferdefekts und der Prothese hörte es sich an wie: „Siechmund".

Im März 1939 machte man ihn zum Mitglied und Ehrenpräsidenten des „Austrian Centers", eines Londoner Clubs österreichischer Emigranten. Seinen 83. und letzten Geburtstag an einem frühlingshaften Tag hielten Marie Bonaparte und ihre Tochter Eugenie mit der Filmkamera fest. Schwarzweiße Szenen im Garten, die Freud nicht als kühlen Intellektuellen, sondern als alten Mann, Familienmenschen und Hundefreund zeigen. Auch Yvette Guilbert, die gefeierte französische Belle-Epoque-Diseuse, trat aus Anlass seines Geburtstages im Mai 1939 ein letztes Mal in sein Leben und schenkte ihm ein Autogrammfoto mit der persönlichen Widmung „De tout mon coeur au grand Freud". Die Bewunderung beruhte auf Gegenseitigkeit. Freud war ein Verehrer der zehn Jahre jüngeren Chansonette, die ihre glamourösen Bühnenauftritte mit der Attitüde einer Nachtclubsängerin zu würzen pflegte, indem sie ihre bleiche Haut noch ein wenig heller schminkte, sich in ein sündig-schwarzes Abendkleid hüllte und ellenbogenlange Glacé-Handschuhe überstreifte. Mit vibrierendem Timbre trug sie ihre bisweilen verruchten Lieder vor, wiegte sich dabei in den Hüften und versprühte viel sagende Seitenblicke – Henri de Toulouse-Lautrec hat sie in mehreren Bildern verewigt. Freud verstand Yvettes laszive Performance als

Ausdruck verdrängter Wünsche – und sein Wunsch war es gewesen, sie zu erleben. Wenn sie um 1930 jährlich in Wien gastiert hatte und er ihre Konzerte besuchte, hatte das Geraune im Parkett ausgelöst. Er hatte ihr Blumen ins Hotel geschickt, und Yvette hatte sich revanchiert, indem sie ihn, Martha und Anna zum Tee in ihre Suite im Grandhotel Bristol einlud. Vorbei.

In den Wochen nach seinem Geburtstag verschlechterte sich seine Gesundheit rapide. Seine Welt sei „eine kleine Insel Schmerz, schwimmend auf einem Ozean von Indifferenz", schrieb er Marie Bonaparte am 16. Mai 1939. Bis August verabschiedete Freud sich von Freunden und Verwandten, alle Besucher jener Zeit wussten, dass sie ihn nicht wiedersehen würden.

Der Tod · Einlösung eines alten Versprechens

Lange lehnte Freud eine adäquate Analgetika-Behandlung weitestgehend ab und versuchte, die heftigen Schmerzen der Operationswunde, der Narbenstrikturen und der drückenden Prothese bestenfalls mit Mitteln wie Aspirin zu lindern. Seinen oft unerträglichen Qualen hatte er kaum mehr als spirituell-geistige Kräfte entgegengesetzt – und das aufopferungsvolle Tun seiner Tochter, die ihn pflegte. In den Wochen vor seinem Tod, liegend im Garten verbracht, wurden die Schmerzen noch intensiver. Eine sekundäre Infektion, die wenige Jahre später hätte besser, etwa antibiotisch, behandelt werden können, hatte ein Loch in die Wange gefressen. Die nekrotische Wunde nahm ihm sein vertrautes Gesicht und der furchtbare Geruch vertrieb seinen geliebten Hund. Für Freud, der sein Martyrium ohne Klage und bei vollem Bewusstsein ertragen hatte, war das ein unmissverständliches Zeichen. Am Ende seiner Kräfte, bat er, dem Selbstbestimmung, Selbstmächtigkeit und Würde über alles gingen, seinen Leibarzt Schur um die Einlösung eines alten Versprechens: Sterbehilfe. Freuds Vorlesungen hatten den jungen Max Schur einst zum Medizinstudium motiviert. So war es ein ehemaliger Schüler, der, mit Annas Einwilligung, die letzte Dosis Morphium verabreichte, die Freuds Leiden in der Nacht des 23. September 1939 beendete, der den erhabenen Schlusspunkt unter ein erhabenes Leben setzte, wie es einer seiner Schüler ausdrückte. Ein Leben, in dem er alles aus sich herausgeholt hatte, um der Welt neue Erkenntnisse zu schenken. Martha, seine Kinder, Minna, Schwiegersohn Robert, Ernst, dessen Frau Lucie, die Ärzte Dr. Schur und Dr. Stoss sowie die Haushälterin Paula wachten in den Stunden des Hinüberdämmerns an seinem auf den Garten ausgerichteten Bett, berichtete Lucie Freud am 2. Oktober 1939 in einem Brief an Felix Augenfeld.

Freud, der alles geregelt hatte – in seinem Testament vermachte er der Familie zwanzigtausend Pfund und überschrieb Anna als der Hüterin der Flamme die Manuskripte, Bücher und Antiquitäten, wie Wilhelm Salber aufzählte – , hatte seinem Tod nach langem Leiden mit unsentimentaler Akzeptanz entgegengesehen. Der Wunsch, den die Begegnung mit William James 1909 in den USA ausgelöst hatte, hatte sich erfüllt: dem Tod furchtlos zu begegnen. Einen anderen Wunsch seinen Tod betreffend hatte Freud zwei Jahre zuvor in Wien geäußert: Fortleben wollte er in freundschaftlicher Erinnerung – der besten Form von Unsterblichkeit, hatte er am 13. August 1937 an Marie Bonaparte geschrieben. Vielleicht erinnerte er sich auch noch einmal an jene Lektion seiner Mutter, die er in der *Traumdeutung* erwähnte. Amalia habe ihm das Phänomen des Todes erklärt, indem sie ihre Handflächen aneinander gerieben und ihm den schmutziggrauen Abrieb gezeigt habe: Der Mensch sei aus Staub gemacht und werde wieder zu Staub.

DAS VERMÄCHTNIS

Nach Freuds Tod

Am 26. September 1939 wurde Freuds Leiche eingeäschert. Trauerreden hielten Ernest Jones und Stefan Zweig. Die Asche wurde in einer Vase, die Marie Bonaparte ihm einst geschenkt hatte, auf dem jüdischen Friedhof in Golders Green beigesetzt. „Schade, dass man sie nicht mit ins Grab nehmen kann", hatte Freud damals in seinem Dank für das wertvolle Stück an Marie geschrieben – die Vase wurde sein Grab. Und im November 1951 auch das seiner Frau. Martha, nach über einem halben Jahrhundert Ehe allein, konnte trotz Trauer ihren Frieden finden. Ihr half die unbedingte Gewissheit, das „Privileg" genossen zu haben, dem „teuren Oberhaupt" fast ein ganzes Leben lang die Unbill des Lebens vom Leibe zu halten. Die Witwe praktizierte von nun an wieder jüdische Rituale. Am Sabbat nach Freuds Tod entzündete sie nach über fünfzig Jahren wieder die Kerzen – und tat dasselbe an jedem folgenden Sabbat. Wenn sie nicht las, schrieb sie, korrespondierte, um auch auf diese Weise an den Fäden zu ziehen, die es in ihrem Leben noch gab. Nach einer Weile wandte sie sich wieder dem Leben zu und widmete sich neuen Aufgaben: Es gab Menschen, die sie brauchten.

Drei Wochen vor Sigmunds Tod hatte Hitler Polen angegriffen. Nach dem Ersten Weltkrieg, von dem man geglaubt hatte, er würde allen Kriegen ein Ende machen, stand Europa, das nur wenige Jahre des Friedens erlebt hatte, die nächste Katastrophe bevor. Deren Auswirkungen waren bald auch in London zu spüren und verlangten der achtzigjährigen Martha und ihren Angehörigen alle physischen und psychischen Reserven ab. Im Februar 1941 starb überdies ihre Schwester Minna, die schon länger kränkelte und pflegebedürftig geworden war. Der Verlust war für Martha, die noch um ihren Mann trauerte, fast nicht zu ertragen. Mit Minna starb ihre engste Vertraute und in einem Brief nach Minnas Tod erklärte sie, zwischen ihr und Minna sei nie ein böses Wort gefallen. Ihre Schwester war der Mensch, mit dem sie – bis auf die paar Jahre nach ihrer Hochzeit – zeitlebens unter einem Dach gewohnt hatte, länger als mit ihrem Mann, ihrer Mutter oder Tochter Anna. Marthas Briefe aus dieser Zeit, den Tagen der Luftangriffe auf London, berichten überdies von zerstörten Häusern, von Bombensplittern und geplatzten Fensterscheiben, von ständiger Fluchtbereitschaft und permanenter Angst – und davon, wie das Alltagsleben trotzdem weiterlief. Churchill, der Blut-Schweiß-und-Tränen-Kämpfer, trat vor die Mikrophone und stärkte via Radio Moral und Durchhaltekraft des Volkes. Schließlich schlugen die Briten zurück und flogen ihre verwüstenden Bombenangriffe auf deutsche Städte. Martha, die aus Hamburg stammende Jüdin, die vor den alle menschlichen Maßstäbe sprengenden Verbrechen deutscher Nazis geflohen war und in London Schutz vor deutschen Bombenangriffen gesucht hatte, musste erfahren, dass auch ihre geliebte deutsche Heimatstadt brannte und in weiten Teilen in Schutt und Asche lag. Ganze Straßenzüge Hamburgs waren völlig zerstört worden – durch britische Bomben.

Das Erbe der Psychoanalyse · Ära Anna Freud

„Frau Professor Freud", die ihren Mann ein Dutzend Jahre überlebte, wurde nach dem Krieg für Forscher aus aller Welt zu einer Stammbaumexpertin und ging auf in ihrer Rolle als Anlaufstelle für Biografen, als Lieferantin von Anekdoten und Erinnerungsfetzen, gewissermaßen ihre ungeschriebenen Memoiren. Selbst Zeugin fast eines gesamten Jahrhunderts, erlebte sie nach dem Krieg die „Renaissance" der Psychoanalyse. Noch einmal stellte sie unter Beweis, was Anna über die Frau an der Seite des glorreichen Sigmund Freud gesagt hatte: „Meine Mutter glaubte an meinen Vater, nicht an die Psychoanalyse." Martha ließ das Arbeitszimmer ihres verstorbenen Mannes unverändert und das rotziegelige Haus in Maresfield Gardens wurde der Platz, zu dem nun die bereits dritte Generation pilgerte. Für Anna, die zur geistigen Nachlassverwalterin ihres Vaters geworden war und Freuds Lebenswerk mit töchterlicher Pietät zu schützen wusste, spitzte sich die Rivalität mit Melanie Klein zu. Sogar als im Juli 1942 deutsche Flugzeuge über den Himmel Londons zogen, wurden Versammlungen abgehalten, in denen man sich über psychoanalytische Differenzen die Köpfe heiß redete. Wie sollte Freud verstanden werden? Bei Kriegsende endete auch diese Schlacht – und Anna ging als Siegerin aus der großen Kontroverse hervor. Dass sie, wie Kurt Eissler sagte, „sehr streng, sehr deutsch" war und „eher wie eine Hamburgerin als eine Wienerin", wie es bei Janet Malcolm heißt, und damit ihrer Mutter ähnlicher als gedacht, mag ihr dabei genützt haben.

„Miss Freud", wie ihr Türschild sie auswies, avancierte in den letzten Jahrzehnten ihres Lebens zur Grand Old Lady der Psychoanalyse. Eine ihrer berühmtesten Patientinnen war Marilyn Monroe. Anna hatte ihr ein paar Sitzungen gewährt, als die Schauspielerin zu Beginn der sechziger Jahre für Dreharbeiten in London war. Monroe, die die letzten acht Jahre ihres Lebens fast ununterbrochen in psychiatrischer und psychoanalytischer Behandlung gewesen war, erwies der Psychoanalyse posthum einen besonderen Dienst. Denn vor ihrem mysteriösen Selbstmord hinterließ Monroe ihrer Analytikerin Kris, Annas Freundin, eine beträchtliche Geldsumme, die diese einem Projekt ihrer Wahl zuwenden sollte: Die großzügige Spende ging an die Hampstead Klinik. Dreißig Jahre dieser Hampstead-Klinik vorstehend, endete nach Annas Tod im Oktober 1982 eine Ära. Das Wohnhaus in 20, Maresfield Gardens wurde 1986 zu einem Museum, an dessen Backsteinmauern Gedenktafeln, „English Heritage Blue Plaques", an die einstigen Bewohner erinnern. Ein Museum, das seinerseits zu Fiktion inspirierte, nämlich zur Rahmenhandlung des 1990 in Wien uraufgeführten Musicals *Freudiana* von Eric Woolfson: Einen jungen Mann verschlägt es mit seiner Reisegruppe in das Londoner Freud-Museum, in dem er nach der Führung am Abend versehentlich eingeschlossen wird. Vergeblich versucht der Besucher, sich zu befreien. Er legt sich auf der Couch zur Ruhe und Traumbilder beginnen ihn zu überfluten. Die Antiquitäten, all die „Freudiana", die er auf Freuds Schreibtisch gesehen hat, werden lebendig. Seltsame Gestalten spazieren herein, darunter ein „Rattenmann", ein „Wolfsmann", eine „Dora", ein kleiner Junge namens „Hans", eine Nachtclubsängerin und ein gewisser „Docteur Charcot" ...

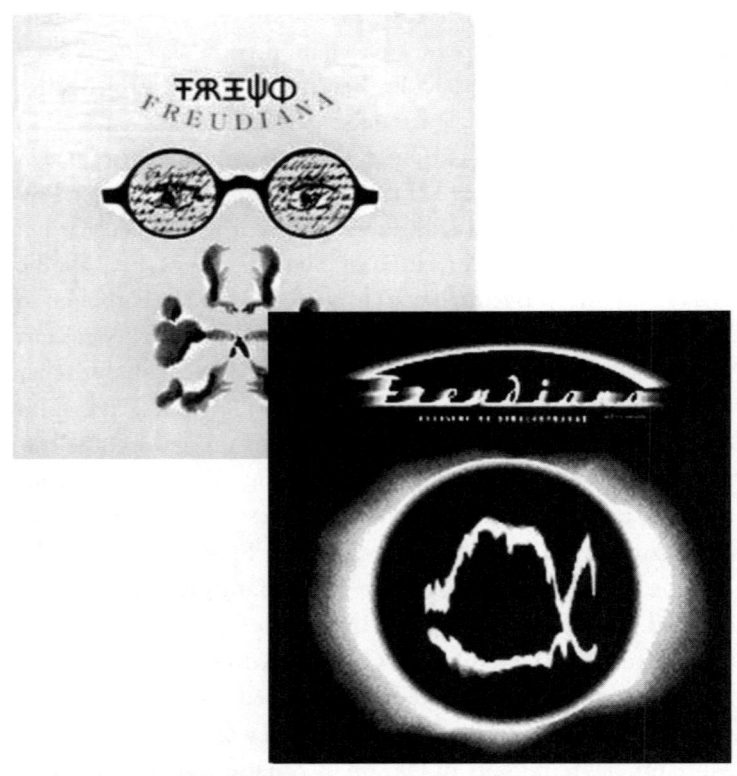

Freud und die Psychoanalyse sind Teil des kollektiven Gedächtnisses geworden: CD-Cover zu Eric Woolfsons Musical „Freudiana", uraufgeführt 1990.

MYTHOS SIGMUND FREUD

Sigmund Freud, jüdischer Arzt, Wissenschaftler und Begründer der Psychoanalyse, wurde verehrt und kritisiert, geliebt und verachtet – und der Stammvater einer Familie, die zu den einflussreichsten Dynastien europäischer Kulturschaffender der jüngeren Geschichte zählt. Der außergewöhnliche Visionär aus Wien, ein von Leidenschaften besessener Verfechter konservativer Werte, hat sich seinen Platz im Olymp des 20. Jahrhunderts erobert. Als eine Ikone intellektueller Kraft und Vorreiter des Individualismus faszinierte er Generationen – Freud und die Couch sind Teil des kollektiven Gedächtnisses –, aber die Psychoanalyse ist seinem Kopf nicht entsprungen wie Athene dem Haupt des Zeus. Sie ist ein zutiefst persönliches Produkt von Versuch und korrigierender Einsicht, das zwangsläufige Ergebnis einer einzigartigen Konstellation von Persönlichkeit, Umfeld und Zeitgeschichte um 1900. Das Ergebnis dieser Konstellation, die Psychoanalyse, machte aus dem Menschen der reinen Ratio einen Menschen, der seine Vorherrschaft dem fühlenden, ja von seinen Instinkten, Trieben geleiteten *Homo psychologicus* abtrat – allein dies rief Gegner auf den Plan. Als hochtalentierter Forscher, der ein Schriftsteller war, umgibt ihn der Nimbus des wissenschaftlichen Außenseiters, der, von der Fachwelt blind missachtet, im Elfenbeinturm seines Sprechzimmers in der Wiener Berggasse sensationellen Entdeckungen auf der Spur ist, die dem Denken, den Überzeugungen und der Moral seiner Zeit widersprachen. Ihn persönlich zeichnet eine bemerkenswerte Selbstsicherheit und Integrität aus, gepaart mit einem Hang zur oppositionellen Haltung. Er war ein Humanist mit Feldherrenfantasien und einer feinen Ader für Ironie und Humor. Vor allem war er ein Mann, der Rückschläge und Niederlagen in konstruktive Motivation umzuwandeln entschlossen und in der Lage war. Diese Fähigkeit fasziniert bis heute – und das macht Freud so modern.

Die Psychoanalyse als Produkt

Seine eigene Geschichte bot dem späteren Psychoanalytiker Sigmund Freud genügend Stoff, um ein Interesse für menschliche Rätsel zu entwickeln und aus reichem Fundus zu schöpfen. Seine Krisen und der Zeitgeist mit neuen medizinischen und kulturellen Herausforderungen trugen dazu bei, die Psychoanalyse als ein Produkt des Fin de Siècle zu modellieren. Aber dieses Produkt ist nicht unumstritten und ist es nie gewesen. Sind Freuds Geschichten von Ödipuskomplex, Penisneid und Todestrieb nur moderne Mythen? Besteht seine Pioniertat in seiner meisterlichen Fähigkeit, tradiertes Wissen in neues Licht zu tauchen? Warum war ausgerechnet er es, der die reifen Äpfel vom Baum der Erkenntnis pflückte? Hatte nur er den Mut, sie aufzusammeln? Waren nur seine Augen scharf genug, sie zu entdecken? Es scheint so. Freuds Werdegang koppelt viele jener Merkmale, die sich in einer 2005 an der Columbia University durchgeführten Meta-Analyse, für die zahlreiche Biografien, Interviews und Selbstzeugnisse von Psychotherapeuten ausgewertet wurden, als Movens für deren Berufswahl entpuppten: „Schwierige Familienverhältnisse" – die Autoren zählen eine besondere innerfamiliäre Rolle oder soziale Ausgrenzung dazu; Freud war Hoffnungsträger innerhalb und oppositioneller Jude außerhalb der Familie. „Enge Familienbindung" – der „goldene Sigi", wie sie ihn rief, war besonders an seine Mutter gebunden. „Starker Altruismus" – indem Freud verstehen wollte, entwickelte er eine therapeutische Technik. „Intellektuelle Neugier" – bloße Neugier trieb den Musterschüler zum Medizinstudium. „Talent zur Empathie" – Freud sprach sich Menschenkenntnis ab und gerade das brachte ihn dazu, über sich und andere intensiv nachzudenken. „Mentoren" – Lehrer wie der charismatische Professor Charcot in Paris stellten die wichtigsten Weichen. „Selbsthilfe" – indem er sich selbst analysierte, bezwang er seine Ängste und verstand seine Träume. „Bedürfnisbefriedigung" – er sehnte sich danach, auf die Welt ähnlich mächtig zu wirken wie die von ihm bewunderten historischen Helden. „Selbstverwirklichung" – sein Urwunsch war es gewesen, die Welt und die Natur verstehen zu wollen, und nach einem Umweg über die Medizin kam er zu seiner anfänglichen Zielrichtung wieder zurück: zur Genese der Kultur. Zusammengenommen entsteht der Eindruck: Freud musste Psychoanalytiker werden.

Hybris oder Genius?

Doch wie allgemein gültig können seine Erkenntnisse, zumal im 21. Jahrhundert, sein? Zwar berief Freud sich auf klassische Literatur, die Antike und Anthropologie, als er seine Ideen entwickelte, aber seine Innovationen sind nun einmal zum Großteil das Produkt seiner Person, seiner Kämpfe und Tabubrüche. Freuds Theorie, die nicht nur als Idee für ein Persönlichkeitsmodell, sondern als Behandlung verstanden werden will, muss sich bis heute rechtfertigen – im Zeitalter von Reduktionismus, Techno-Medikalisierung und Biotechnologie erst recht. Wie geht Psychoanalyse mit Erkenntnissen der Hormon- und Hirnforschung zusammen? Wie wirkt – seine – Psychotherapie? Vermag der Mensch sich, seine Gefühle und sein Verhalten zu ändern, inwieweit kann er es überhaupt? Ist der Mensch eine computerähnliche Denkmaschine? Wie kann auf seine Hard- und Software korrigierend eingewirkt werden? Welche Rolle spielen Gene und Moleküle für das Bewusstsein und die Gefühle? Wie werden Erfahrungen im Muster neuronaler Netzwerke gespeichert? Welche Rolle spielen künftig maßgeschneiderte Medikamente? Gestatten Stimmungsaufheller die bestmögliche, höchstkultivierte Entwicklung des Menschen – Freud sah das Zeitalter potenter Medikation selbst kommen – oder verhindern sie Auseinandersetzung und damit Reifung? Fragen wie diese haben die kritische Auseinandersetzung mit dem Verfahren erneut angeheizt: Nicht wenige neuere Erkenntnisse aus den Labors scheinen Freuds Vermutungen überraschenderweise nicht zu stürzen, sondern zu stützen. Als Folge davon fahnden derzeit überall auf

der Welt Neurobiologen, Psychologen, Psychiater und Psychoanalytiker nach Schnittstellen ihres Wissens – und das macht die
Psychoanalyse so modern.

Freuds mechanisches Modell vom dreigeteilten psychischen
Apparat, also die Einteilung in „Es", „Ich" und „Über-Ich, gilt
als überholt. Der aus den Naturwissenschaften des 19. Jahrhunderts entlehnte Triebbegriff, dem der Mensch ausgeliefert sei,
wurde abgelöst zugunsten einer Berücksichtigung der Affekte,
die auch soziale Beziehungen einschließt. Mittlerweile existieren
nuancierte Vorstellungen zur Gewissens- und Idealitätsentwick-
lung und deren Störungen. Es haben sich viele dynamische Strö-
mungen herauskristallisiert – gemeinsam geblieben ist die Vorstellung vom psychischen Determinismus: Psychische Phänomene sind nicht zufällig, sondern können unter Rückgriff auf die
Lebensgeschichte teilweise aufgedeckt und erklärt werden. Diese Aufdeckung ist oft nur gegen Widerstand und Abwehr des
Betroffenen möglich. In der Abwehr manifestieren sich die unbewussten Konflikte, und auch in zwischenmenschlichen Beziehungen, Übertragungen, Fehlleistungen und Träumen. Diese
überwiegend akzeptierte Ansicht, den kleinen gemeinsamen
Nenner im Bild von der Seele des Menschen angestoßen zu
haben, ist auch ein Vermächtnis des polarisierenden Sigmund
Freud. Doch dieses Vermächtnis trifft nicht auf ungeteilte
Zustimmung. Nicht nur das „Schwarzbuch" der Psychoanalyse,
Le livre noir de la psychanalyse, das Catherine Meyer 2005 in
Frankreich herausgegeben hat, kündet einmal mehr davon.
Abgesehen von den Widerständen zu Freuds Lebzeiten, wurde
die Psychoanalyse vor Jahrzehnten bereits als größte Bauernfän-
gerei des Jahrhunderts bezeichnet, als ein Kartenhaus, in dem
sich eine ganze Kultur eingerichtet hat, eine Kultur, die sich in
der Sicherheit wiege, durch ein Eintauchen in die Psychoanaly-
se so unverwundbar zu sein wie Siegfried nach einem Bad im
Drachenblut. Warum aber lastete Freud alle Bringschuld auf die
Schultern des Patienten? Er konnte, wenn seine Behandlung

nicht glückte, vorschützen, der Analysand sei unzugänglich. War Freuds nimmermüde Geneigtheit, jegliche Form menschlicher Expression wie Fantasien, Träume, Gebärden und Versprecher in den Lustgarten zu verlegen und hinter ihnen eine tiefe, verborgene und wahrscheinlich sexuelle Bedeutung zu wittern, pathologisch? Warum sollen, nach den Regeln des Interpretationssystems der Psychoanalyse, die menschlichen Motive fast niemals sein, was sie zu sein scheinen? Auch nicht, nachdem die Tabus, die sie hervorbrachten, gefallen sind? Ist die Psychoanalyse also nur eine Momentaufnahme des „Wiener Geistes" um 1900? Ihr Substrat nur die erotisierte Bourgeoisie, der Freud sein Ohr lieh? Die schönen Frauen mit den Riechsalzfläschchen, die sich eine ungekannte Nabelschau erlauben? Wies Freud selbst nicht Zeichen einer veritablen Paranoia auf? Mit seinem Misstrauen gegen alles und jeden? Seinem Größen- und Verfolgungswahn, seiner Feindseligkeit, Selbstbezogenheit und der Neigung, für eigene Fehler und Unzulänglichkeiten andere verantwortlich zu machen. Mit seinem megalomanen Hang, sich mit Moses, Leonardo da Vinci, Darwin, Hannibal oder Napoleon zu identifizieren? War die Psychoanalyse, erdacht von einem atheistischen Juden, nicht selbst eine weltliche Religion mit einem geistlichen Oberhaupt? All diese Fragen wurden aufgeworfen – um sie offen zu lassen. Nichts aber, so der Medizinhistoriker Edward Shorter, habe der Psychoanalyse größeren Zulauf beschert als ihr philanthropisches Angebot intensiver und individueller Zuwendung, die Aura der Fürsorge, derer die Hilfesuchenden während der langen und langwierigen Therapiesitzungen teilhaftig wurden. Obwohl Freud zum Mythos wurde, obwohl er seinen Platz im Olymp des 20. Jahrhunderts erobert hat und mit seiner Couch Teil des kollektiven Gedächtnisses geworden ist, scheiden sich an ihm bis heute die Geister. Und ebendies – dass er mit seiner Psychoanalyse die westliche Kultur so nachhaltig zu irritieren vermochte – ist vielleicht einer der interessantesten Aspekte seiner Persönlichkeit.

Curriculum vitae

1856   Sigmund Freud wird am 6. Mai in Freiberg (Mähren) geboren.

1859   Umzug nach Leipzig

1860   Die Familie Freud lässt sich in Wien nieder.

1865   Eintritt ins Leopoldstädter Gymnasium

1873   Beginn des Medizinstudiums an der Universität Wien

1881   Studienabschluss. Promotion zum Doktor der Medizin

1882   Verlobung mit Martha Bernays

1882–1885 Weiterbildung am Wiener Allgemeinen Krankenhaus

1884   Erforschung der klinischen Verwendung von Kokain

1885   Habilitation und Ernennung zum Privatdozenten. Hospitation bei Charcot in Paris.

1886   Freud verlässt Paris. Praxiseröffnung in Wien. Hochzeit mit Martha Bernays.

1887   Geburt des ersten von sechs Kindern. Freud setzt Hypnose ein. Lernt Wilhelm Fließ kennen.

1889   Freud vervollkommnet in Nancy seine Kenntnisse in der Suggestionstechnik.

1891   Freud lässt sich mit Familie in der Berggasse 19 nieder.

1895   Die *Studien über Hysterie* erscheinen. Das letzte Kind, Anna, wird geboren.

1896   Freud prägt Terminus „Psychoanalyse". Tod des Vaters veranlasst „Selbstanalyse".

1899   Das auf 1900 vordatierte Opus magnum *Die Traumdeutung* erscheint.

1900   Bruch mit Wilhelm Fließ

1901   Erste Rom-Reise

1902   Freud wird außerordentlicher Professor und rekrutiert Schüler (Mittwoch-Gesellschaft).

1909   Vortragsreise durch die USA

1911   Abspaltung von Alfred Adler

1913 Bruch mit C. G. Jung mit offizieller Sezession im Folgejahr
1915 Metapsychologische Schriften
1920 Tod der Tochter Sophie. *Jenseits des Lustprinzips*
erscheint.
1923 Diagnose der Krebserkrankung. Tod des Enkels Heinz
Rudolph („Heinerle"). Revision theoretischer Konzepte.
1930 Auszeichnung mit dem Goethe-Preis. Tod der Mutter.
Das Unbehagen in der Kultur.
1933 Freuds Werke fallen der Bücherverbrennung in Berlin
zum Opfer.
1938 Emigration nach London infolge Besetzung Österreichs
durch Nazi-Deutschland
1939 Freud stirbt am 23. September.

Literaturverzeichnis

Andreas-Salomé, Lou: Lebensrückblick. Aus dem Nachlass
herausgegeben von Ernst Pfeiffer. Insel, Frankfurt a. M. 1951

Appignanesi, Lisa und Forrester, John: Die Frauen Sigmund Freuds.
List, München 1994

Bernays, Isaak (d.i. Hermann Schiff) (1848): Schief-Levinche mit
seiner Kalle oder polnische Wirthschaft. Ein Ghetto-Roman.
Hoffmann und Campe.

Berthelsen, Detlef: Alltag bei Familie Freud. Die Erinnerungen
der Paula Fichtl. Hoffmann und Campe, Hamburg 1987

Bertin, Celia: Die letzte Bonaparte. Freuds Prinzessin. Ein Leben.
Kore, Freiburg 1989

Bolognese-Leuchtenmüller, Birgit; Horn, Sonia: Töchter des
Hippokrates. 100 Jahre akademische Ärztinnen in Österreich.
Verlag der Österreichischen Ärztekammer, Wien 2000

Brandreth, Gyles: Philip und Elizabeth. Porträt einer Ehe.
Deutsche Verlagsanstalt, München 2005

Brecht, Karen; Friedrich, V.; Hermanns, I.; Kaminer, I.;
Jülich, D. (Hg.): Hier geht das Leben auf eine sehr merkwürdige
Weise weiter. Zur Geschichte der Psychoanalyse in Deutschland.
Kellner, Hamburg 1985

Cheroux, Clement; Fischer, Andreas et al.: The Perfect Medium.
Photography and the Occult. Yale University Press, New Haven;
London 2005

Clark, Ronald W.: Sigmund Freud. S. Fischer, Frankfurt a. M. 1981

Daniels, Kathleen: Minna's Story. The Secret Love of Dr. Sigmund
Freud. Health Press, Santa Fe 1992

Decker, Gunnar: Rilkes Frauen oder die Erfindung der Liebe.
Reclam, Leipzig 2004

Didi-Huberman, Georges: Erfindung der Hysterie. Wilhelm Fink
Verlag, München 1997

Ellenberger, Henry F.: Die Entdeckung des Unbewussten. Geschichte
und Entwicklung der dynamischen Psychiatrie von den Anfängen
bis zu Janet, Freud, Adler und Jung. Huber, Bern 1973

Engel, Manfred (Hg.): Rilke-Handbuch. Leben, Wirkung. Metzler,
Stuttgart; Weimar 2004

Engelman, Edmund: Sigmund Freud. Wien IX. Berggasse 19.
Vorwort von Inge Scholz-Strasser, Christian Brandstätter Verlag,
Wien 1993

Farber, B.; Menevich I.; Metzger J.; Saypol, E.: Choosing Psychotherapy as a Career: Why did we cross this Road? Journal of Clinical Psychology 8, p 1009–1031, 2005

Falzeder, Ernst (Hg.): The Complete Correspondence of Sigmund Freud and Karl Abraham 1907–1925. Completed edition, transcribed and edited by Ernst Falzeder. Karnac, London; New York 2002

Flaherty, Alice W.: The Midnight Disease. The Drive to Write, Writer's Block and the Creative Brain. Mariner, Boston; New York, 2005

Freud, Clement: Freud Ego. BBC Worldwide Limited, London 2001

Freud, Ernst; Freud, Lucie; Grubrich-Simitis, Ilse (Hg.): Sigmund Freud. His life in Pictures and Words. Norton, New York; London 1978

Freud, Ernst L.; Meng, Heinrich (Hg.): Sigmund Freud – Oskar Pfister. Briefe 1909–1939. Mit einem Vorwort von Anna Freud. S. Fischer, Frankfurt a. Main 1963

Freud, Martin: Sigmund Freud. Man and Father. Vanghard Press, London 1958

Freud, Sigmund. Briefe 1873–1939. Ausgewählt und herausgegeben von Ernst und Lucie Freud. S. Fischer, Frankfurt a. M. 1960

Freud, Sophie: Meine drei Mütter und andere Leidenschaften. Econ, Düsseldorf, München 1997

Freud, W. Ernest: Remaining in Touch. Zur Bedeutung der Kontinuität früher Beziehungserfahrungen. Gesammelte Schriften 1965–2000. Herausgegeben von Hans von Lüpke. Edition déjà vu, Frankfurt a. M. 2003

Freud-Bernays, Anna (1940): Mein Bruder Sigmund Freud. In: Tögel, Christfried (Hg.) Anna Freud-Bernays. Eine Wienerin in New York. Die Erinnerungen der Schwester Sigmund Freuds. Aufbau, Berlin 2004, S. 209–228

Fromm, Erich: Sigmund Freud's Mission. An Analysis of his Personality and Influence. World Perspective, Vol. 21. Harper & Brothers, New York 1959

Gamwell, Lynn (Hg.): Träume 1900–2000. Kunst, Wissenschaft und das Unbewusste. Prestel, München, London, New York 2000

Gavrila, Mihaela: Vino e psiche. Wine and Psyche. In: Charm. International Edition, November 2004, S. 13

Gay, Peter: Freud – Eine Biographie für unsere Zeit. S. Fischer, Frankfurt a. M., 1989

Gödde, Günter: Mathilde Freud. Die älteste Tochter Sigmund Freuds in Briefen und Selbstzeugnissen. Psychosozial, Gießen 2003

Guderian, Claudia: Die Couch in der Psychoanalyse. Geschichte und Gegenwart von Setting und Raum. Kohlhammer, Stuttgart 2004

Harmetz, Aljean: Verhaften Sie die üblichen Verdächtigen. Wie Casablanca gemacht wurde. Berlin Verlag, Berlin 2001

Jacke, Andreas: Marilyn Monroe und die Psychoanalyse. Psychosozial, Gießen 2005

Jones, Ernest: Das Leben und Werk von Sigmund Freud. Band I–III. Huber, Bern, Stuttgart, Wien 1960

Karenberg, Axel: Amor, Äskulap und Co. Klassische Mythologie in der Sprache der modernen Medizin. Schattauer, Stuttgart, New York 2005

Kleinau, Elke; Opitz, Claudia: Geschichte der Mädchen- und Frauenbildung. Bd. II. Vom Vormärz bis zur Gegenwart. Campus, Frankfurt a. M., New York 1995

Krüll, Marianne: Freud und sein Vater. Die Entstehung der Psychoanalyse und Freuds ungelöste Vaterbindung. Fischer Taschenbuch-Verlag, Frankfurt a. M. 1992

Krüsmann, Elke: Mit den Freuds auf der Couch. Interview mit Bella und Esther Freud. In: ELLE, September 2001, S. 134–136

Lakotta, Beate: Hatte Freud doch recht? Hirnforscher entdecken die Psychoanalyse. In: Der Spiegel, 16, 18. April 2005, S. 176–189

Lehrman-Weiner, Lynne: Sigmund Freud durch Lehrmans Linse. Psychosozial, Gießen 2004

Lockot, Regine: Die Reinigung der Psychoanalyse. Die Deutsche Psychoanalytische Gesellschaft im Spiegel von Dokumenten und Zeitzeugen 1933–1951. Edition Diskord, Tübingen 1994

Lohmann, Hans-Martin: Sigmund Freud. Rowohlt, Reinbek 1998

Louven, Astrid: Die Juden in Wandsbek. Heinevetter, Hamburg 1989

Malcolm, Janet: Vater, lieber Vater. Aus dem Sigmund-Freud-Archiv. Ullstein, Frankfurt a. Main, Berlin 1986

Mannoni, Octave: Freud. Rowohlt, Reinbek bei Hamburg 1971

Marinelli, Lydia (Hg.): Freuds verschwundene Nachbarn. Turia und Kant, Wien 2003

Meyer, Catherine (Hg.): Le livre noir de la psychanalyse. Editions des Arènes, Paris 2005

Molnar, Michael (Hg.): Sigmund Freud. Tagebuch 1929–1939. Kürzeste Chronik. Herausgegeben und eingeleitet von Michael Molnar. Stroemfeld, Basel; Frankfurt a. M. 1996

Ramos, Sergio de Paula (2003): Revisiting Anna O.: A Case of Chemical Dependence. Hist Psychol 6, 3/2003, 239–250, zit. nach: Schröter, Michael; May, Ulrike (2005): Beiträge zur Geschichte der Psychoanalyse in englischsprachigen Zeitschriften (2003). In: Psyche, Z Psychoanal 59, 3/2005, 250–265

Reicheneder, Johann Georg (2005): Vom Magnetismus und Hypnotismus zur Psychoanalyse. In: Buchholz, Michael B.; Gödde, Günter (2005) (Hg.): Macht und Dynamik des Unbewussten. Auseinandersetzungen in Philosophie, Medizin und Psychoanalyse. Psychosozial-Verlag, Gießen, S. 262–295

Richebächer, Sabine: Sabina Spielrein. Eine fast grausame Liebe zur Wissenschaft. Dörlemann, Zürich 2005

Roazen, Paul: Wie Freud arbeitete. Berichte von Patienten aus erster Hand. Psychosozial, Gießen 1999

Rohde-Dachser, Christa: Expedition in den dunklen Kontinent. Weiblichkeit im Diskurs der Psychoanalyse. Springer, Berlin und Heidelberg 1991

Rothe, Daria A.; Weber, Inge (Hg.): Als käm ich heim zu Vater und Schwester. Lou Andreas-Salomé – Anna Freud. Briefwechsel 1919–1937. Band I und II. Wallstein, Göttingen 2001

Roudinesco, Elisabeth; Plon, Michel: Wörterbuch der Psychoanalyse. Namen, Länder, Werke, Begriffe. Springer, Wien, New York 2004

Sachslehner, Johannes: Der Infarkt. Österreich-Ungarn am 28. Oktober 1918. Styria Pichler, Wien 2005

Salber, Wilhelm: Sigmund und Anna Freud. Europäische Verlagsanstalt, Hamburg 1999

Sartre, Jean-Paul: Freud. Das Drehbuch. Rowohlt, Reinbek bei Hamburg 1993

Schadewaldt, Hans: Große Musiker. Leben und Leide. Schattauer, Stuttgart 1998

Schmidbauer, Wolfgang: Der Mensch Sigmund Freud. Kreuz, Stuttgart 2005

Schmitt, Uwe: Sex in der Vorstadt. Die neue Kultserie „Desperate Housewives" eint das gespaltene Amerika. In: Die Welt, 14. Dez. 2004

Schneider, Peter: Sigmund Freud. Deutscher Taschenbuch Verlag, München 1999

Schorske, Carl E.: Wien. Geist und Gesellschaft im Fin de siècle. S. Fischer, Frankfurt a. M. 1982

Schröter, Michael (Hg.): Familie Freud. Themenheft. Luzifer-Amor. Zeitschrift zur Geschichte der Psychoanalyse. 17. Jahrgang, Heft 13. edition discord, Tübingen 2004

Schur, Max: Sigmund Freud. Leben und Sterben. Suhrkamp, Frankfurt a. Main 1973

Senyener, Sebnem (2004): How did the divan became the couch? www.eurozine.com

Subkowski, Peter: Zur Psychodynamik des Sammelverhaltens. In: Psyche, Z Psychoanal 58, 4/2004, 321–351

Speziale-Bagliacca, R.: Freud. Begründer der Psychoanalyse. Verlag Spektrum der Wissenschaft, Heidelberg 2000

Stephan, Inge: Die Gründerinnen der Psychoanalyse. Kreuz, Stuttgart 1992

Storr, Anthony: Freud. Spektrum Meisterdenker. Herder, Freiburg (Breisgau) 1999

Tichy, Marina; Zwettler-Otte, Sylvia: Freud in der Presse. Rezeption Sigmund Freuds und der Psychoanalyse in Österreich 1895–1938. Sonderzahl, Wien 1999

Tögel, Christfried (Hg.): Sigmund Freud. Unser Herz zeigt nach dem Süden. Reisebriefe 1895–1923. Aufbau, Berlin 2002

Tögel, Christfried (2004): Freuds Berliner Schwester Maria (Mitzi) und ihre Familie. In: Schröter, Michael (2004) (Hg.): Familie Freud. Themenheft. Luzifer-Amor. Zeitschrift zur Geschichte der Psychoanalyse. 17. Jahrgang, Heft 13. edition discord, Tübingen

Tögel, Christfried; Schröter, Michael (2004): Jacob Freud mit Familie in Leipzig (1859). Erzählungen und Dokumente. In: Schröter, Michael (2004) (Hg.): Familie Freud. Themenheft. Luzifer-Amor. Zeitschrift zur Geschichte der Psychoanalyse. 17. Jahrgang, Heft 13. edition discord, Tübingen, S. 8–32

Tögel, Christfried: Freud und Berlin. Aufbau, Berlin 2006

Weinke, Wilfried: Verdrängt, vertrieben, aber nicht vergessen. Die Fotografen Emil Bieber, Max Halberstadt, Erich Kastan und Kurt Schallenbeck. Weingarten-Verlag, Weingarten 2003

Young-Bruehl, Elisabeth: Anna Freud. Eine Biographie. Band I und II. Wiener Frauenverlag, Wien 1995